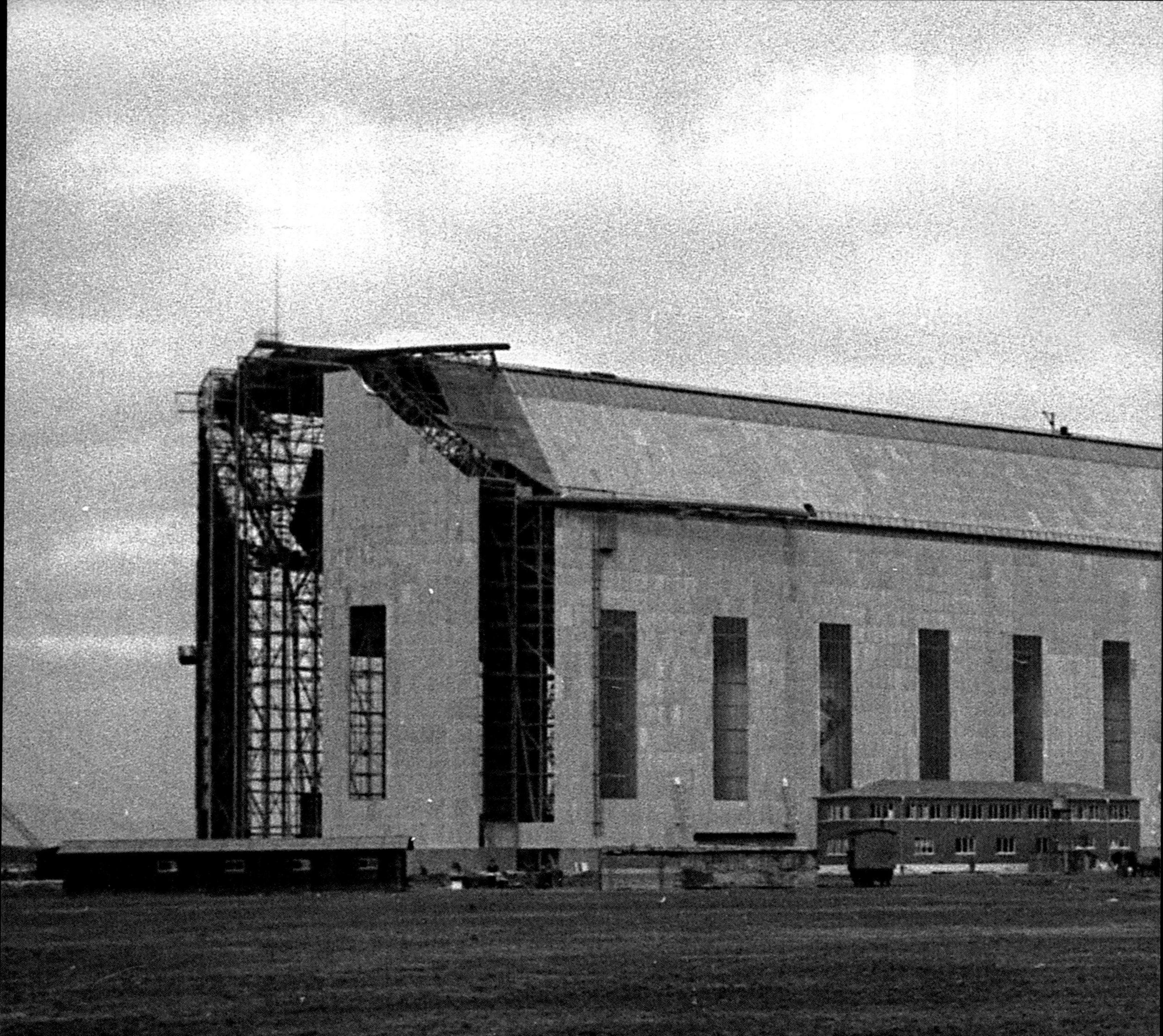

Die Anfänge der Luftfahrt in Frankfurt am Main

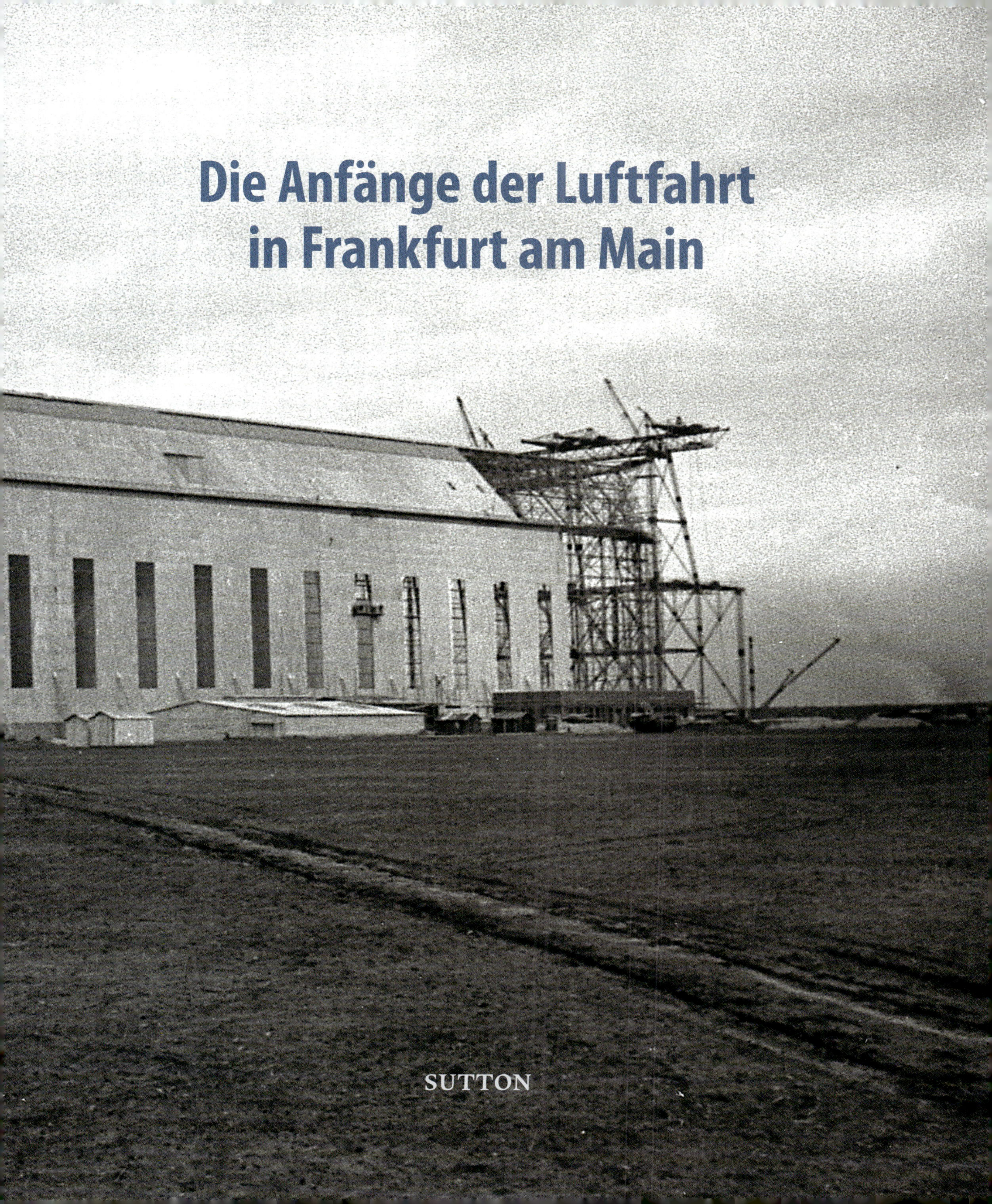

SUTTON

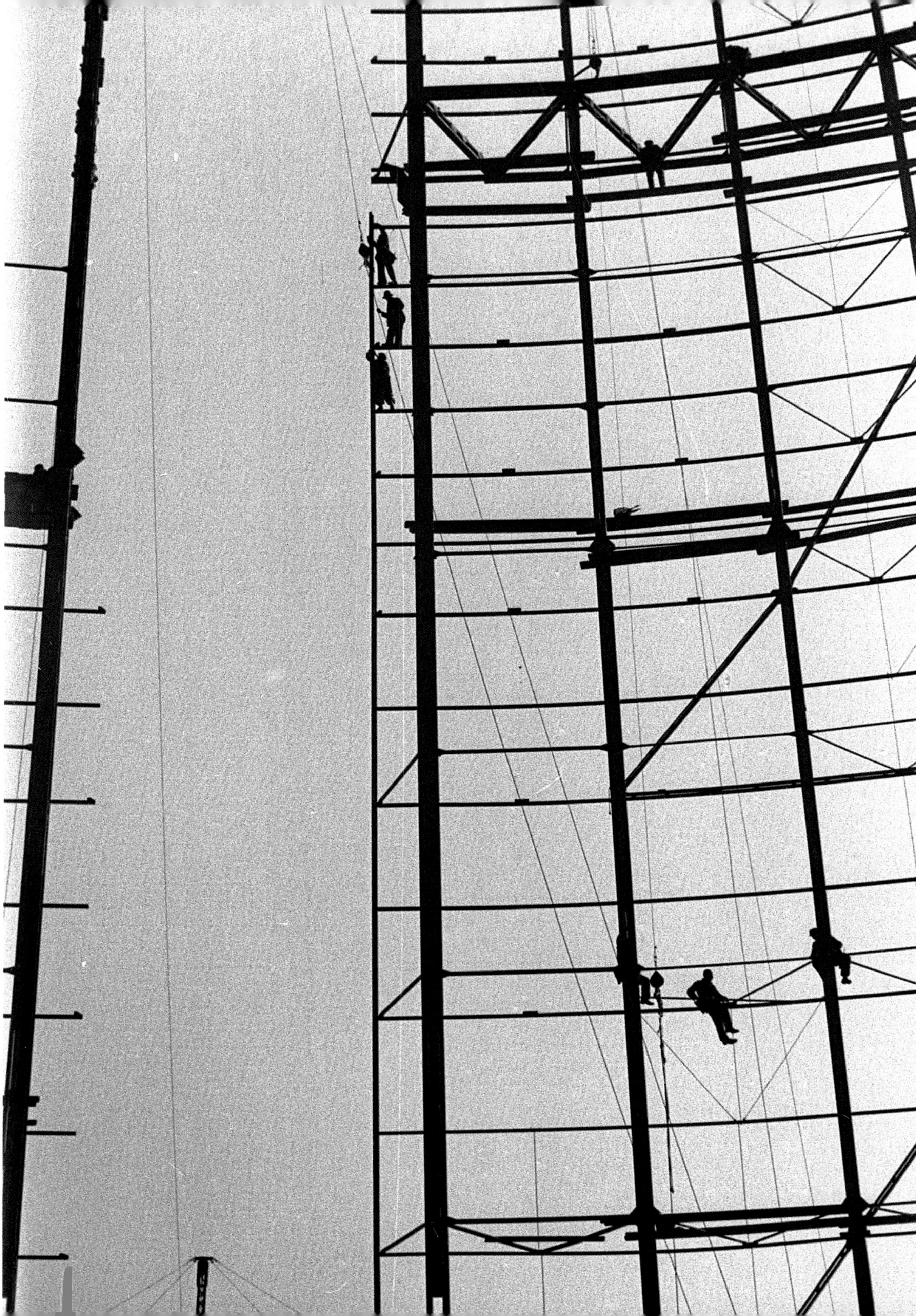

Ulrich Eisenbach

Die Anfänge der Luftfahrt in Frankfurt am Main

Der Flug- und Luftschiffhafen Rhein-Main in historischen Fotografien

SUTTON

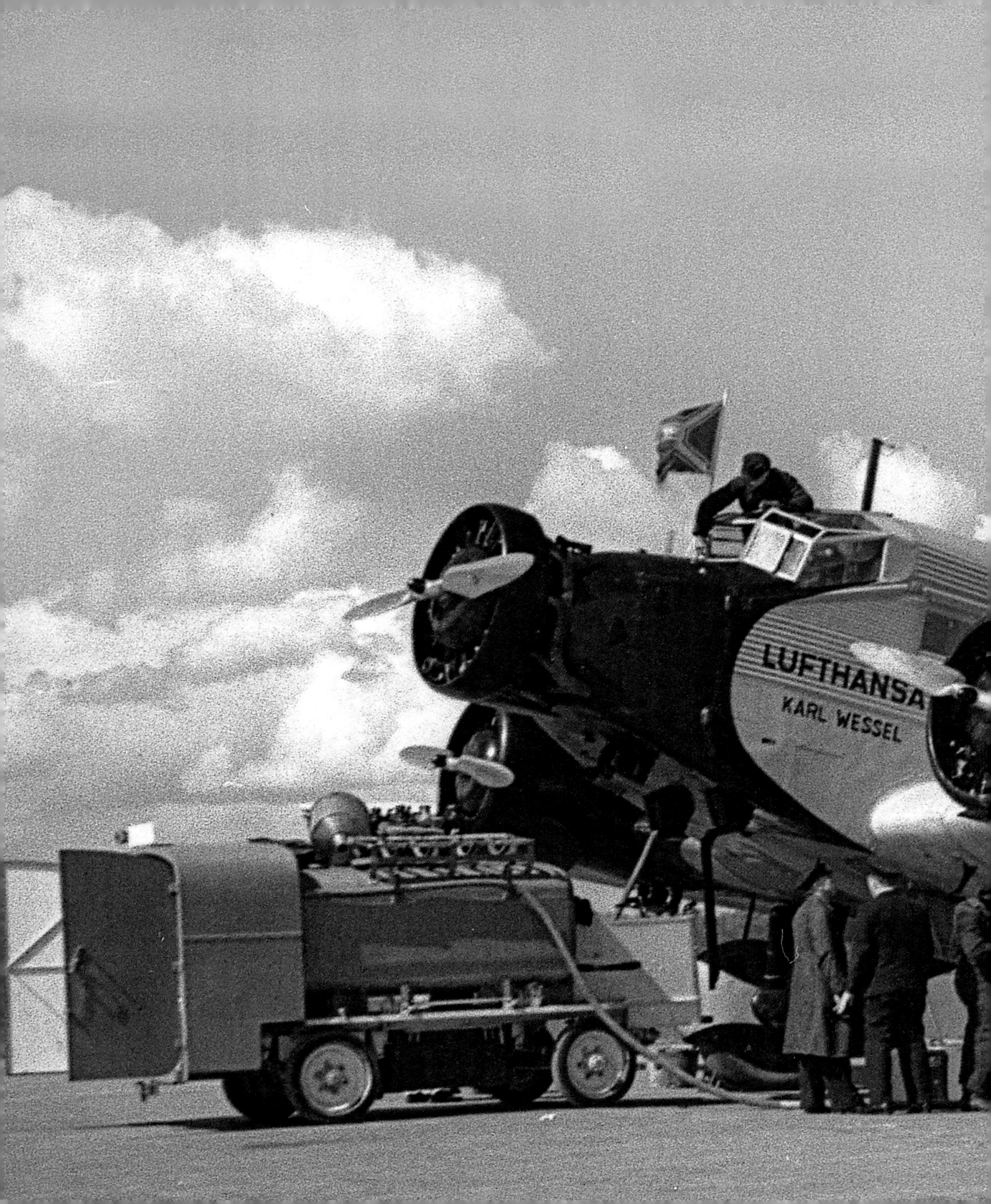
LUFTHANSA
KARL WESSEL

Inhalt

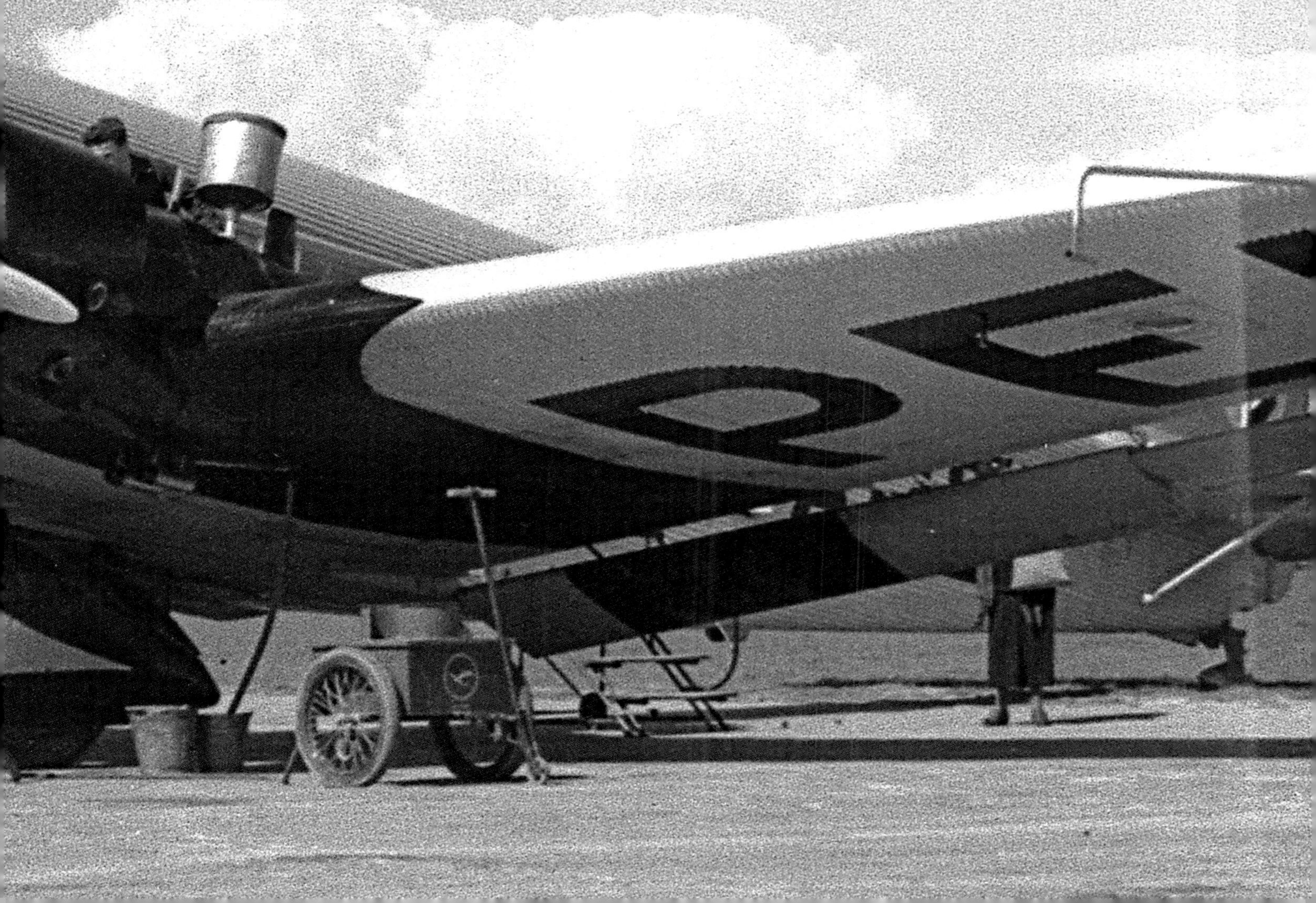

Einleitung

Zwischen Frankfurt a.M. und dem Luftverkehr bestand von Anfang an eine enge Beziehung. Vom 10. Juli bis zum 17. Oktober 1909 fand hier auf dem Rebstockgelände die Internationale Luftschiffahrt-Ausstellung (ILA) statt, die bis dahin weltweit größte und bedeutendste Ausstellung ihrer Art. In der Folge betrieb die Stadtverwaltung eine vorausschauende Luftverkehrspolitik, die darauf abzielte, die Stadt zu einem Knotenpunkt in dem sich abzeichnenden Luftverkehrsnetz zu machen. So beteiligte sie sich am 2. Juli 1924 an der Gründung der Südwestdeutschen Luftverkehrs AG, die als Betreibergesellschaft des Flughafens Rebstock fungierte und dort im Mai 1925 den planmäßigen Luftverkehrsdienst aufnahm. Die Südwestdeutsche Luftverkehrs AG wiederum gehörte 1926 zu den Mitbegründern der Deutschen Luft Hansa AG, in deren Aufsichtsrat Oberbürgermeister Ludwig Landmann sicherstellte, dass die Interessen des Rebstockflughafens berücksichtigt wurden. Auch in der Diskussion über die Ausgangspunkte für zukünftige Transatlantikflüge machte die Stadt früh ihre diesbezüglichen Ansprüche geltend.

Die stetige Zunahme der Flugbewegungen – sie stiegen von 234 im Jahr 1924 auf 6.410 im Jahr 1932 – veranlasste den Magistrat, über den Bau eines neuen Flughafens im Stadtwald nachzudenken und entsprechende Pläne auszuarbeiten. Der Rebstockflughafen verfügte über keine nennenswerte Erweiterungsfläche, lag sehr nahe bei der Stadt und hatte zudem häufig mit Nebel zu kämpfen.

Als die Nationalsozialisten 1933 in Frankfurt a.M. die Macht übernahmen, konnten sie auf die fortgeschrittenen Flughafenplanungen des demokratischen Magistrats zurückgreifen und diese als eigene Erfolge propagandistisch ausschlachten. Am 21. Februar 1934 wurde die Südwestdeutsche Luftverkehrs AG in die Südwestdeutsche Flugbetriebs AG Rhein-Main umgewandelt. Gemäß dem Gesellschaftsvertrag bestand ihr Unternehmenszweck nicht mehr nur darin, Luftverkehrslinien „mit flugplanmäßig geregeltem Verkehr" einzurichten und zu betreiben sowie „Personen und Güter mit Flugzeugen" zu befördern, sondern auch im Bau und in der Betreibung des neuen Flughafens. Tatsächlich trat die eigentliche Hauptaufgabe der Gesellschaft, nämlich die Wahrung der regionalen Luftverkehrsbelange, schnell in den Hintergrund. Stattdessen wurde sie Trägerin des Flug- und Luftschiffhafens Rhein-Main und damit Vorgängerin der heutigen Fraport AG. Gesellschafter waren die Stadt Frankfurt a.M., der preußische Bezirksverband Nassau und der Volksstaat Hessen.

Bereits am 28. Dezember 1933 hatte der Aufsichtsrat der Südwestdeutschen Luftverkehrs AG den sofortigen Baubeginn für den neuen Flughafen im Stadtwald beschlossen. Wenige Tage später, am 2. Januar 1934, gab der NSDAP-Gauleiter und Reichsstatthalter in Hessen Jakob Sprenger mit einem propagandawirksamen Axtschlag den Startschuss für die Rodung eines rund 2,06 Quadratkilometer großen Areals im Frankfurter Stadtwald. Planung und Bauleitung lagen beim Bauamt der Stadt Frankfurt a.M. Mit dem Erdaushub für den Bau des Verwaltungsgebäudes und der Nebengebäude wurde am 14. Mai 1935 begonnen.

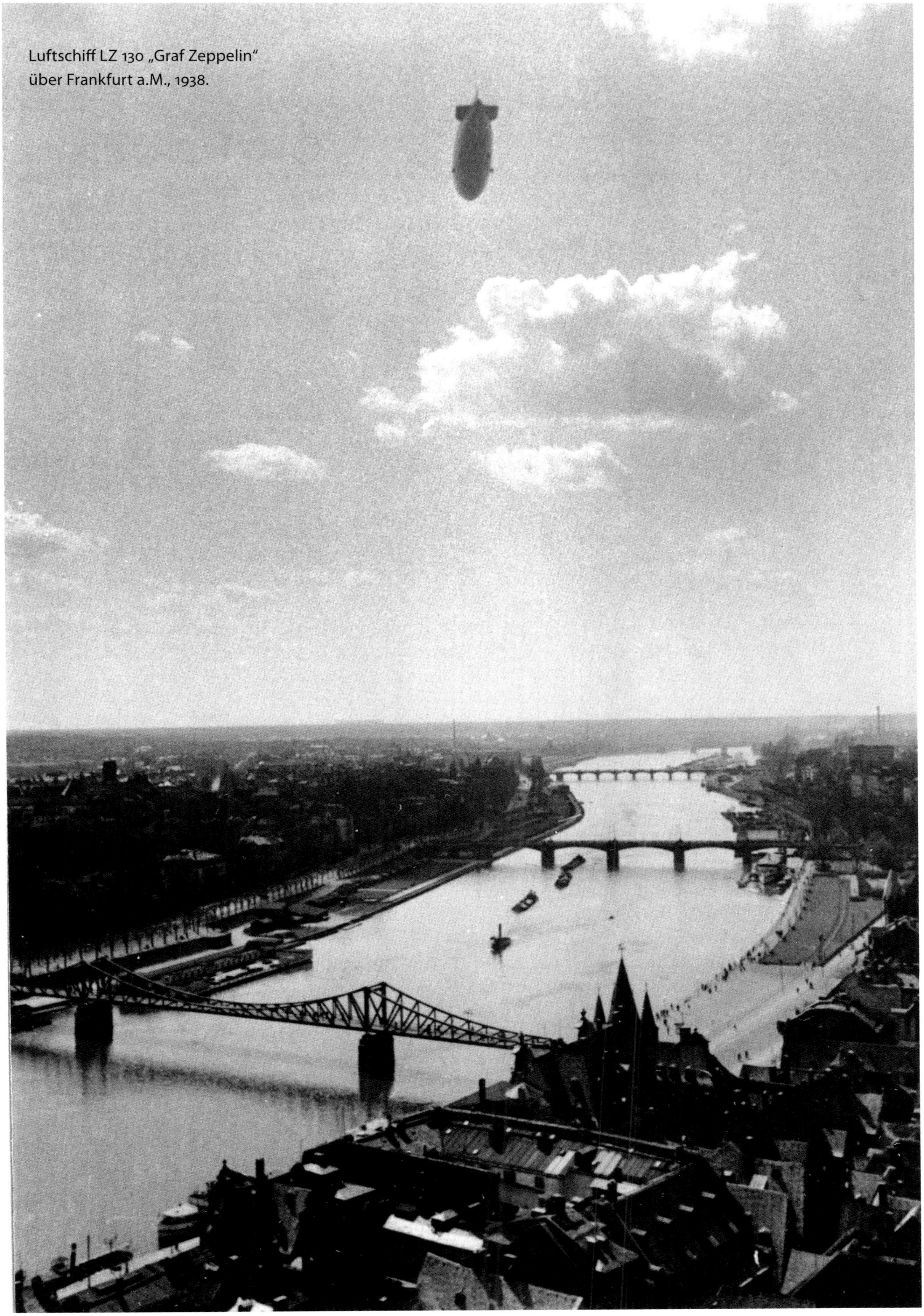

Luftschiff LZ 130 „Graf Zeppelin“
über Frankfurt a.M., 1938.

Inzwischen war auf Reichsebene entschieden worden, den Flughafen Rhein-Main zum künftigen Ausgangs- und Endpunkt der regelmäßigen Luftschifffahrten nach Nord- und Südamerika zu machen. Maßgeblich hierfür war seine Lage am Schnittpunkt der zum Teil schon fertiggestellten, zum Teil noch in der Planung befindlichen Reichsautobahnen von Hamburg nach Basel sowie von Köln bzw. Saarbrücken nach Würzburg. Am 29. November 1934 unterzeichneten die Südwestdeutsche Flugbetriebs AG Rhein-Main und die Luftschiffbau Zeppelin GmbH in Friedrichshafen, an deren Stelle im Mai 1935 die neu gegründete Zeppelin-Reederei GmbH trat, einen Vertrag über den Bau eines unmittelbar an den Flughafen Rhein-Main angrenzenden Luftschiffhafens. Ende 1936 wurde die Rhein-Main Luftschiffhafen GmbH als spätere Betreiberin des Luftschiffhafens gegründet. Ihr Führungspersonal war weitgehend mit dem der Südwestdeutschen Flugbetriebs AG Rhein-Main identisch. Gesellschafter war neben der Stadt Frankfurt a.M., dem Bezirksverband Nassau und dem Land Hessen auch das Deutsche Reich.

Für den Luftschiffhafen musste das ursprünglich vorgesehene Gelände um rund 0,8 Quadratkilometer erweitert und auf die südlich an den Stadtwald angrenzenden hessischen Staatsforste ausgeweitet werden. Planung und Bauleitung übernahm deshalb Ministerialrat Prof. Walter Knapp aus Darmstadt als Beauftragter der Hessischen Landesregierung. Herzstück des Luftschiffhafens war die 275 Meter lange, 55 Meter hohe und 61 Meter breite Luftschiffhalle I. Wegen der außerordentlich großen Kräfte, die bei Wind auf sie einwirkten, war sie aus hochwertigem Stahl mit einem Gesamtgewicht von 2.600 Tonnen gebaut. Vor der Halle waren Ringgleise verlegt, in deren Mittelpunkt ein schienengebundener, fahrbarer Ankermast von etwa 20 Metern Höhe angebracht war. An ihm wurde das Luftschiff mit dem Bug angelegt. Das Heck wurde auf einem Wagen, der auf den Ringgleisen bewegt werden konnte, fixiert. Das Luftschiff konnte sich so wie eine Windfahne in einem Halbkreis um den Mast drehen und bot damit dem Wind die geringste Angriffsfläche.

Eine unterirdische Gaspipeline verband die Luftschiffhalle mit dem Werk Frankfurt-Höchst der I.G. Farbenindustrie AG und gewährleistete eine ständige preiswerte Wasserstoffversorgung zur Füllung der Luftschiffe.

Die Fertigstellung der Halle erfolgte nach rund sechsmonatiger Bauzeit im April 1936. Am 14. Mai 1936 landete der erste Zeppelin, das Luftschiff LZ 129 „Hindenburg", das von der Luftschiffbau Zeppelin GmbH gebaut worden war, auf dem Luftschiffhafen Rhein-Main. Es kam aus den USA, wohin es am 4. März von Friedrichshafen aus gestartet war. Gemeinsam mit dem Luftschiff LZ 127 „Graf Zeppelin" nahm es von Frankfurt a.M. aus den planmäßigen Atlantikdienst auf, wobei die „Hindenburg" die Nordatlantikroute nach Lakehurst bei New York und die „Graf Zeppelin" die Südatlantikroute nach Rio de Janeiro (zum Teil mit Zwischenhalt in Recife) bediente.

Am 8. September 1937 wurde mit dem Bau der Luftschiffhalle II begonnen, die Halle I in ihren Ausmaßen sogar noch übertraf. Sie war 305 Meter lang, 61 Meter breit und 56 Meter hoch. Neben Halle II entstanden ein Gasometer, das Hauptverwaltungsgebäude sowie – in der (vergeblichen) Hoffnung auf Helium-Lieferungen aus den USA – eine Helium-Reinigungsanlage. Nach ihrer Fertigstellung im Sommer 1938 diente sie dem erst nach der Katastrophe von Lakehurst fertiggestellten Luftschiff LZ 130 „Graf Zeppelin" als Heimatstützpunkt. Die Gesamtbaukosten für den Luftschiffhafen beliefen sich auf 10,6 Millionen RM, während für den angrenzenden Flughafen nur 3,6 Millionen RM aufgebracht werden mussten.

Zwei Monate nach dem Luftschiffhafen war auch der Flughafen betriebsbereit. Am nördlichen Rand des Geländes befanden sich notwendige Einrichtungen für Verwaltung und Passagierabfertigung. Das Hauptgebäude mit einem sechsstöckigen Beobachtungsturm, in dem u.a. die Wetter- und Funkstation untergebracht war, beherbergte die Empfangshalle mit

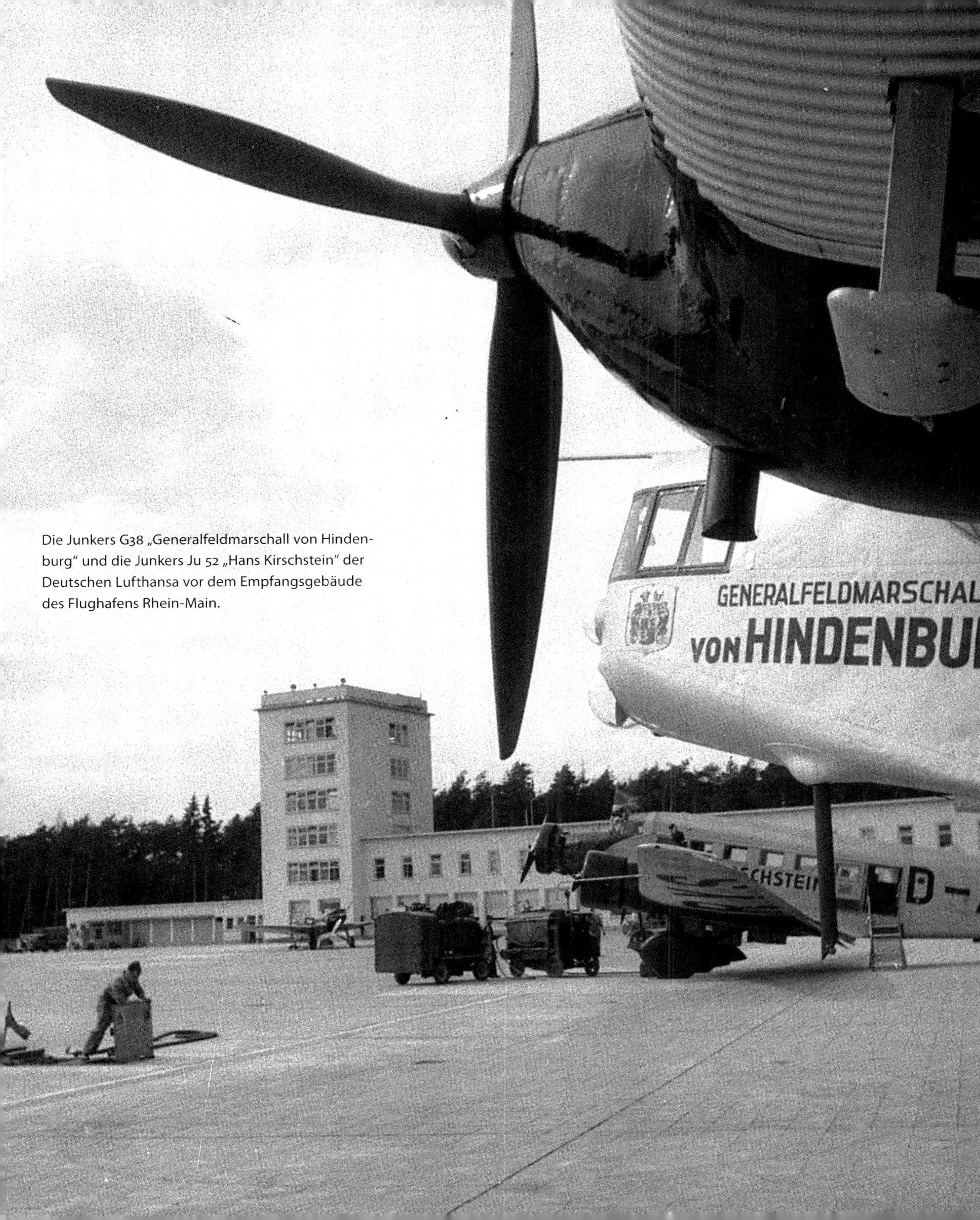

Die Junkers G38 „Generalfeldmarschall von Hindenburg" und die Junkers Ju 52 „Hans Kirschstein" der Deutschen Lufthansa vor dem Empfangsgebäude des Flughafens Rhein-Main.

den Büros bzw. Schaltern der Deutschen Luft Hansa, die Post, den Zoll, die Flughafenverwaltung, die Luftaufsicht und den Flugsicherungsdienst. Im Ostteil befand sich ein Restaurant mit Außenbereich für 3.000 Gäste. Dass es an Sonn- und Feiertagen meist voll besetzt war, lag nicht an der hohen Zahl der Fluggäste, sondern an neugierigen Besuchern, die für 50 Pfennig pro Person bei Kaffee und Kuchen einen Blick auf die startenden und landenden Flugzeuge erhaschen wollten.

Die feierliche Eröffnung des Luftschiff- und Flughafens erfolgte am 8. Juli 1936 im Beisein zahlreicher NS-Größen. Für die Reichsregierung sprach der Staatssekretär im Luftfahrtministerium und spätere Lufthansa-Aufsichtsratsvorsitzende Erhard Milch, der dem Flughafen Rhein-Main eine erfolgreiche Zukunft vorhersagte. Tatsächlich zählte man noch im Eröffnungsjahr 58.010 Fluggäste – nur Berlin-Tempelhof vermeldete mehr. Das Streckennetz wurde auf 27 Linien erweitert. Fast alle europäischen Großstädte waren von Frankfurt aus erreichbar – die meisten ohne Umsteigen. Der Flughafen Rhein-Main nahm so von Beginn an eine zentrale Stellung im deutschen und internationalen Luftverkehr ein. Allerdings waren Flugreisen damals noch kein Massenphänomen, was angesichts der Preise nicht verwundert: Ein einfacher Flug von Frankfurt nach Hamburg kostete im Januar 1936 55 RM, ein Hin- und Rückflug 99 RM, was etwa dem halben Monatslohn eines Facharbeiters entsprach.

Luftschiff- und Flughafen konnten sich auf ein wirtschaftlich starkes Hinterland stützen. Viele im weiteren Rhein-Main-Gebiet ansässige exportorientierte Unternehmen, so die Überlegung, würden für ihr hochwertiges Ausfuhrgut mehr und mehr den Luftweg nutzen. So sollte sich der Luftschiff- und Flughafen positiv auf die Entwicklung der gesamten Region auswirken. Es verstehe sich von selbst, heißt es in einem 1937 erschienenen „Führer durch den Flug- und Luftschiffhafen Rhein-Main", dass er „befruchtende Wirkungen auf das Wirtschaftsleben des Rhein-Main-Gebietes und damit auf die deutsche Volkswirtschaft" haben werde. Hierin sollten die Autoren Recht behalten – auch wenn sich ihre Einschätzungen erst viel später bewahrheiten sollten.

Zunächst zerbrachen alle Hoffnungen binnen kurzer Zeit. Am 3. Mai 1937 startete das Luftschiff „Hindenburg" in Frankfurt a.M. zu seiner Fahrt nach Lakehurst. Dort ging es bei der Landung in den frühen Morgenstunden des 7. Mai 1937 in Flammen auf. 36 Passagiere und Besatzungsmitglieder fanden dabei den Tod. Das Luftschiff „Graf Zeppelin", das sich während der Lakehurst-Katastrophe auf der Rückfahrt von Südamerika befand, brach am 13. Juni 1937 von Friedrichshafen zu seiner letzten Fahrt nach Frankfurt a.M. auf, um hier für immer stillgelegt zu werden. Das im September 1938 fertiggestellte Luftschiff LZ 130 „Graf Zeppelin" führte noch einige Ausbildungs- und Propagandafahrten durch, bevor es mit Ausbruch des Zweiten Weltkriegs ebenfalls in Frankfurt stillgelegt wurde. Im Übrigen wurde der Luftschiffhafen zu einer Pilgerstätte für Scharen technikbegeisterter Menschen, denen hier auch die Überlegenheit deutscher Ingenieurskunst vor Augen geführt werden sollte.

Auf Befehl Görings wurden die beiden Luftschiffe im März/April 1940 abgewrackt, die Hallen am 6. Mai gesprengt und auf dem Luftschiffhafen ein Rollfeld für Flugzeuge angelegt. Der zivile Flugverkehr wurde gänzlich eingestellt und der Luftschiff- und Flughafen Rhein-Main von der deutschen Luftwaffe übernommen. In der Nacht vom 9. auf den 10. Mai 1940 startete hier die erste Junkers JU 88, um das französische Hauptquartier zu bombardieren. Fortan diente der Luftschiff- und Flughafen ausschließlich militärischen Zwecken. Die Südwestdeutsche Flugbetriebs AG Rhein-Main stellte ihre aktive Tätigkeit ein und beschränkte sich auf Verwaltungs- und Unterhaltungsarbeiten.

Die Fliegerei im Allgemeinen und die großen Luftschiffe im Besonderen haben viele Menschen in den 1930er-Jahren fasziniert. Hinzu kommt, dass die Nationalsozialisten in ihrer eigentümlichen Mischung aus

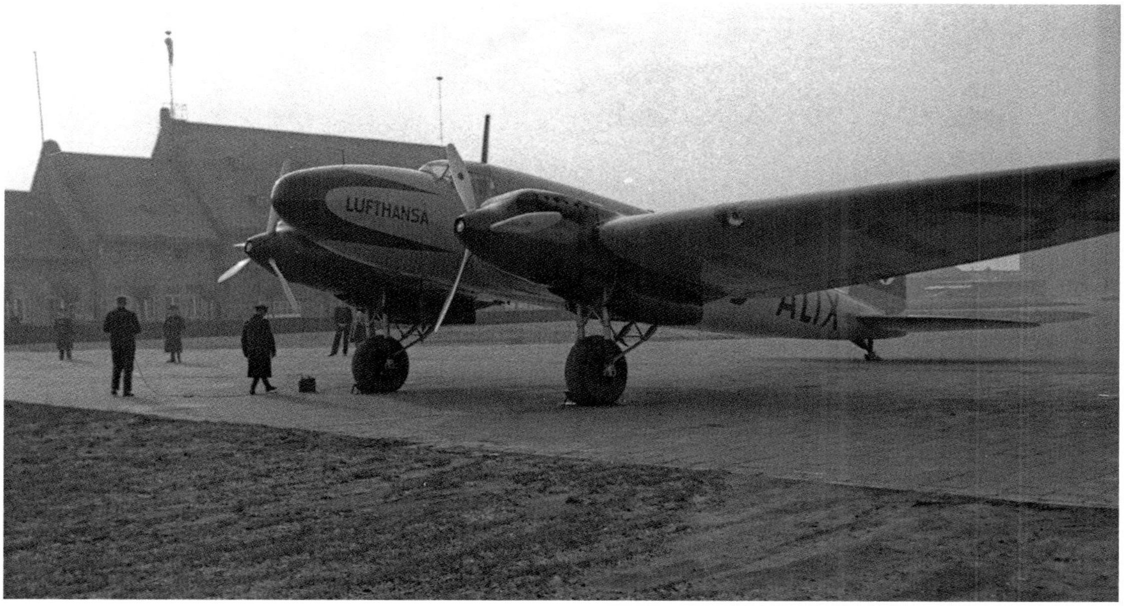

Die Heinkel He 111 V-2 b „Rostock" der Deutschen Lufthansa auf dem Flughafen Rhein-Main.

rückwärtsgewandt-reaktionärem Welt-, Menschen- und Gesellschaftsbild einerseits und technologischer Fortschrittsschwärmerei andererseits die Luftfahrt zu einem Zeugnis „arischer" Ingenieurleitung hochstilisierten.

Zu den vielen Fotografen, die von Flugzeugen und Luftschiffen in ihren Bann gezogen wurden, gehörte offensichtlich auch Sepp Jäger. Geboren am 4. August 1906, durchlief er zunächst eine Ausbildung zum Grafiker, besuchte dann die 1921 als „erste deutsche Hochschule für das Volk der Arbeit" gegründete Akademie der Arbeit in der Universität Frankfurt a.M. und nahm schließlich 1928 seine Arbeit als freiberuflicher Bildberichterstatter auf. Er mietete sich ein Atelier im Gärtnerweg im Frankfurter Westend, das er fast sein gesamtes Berufsleben behielt. Bis zu seiner Einberufung zur Wehrmacht 1940, wo er in einer Propagandaeinheit diente, war er hauptsächlich für den „Frankfurter Generalanzeiger" tätig. Daneben aber bediente er schon damals zahlreiche andere Presse- und Publikationsorgane in ganz Deutschland.

Insgesamt gibt es rund 1.600 Aufnahmen von Sepp Jäger, die den Bau und den Betrieb des Flug- und Luftschiffhafens Rhein-Main in den Jahren 1934 bis 1938 zum Gegenstand haben. Neben ihrer dokumentarischen Bedeutung zeigen sie häufig auch den besonderen, künstlerischen Blick auf die Objekte und weisen Jäger so als bedeutenden Fotografen aus. Freilich war er auch ein Kind seiner Zeit und erlag – auch wenn er nicht der NSDAP angehörte – der Faszinationen der nationalsozialistischen Inszenierungen. Andererseits muss man sich fragen, wie er es hätte anstellen können, seine Motive ohne die allgegenwärtigen Hakenkreuze und NS-Uniformen abzulichten.

Der Fotonachlass von Sepp Jäger befindet sich, wenigstens soweit es die hier verwendeten Bilder betrifft, als Depositum des Hessischen Rundfunks im Hessischen Wirtschaftsarchiv in Darmstadt. Dessen Leiter, Herrn Dr. Ingo Köhler, danke ich für die Erlaubnis, die Bilder abzudrucken. Danken möchte ich auch Herrn Christian Kunz, Leiter des Zeppelin-Museums in Neu-Isenburg, seiner Mitarbeiterin Frau Marianne Großjohann und Herrn Dr. Volker Merx aus Darmstadt, die einen kritischen Blick auf das Manuskript geworfen haben und dabei den einen oder anderen Fehler ausmerzen konnten.

Ulrich Eisenbach

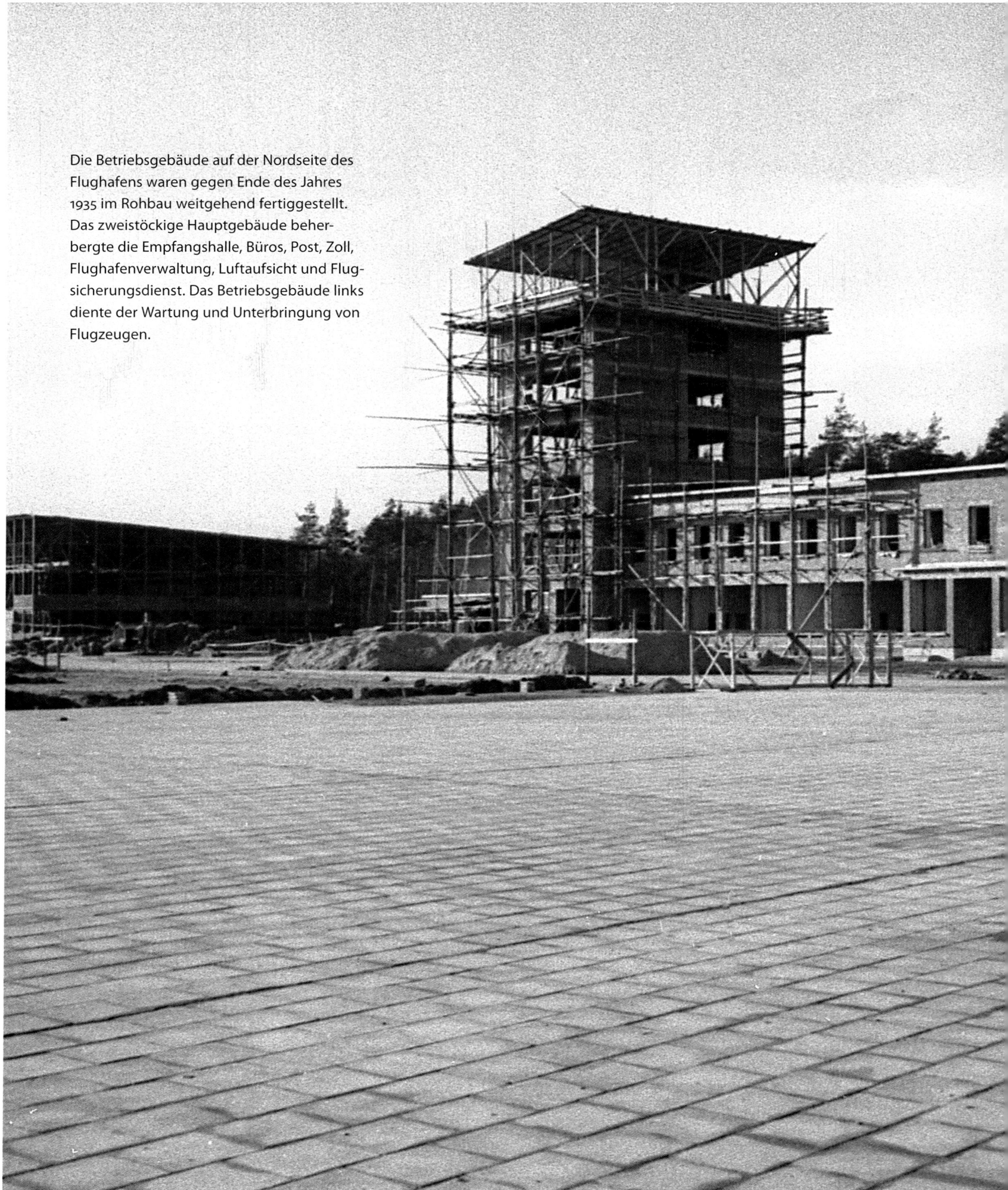

Die Betriebsgebäude auf der Nordseite des Flughafens waren gegen Ende des Jahres 1935 im Rohbau weitgehend fertiggestellt. Das zweistöckige Hauptgebäude beherbergte die Empfangshalle, Büros, Post, Zoll, Flughafenverwaltung, Luftaufsicht und Flugsicherungsdienst. Das Betriebsgebäude links diente der Wartung und Unterbringung von Flugzeugen.

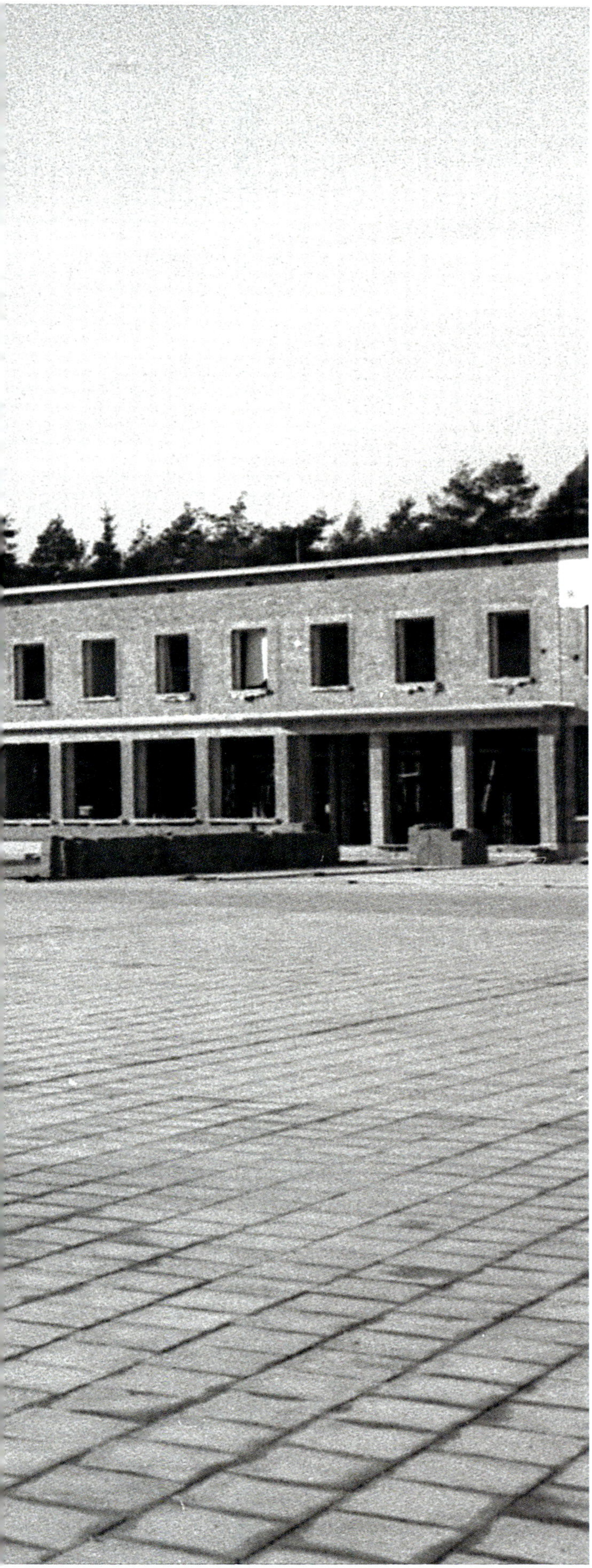

I.

Bau und Betrieb des Flughafens

Mit der Rodung eines rund 2,06 Quadratkilometer großen Areals im Frankfurter Stadtwald begannen am 2. Januar 1934 die Arbeiten am neuen Flughafen Rhein-Main. Auf dem nördlichen Teil des Flughafengeländes, etwas südlich der Unterschweinstiege, entstand ab 1935 ein zweigeschossiges Empfangsgebäude mit einem sechsgeschossigen Kontrollturm sowie weiteren Betriebs- und Nebengebäuden zur Wartung und Unterbringung von Flugzeugen. Das etwa 100 Hektar große Rollfeld erhielt eine Grasdecke.

Die offizielle Eröffnung des neuen Flug- und Luftschiffhafens Rhein-Main erfolgte am 8. Juli 1936 durch NSDAP-Gauleiter Jakob Sprenger und – seitens der Reichsregierung – den Staatssekretär im Luftfahrtministerium und späteren Lufthansa-Aufsichtsratsvorsitzenden Erhard Milch. Bereits in seinem Eröffnungsjahr verzeichnete der Flughafen 58.010 Passagiere und rückte damit in der Rangliste der deutschen Verkehrsflughäfen auf Platz 2 hinter Berlin-Tempelhof. Das Streckennetz wurde auf 27 Linien erweitert. Fast alle europäischen Großstädte waren von Frankfurt aus erreichbar – die meisten ohne Flugzeugwechsel. An heutigen Maßstäben gemessen war das Fluggastaufkommen allerdings sehr gering. Nur Gutverdienende oder Dienstreisende konnten sich in den 1930er-Jahren eine Flugreise leisten.

Mit Ausbruch des Zweiten Weltkriegs wurde der Flughafen Rhein-Main der Deutschen Luftwaffe unterstellt. Die Südwestdeutsche Flugbetriebs AG Rhein-Main stellte ihre aktive Tätigkeit ein und beschränkte sich während des Kriegs auf Verwaltungs- und Unterhaltungsarbeiten.

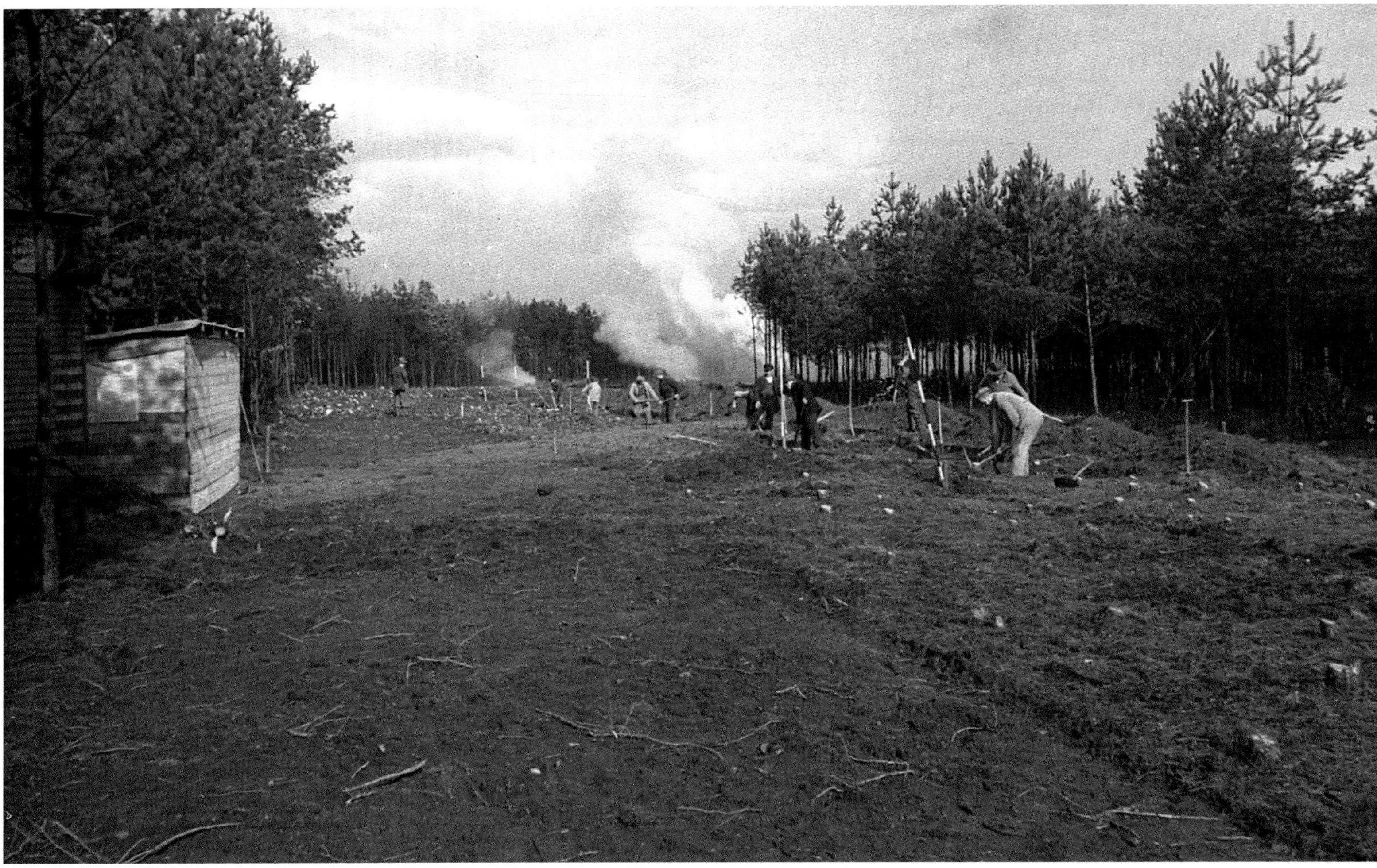

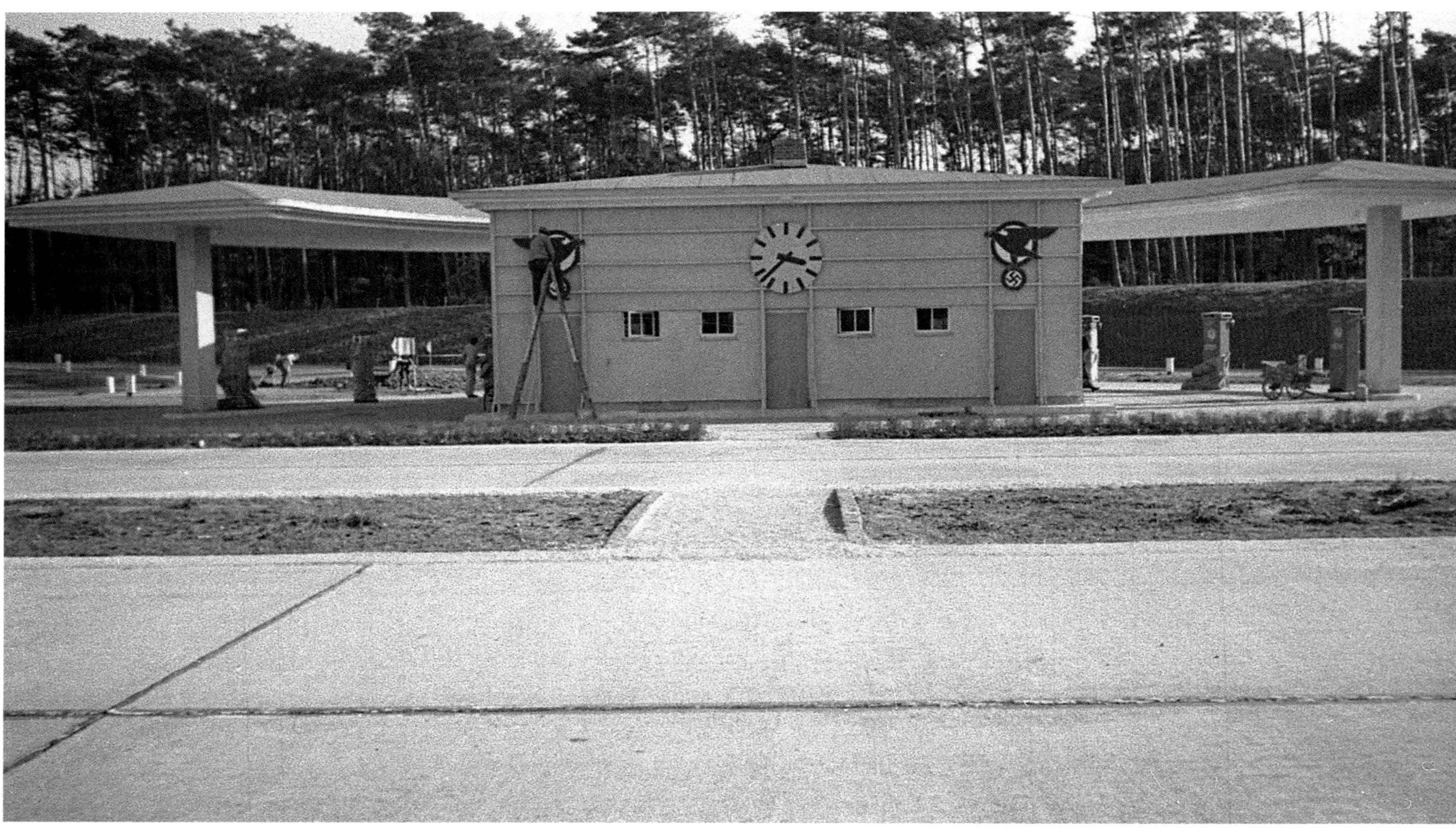

◄ Beginn der Rodungsarbeiten im Frankfurter Stadtwald für den neuen Flughafen im Januar 1934. Insgesamt wurden bis Ende des Jahres 206 Hektar Wald für die Startbahn und die Betriebsgebäude gefällt.

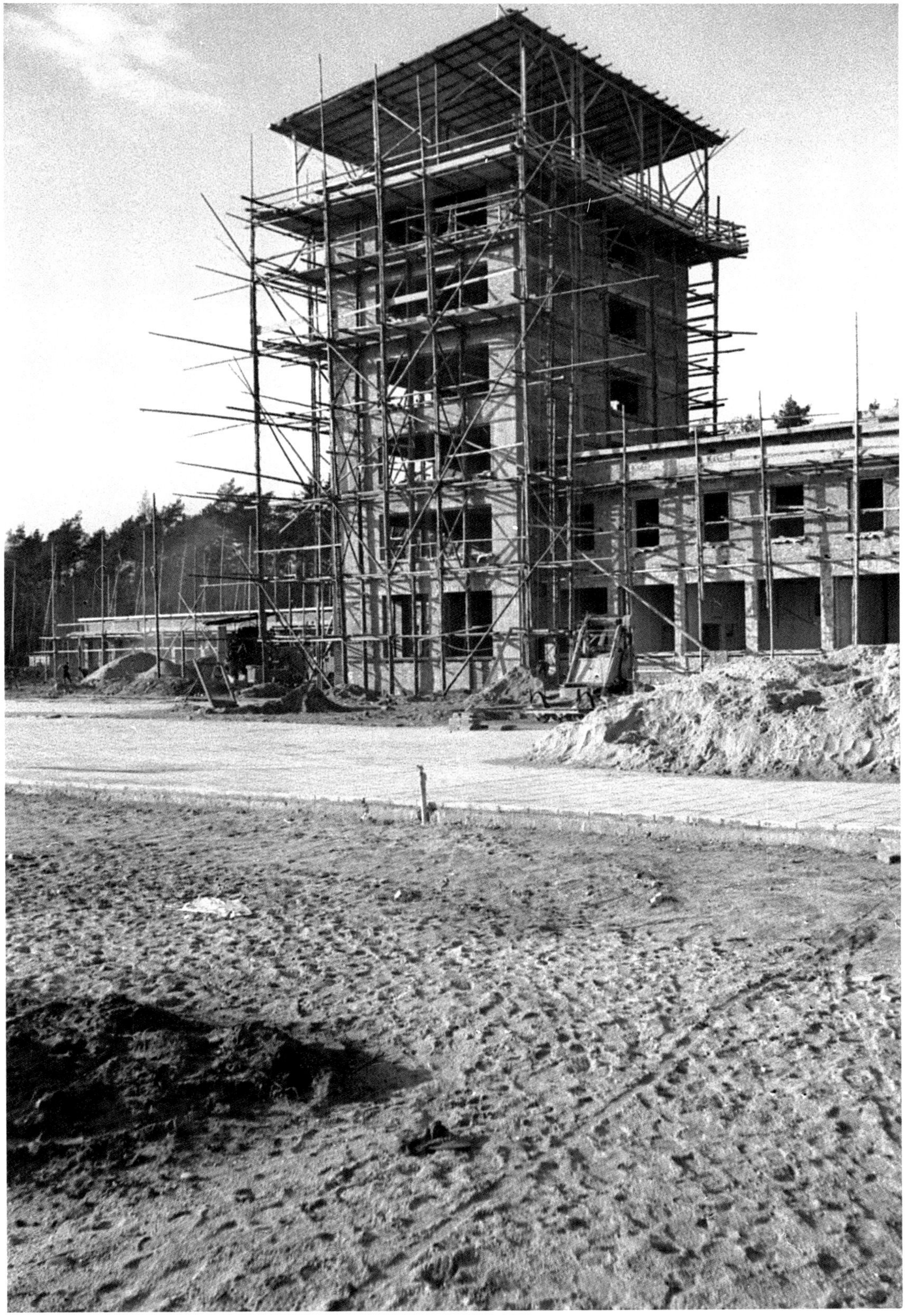

Der sechsstöckige Kontrollturm im Rohbau. Hier waren u.a. die Wetter- und Funkstation untergebracht.

◄ Die öffentliche Tankanlage für Autos am Flughafen ähnelte in Form und Gestaltung den frühen Autobahntankstellen. Im Frühjahr 1936 stand sie kurz vor der Fertigstellung.

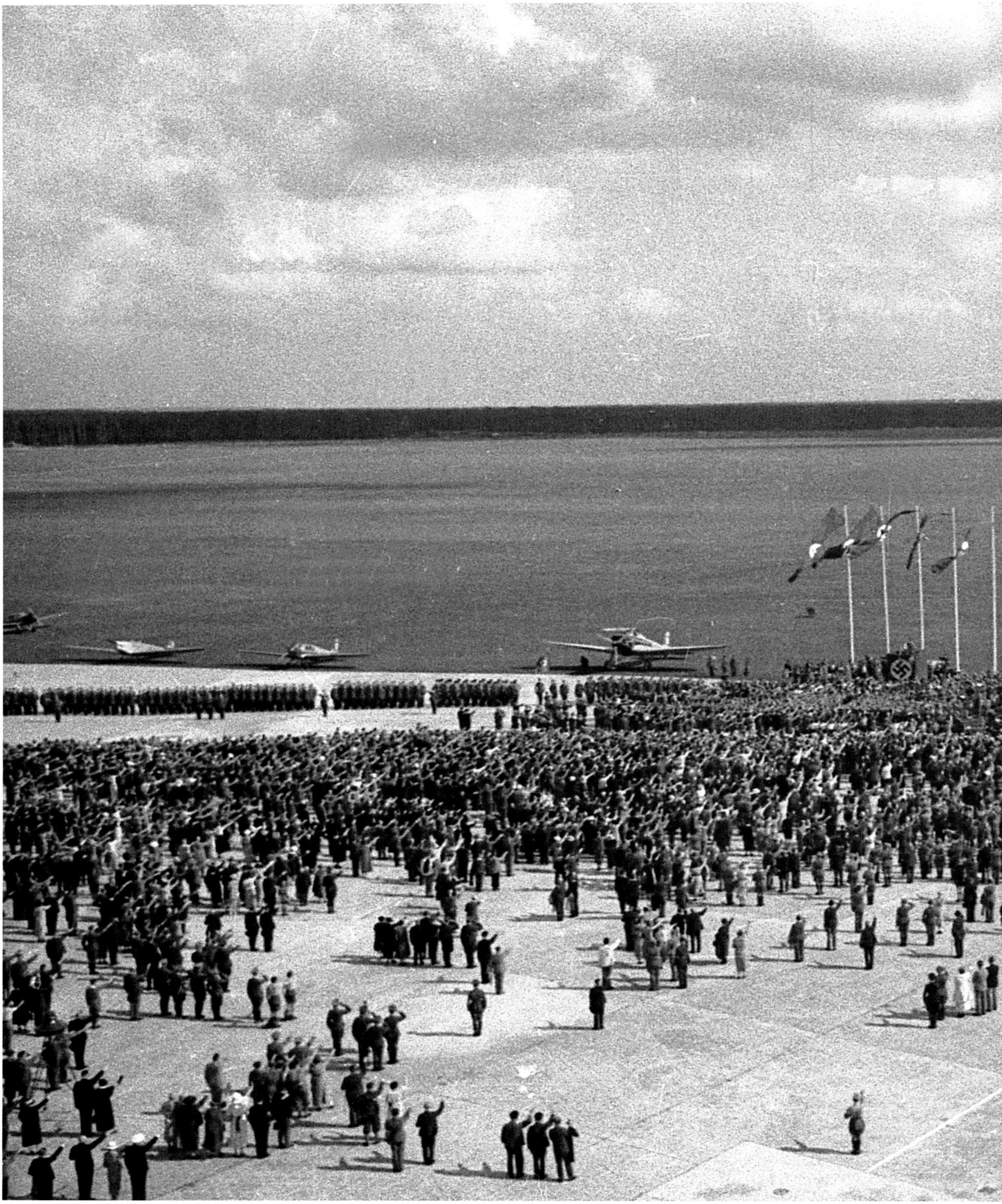

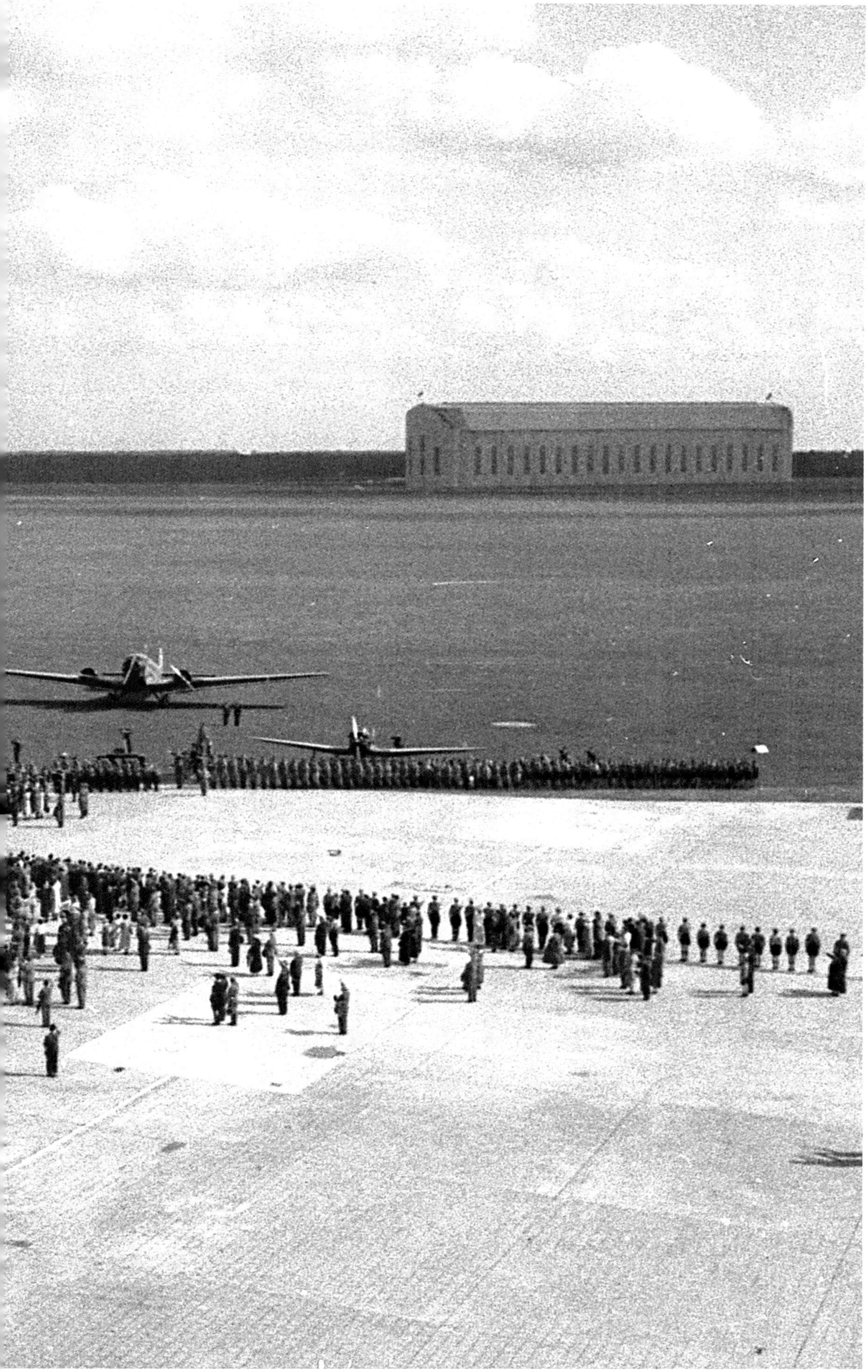

Zur Eröffnung des Flughafens Rhein-Main am 8. Juli 1936 fand sich eine große Menschenmenge ein, darunter viele Amtsträger der NSDAP in Uniform. Im Hintergrund die bereits fertiggestellte Luftschiffhalle I, aus der zu diesem Anlass etwas später das Luftschiff „Hindenburg" herausgezogen und den Besuchern präsentiert wurde.

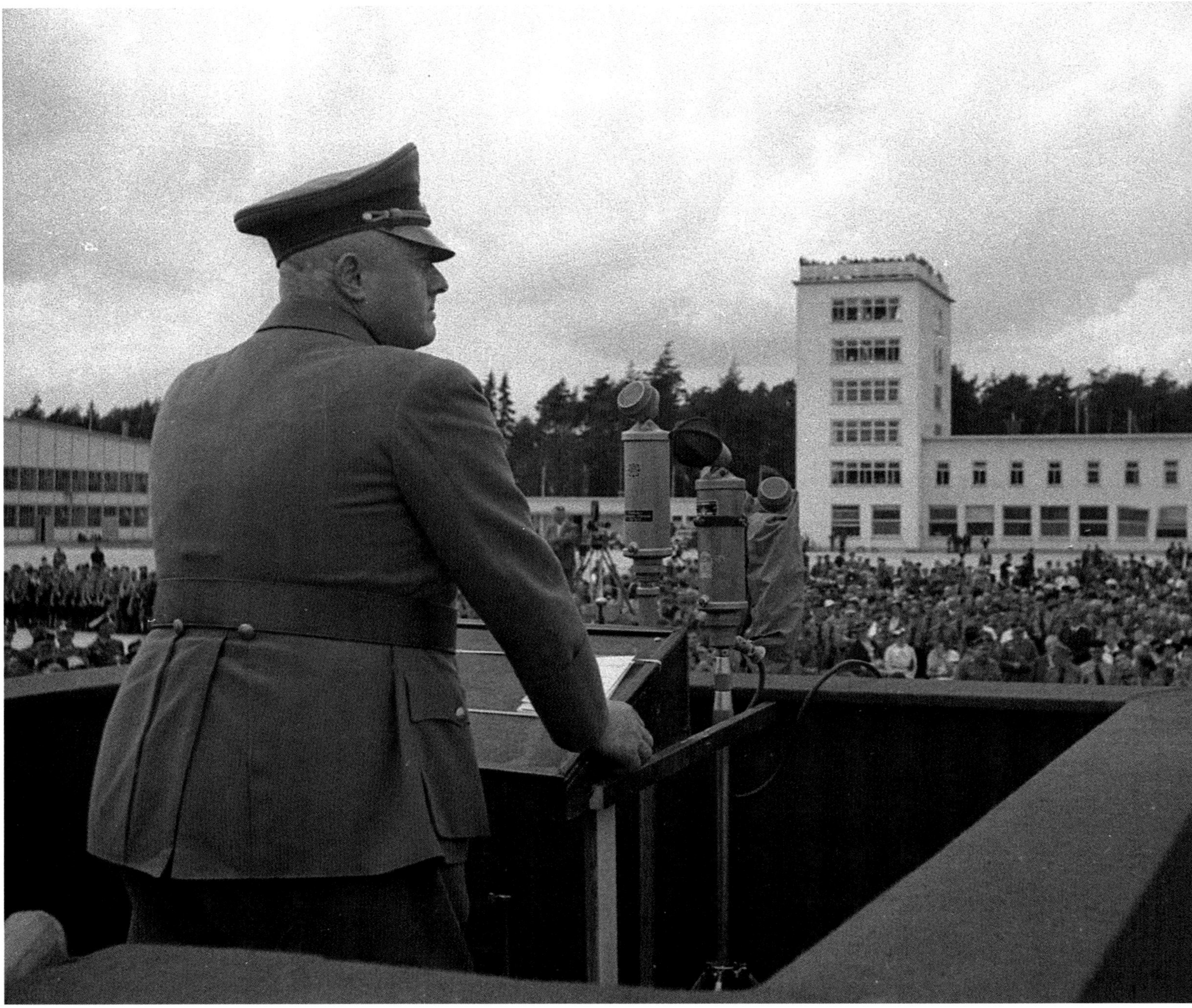

Ansprache des NSDAP-Gauleiters Jakob Sprenger bei der offiziellen Eröffnung des Flughafens Rhein-Main am 8. Juli 1936.

Angehörige des Reichsarbeitsdienstes (RAD) paradierten zur Eröffnung des Flughafens mit geschulterten Spaten am Tower vorbei. ►

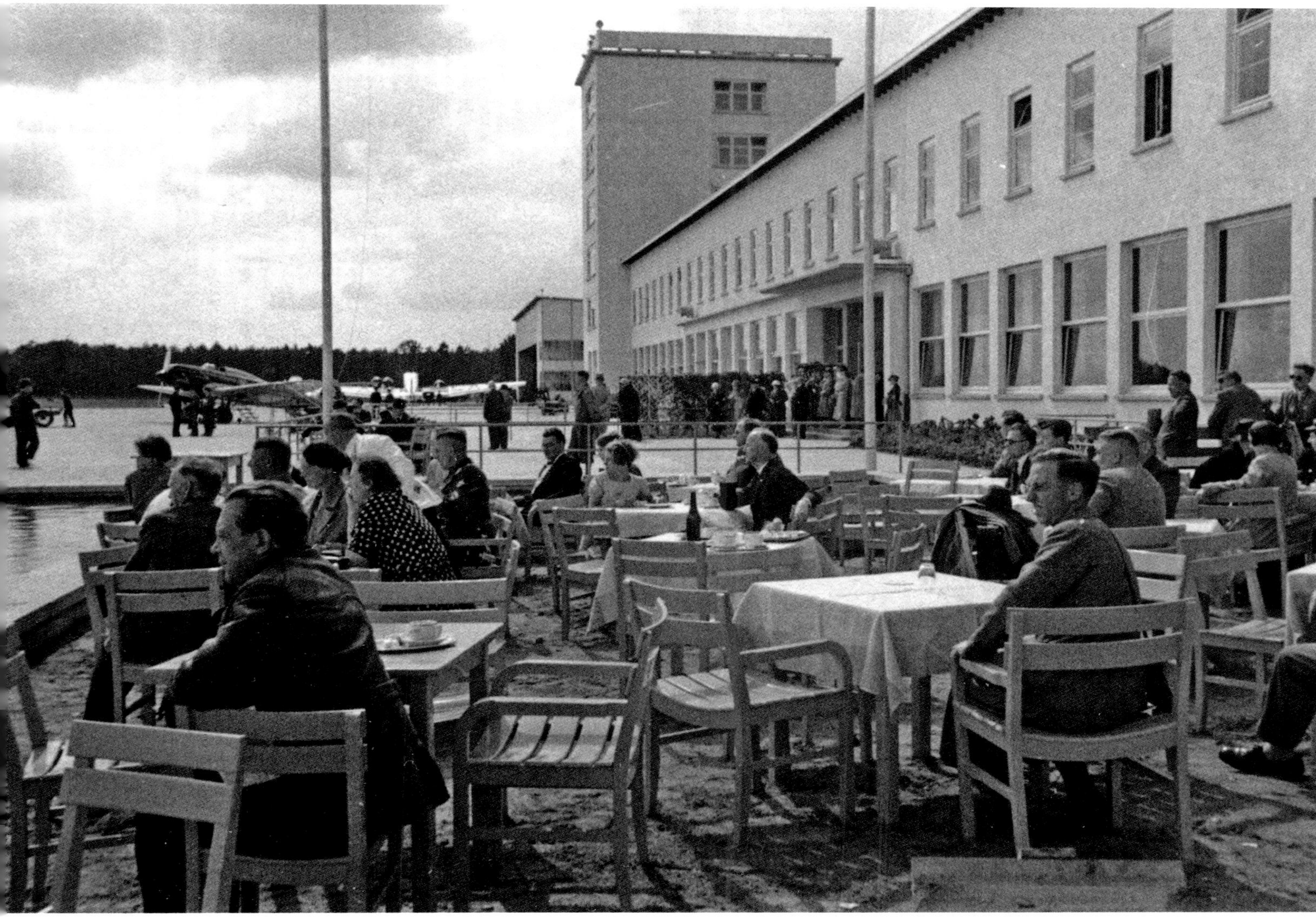

An Sonntagen zählte der Kaffeegarten des Flughafens neben dem Empfangsgebäude bis zu 3.000 Gäste. Hier hatte man einen hervorragenden Blick auf die startenden und landenden Flugzeuge aus ganz Europa.

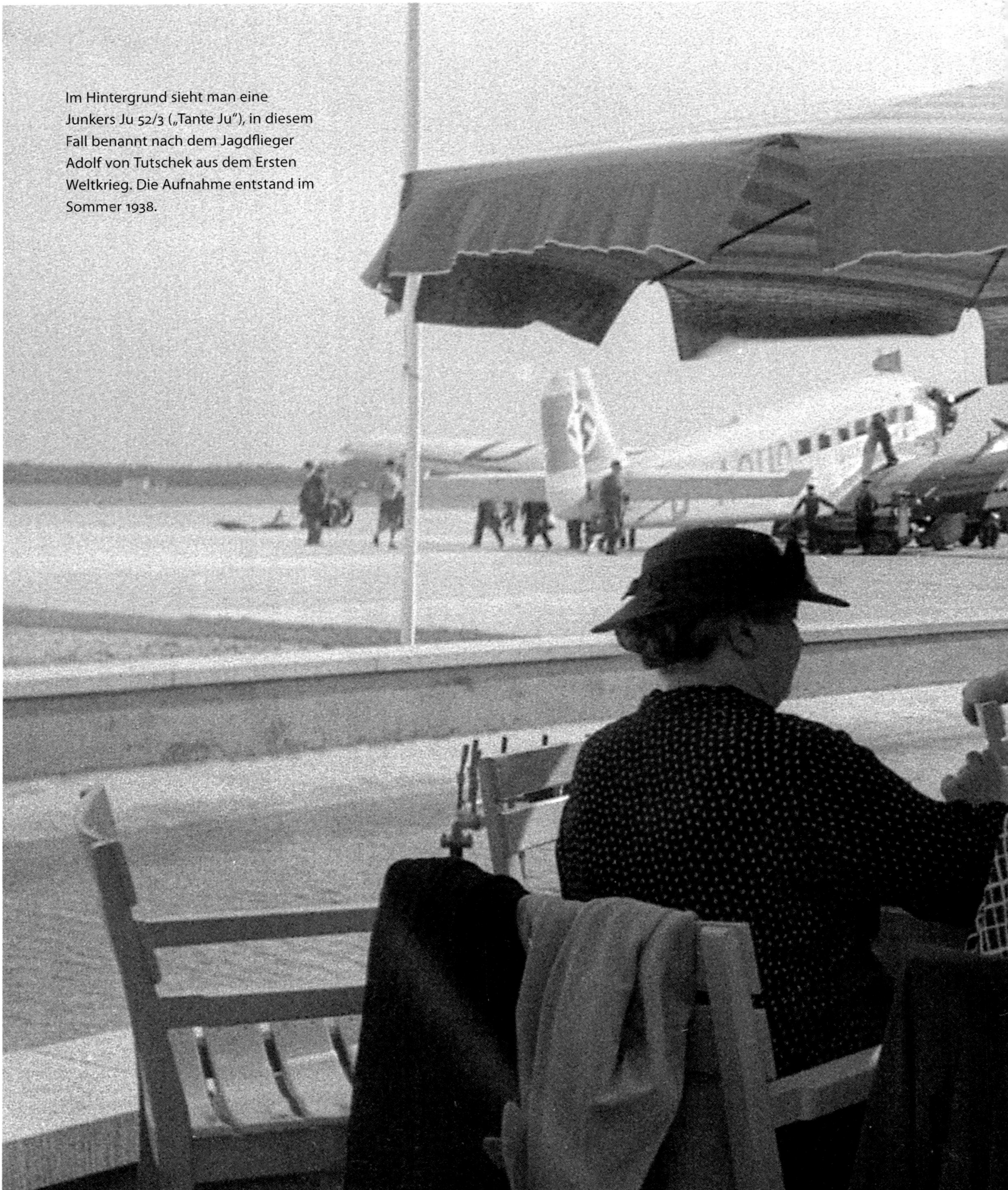

Im Hintergrund sieht man eine Junkers Ju 52/3 („Tante Ju"), in diesem Fall benannt nach dem Jagdflieger Adolf von Tutschek aus dem Ersten Weltkrieg. Die Aufnahme entstand im Sommer 1938.

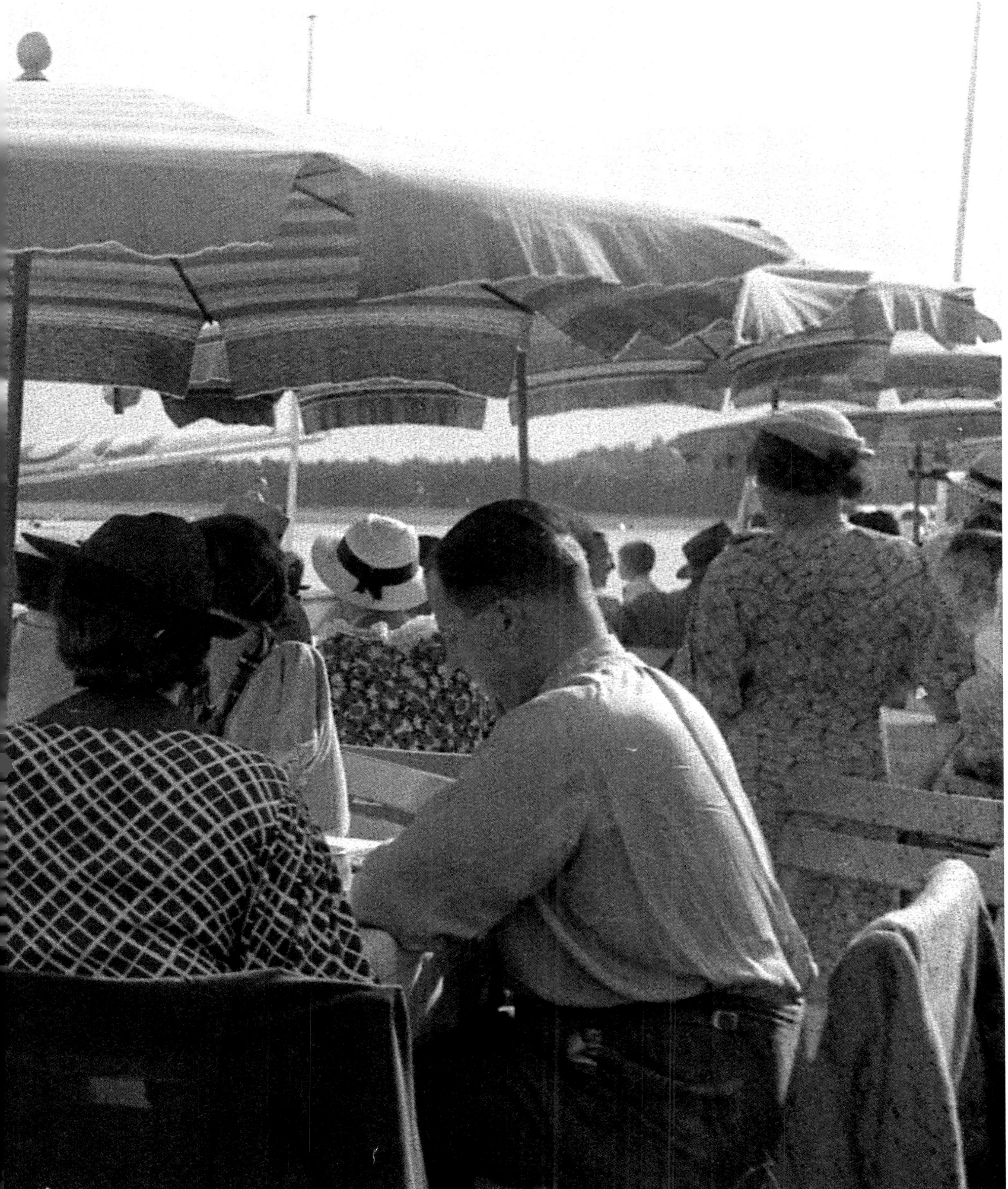

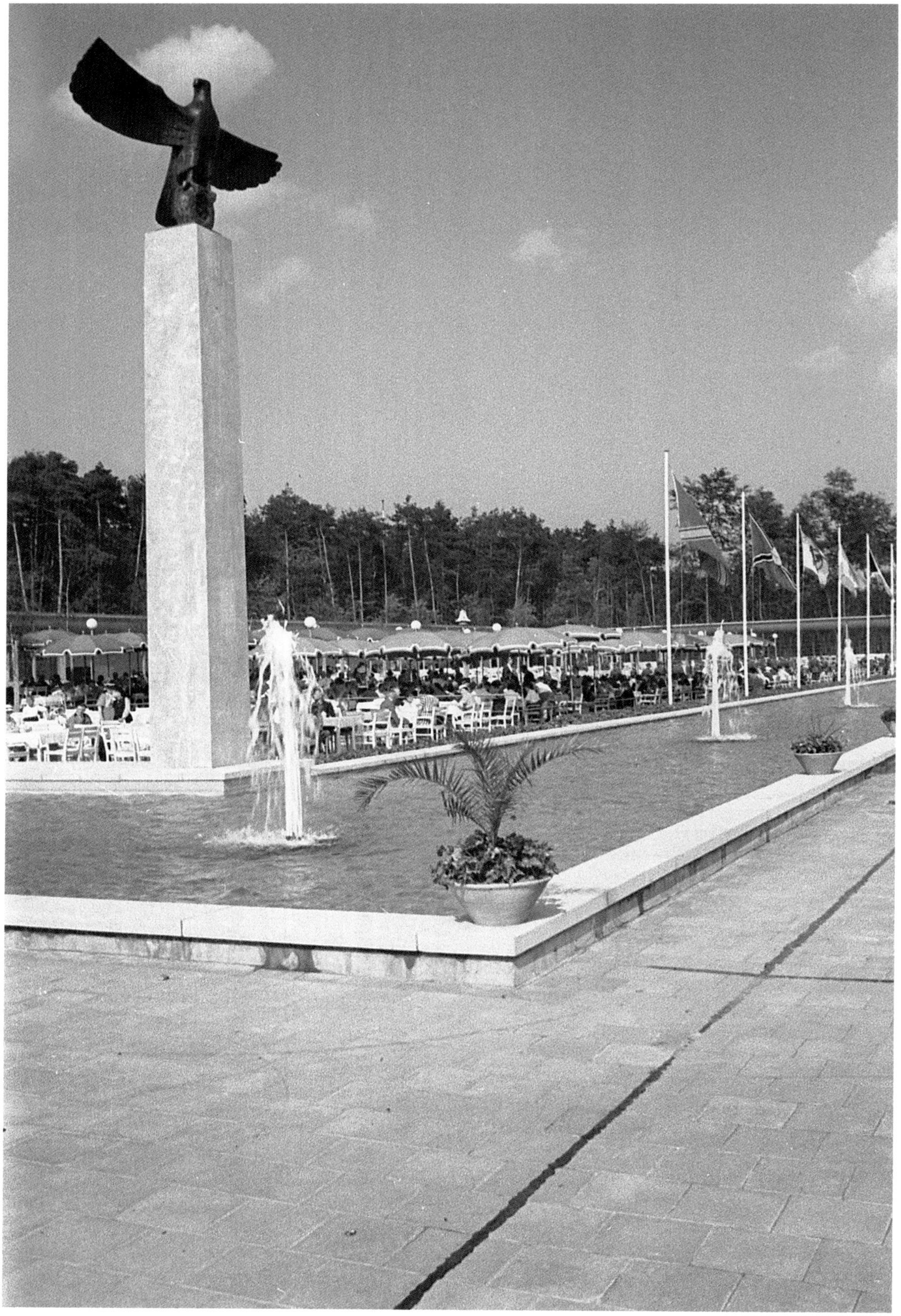

Der Kaffeegarten des Flughafens Rhein-Main war durch eine Brunnenanlage vom Flugfeld getrennt. Der Adler mit Hakenkreuz auf der Säule wurde nach dem Zweiten Weltkrieg durch eine Weltkugel ersetzt. Die Aufnahme entstand 1938.

► Am 18. Oktober 1936 fand auf dem Flughafen Rhein-Main ein Internationaler Großflugtag statt, verbunden mit dem ersten Internationalen Luftrennen des NS-Fliegerkorps. Zur Eröffnung kam Generalmajor Friedrich Christiansen (rechts), Ministerialrat im Reichsluftfahrtministerium, der von NSDAP-Gauleiter Jakob Sprenger begrüßt wurde. Später war Christiansen Wehrmachtsbefehlshaber in den besetzten Niederlanden, wo er nach dem Krieg wegen Kriegsverbrechen zu einer Haftstrafe von 12 Jahren verurteilt wurde. Im Hintergrund die gefeierte Kunstfliegerin Elly Beinhorn, die kurz zuvor den Rennfahrer Bernd Rosemeyer geheiratet hatte.

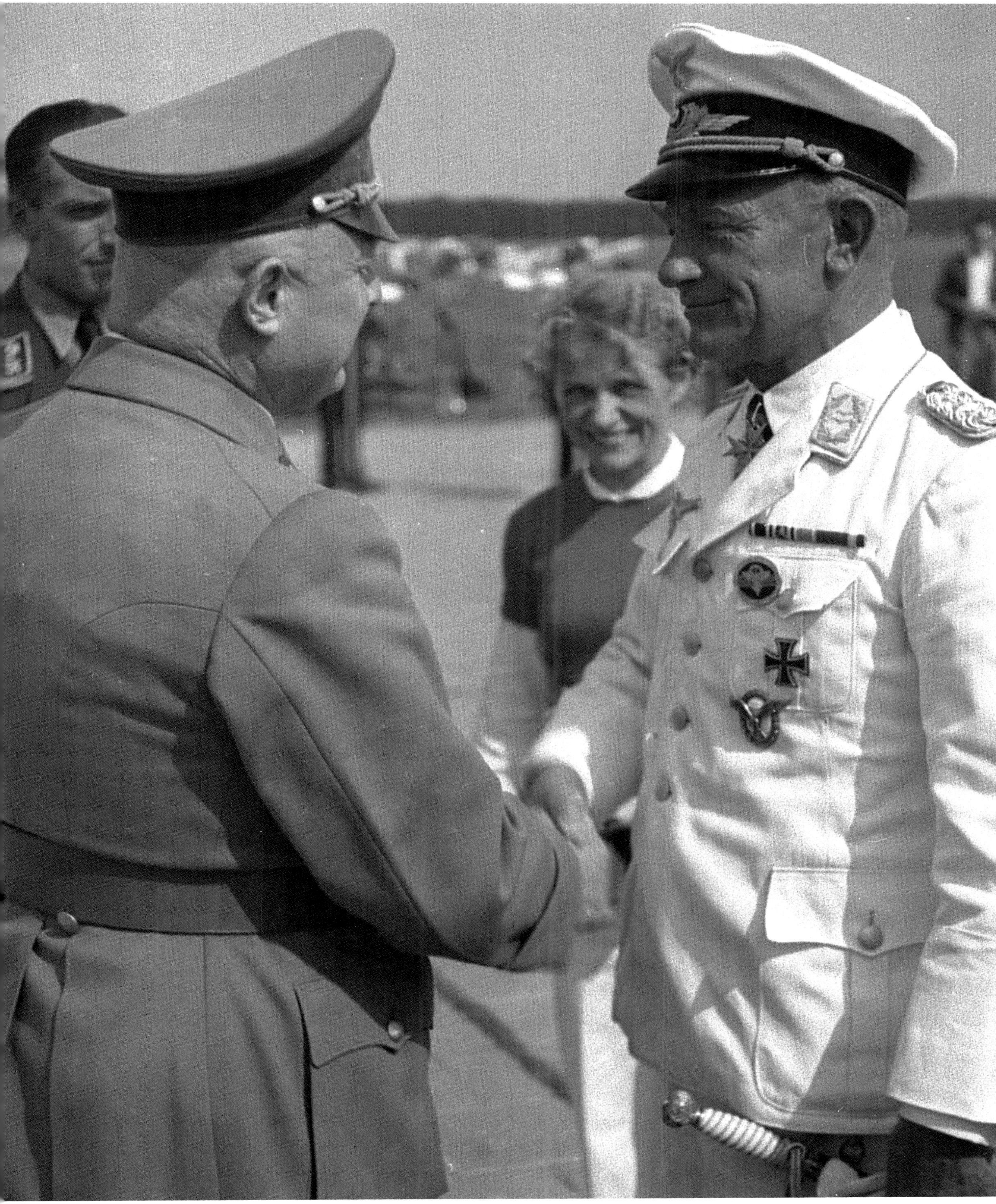

Schweizer Piloten und Angehörige des NS-Fliegerkorps (NSFK) beim Internationalen Großflugtag am 18. Oktober 1936 auf dem Rhein-Main-Flughafen.

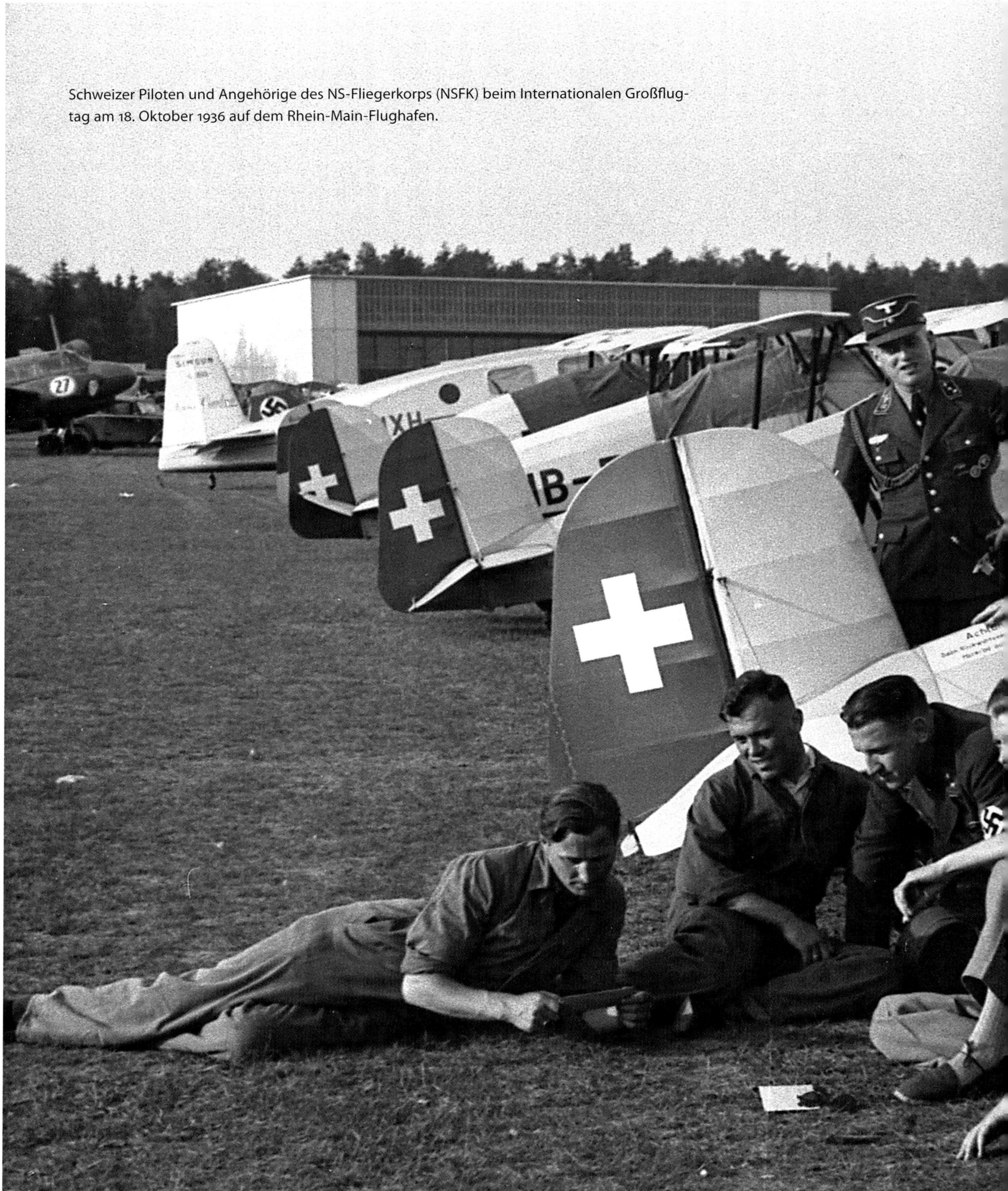

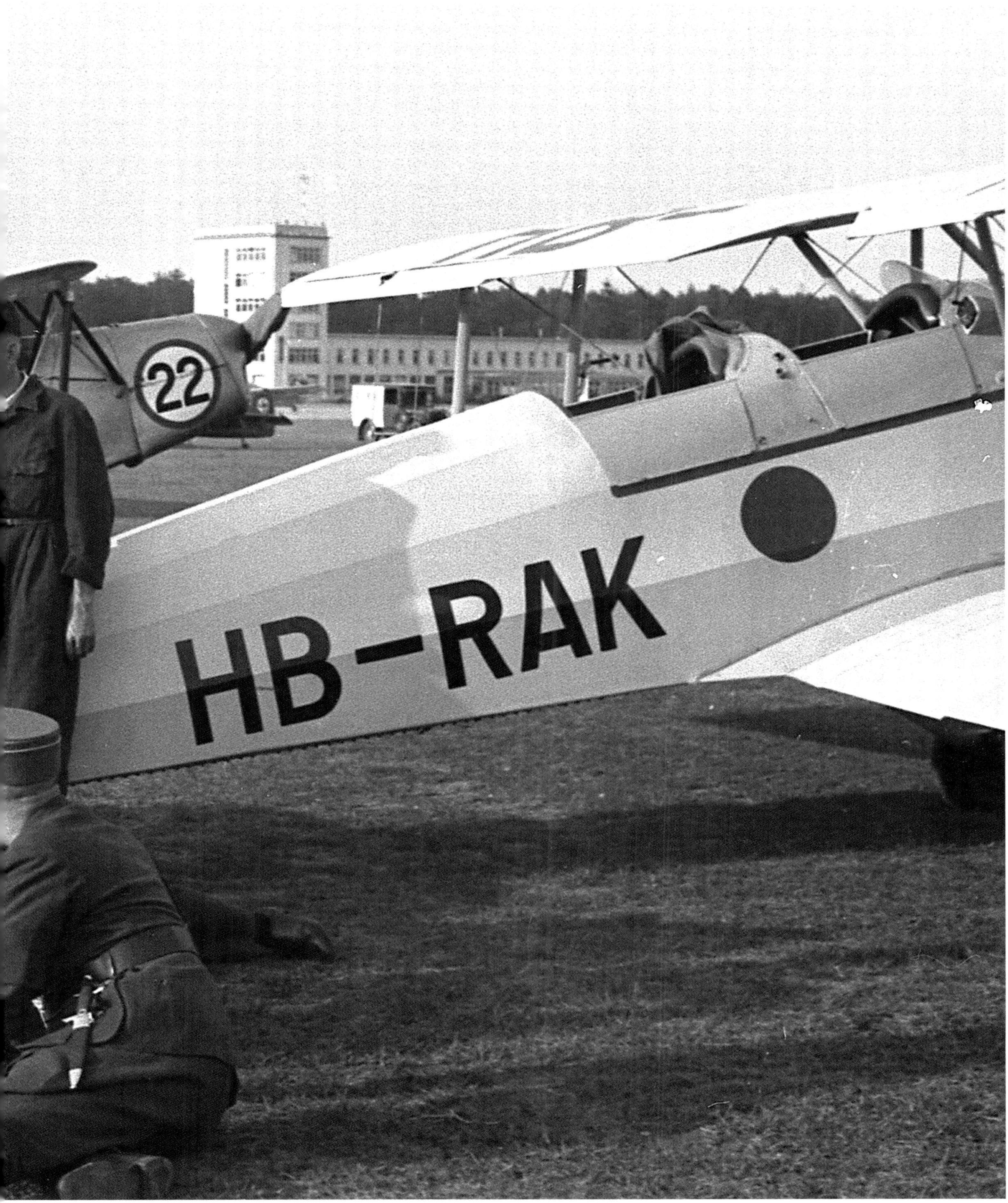
22
HB-RAK

Während des Internationalen Großflugtags putzt ein Pilot seine Messerschmitt Bf 108 Taifun. Die meisten Flugzeuge dieses Typs gingen an die Luftwaffe, nur wenige wurden zu Kurier- oder Schulungszwecken genutzt. ►

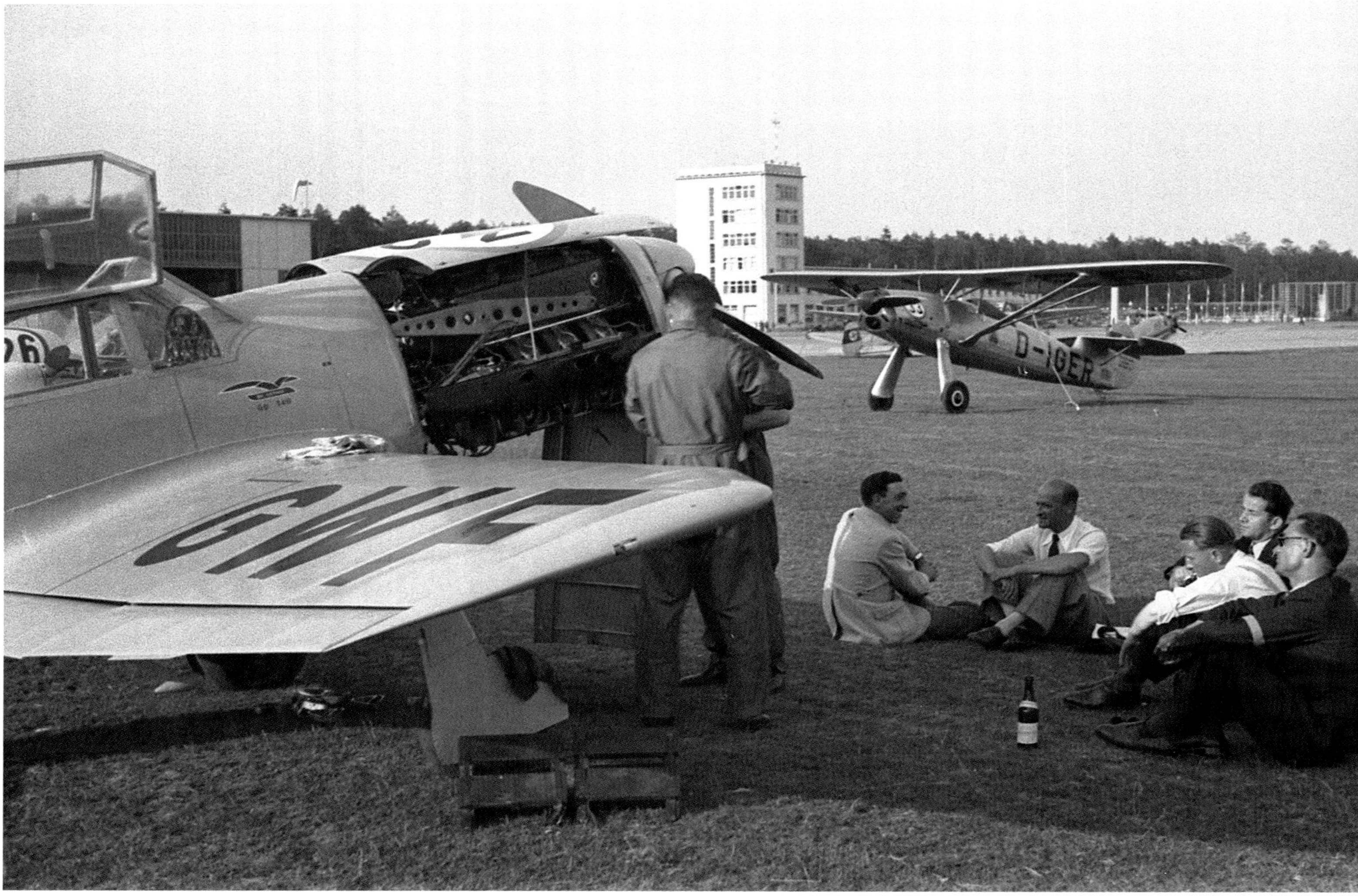

Impressionen vom Internationalen Großflugtag am 18. Oktober 1936. Im Vordergrund der einmotorige Kabineneinsitzer Go 149 V1 von der Gothaer Waggonfabrik, der lediglich als Mustermaschine gebaut worden war, rechts dahinter eine Focke-Wulf Fw 56, ein einmotoriges Flugzeug, das vornehmlich als Schulflugzeug bei der Luftwaffe Verwendung fand.

Eine Siebel Si 202 „Hummel" im September 1938 auf dem Flughafen Rhein-Main. Das Flugzeug war als leicht zu fliegender, robuster, freitragender Tiefdecker konstruiert und wurde vor allem in den Schulen des NS-Fliegerkorps (NSFK) eingesetzt. ►

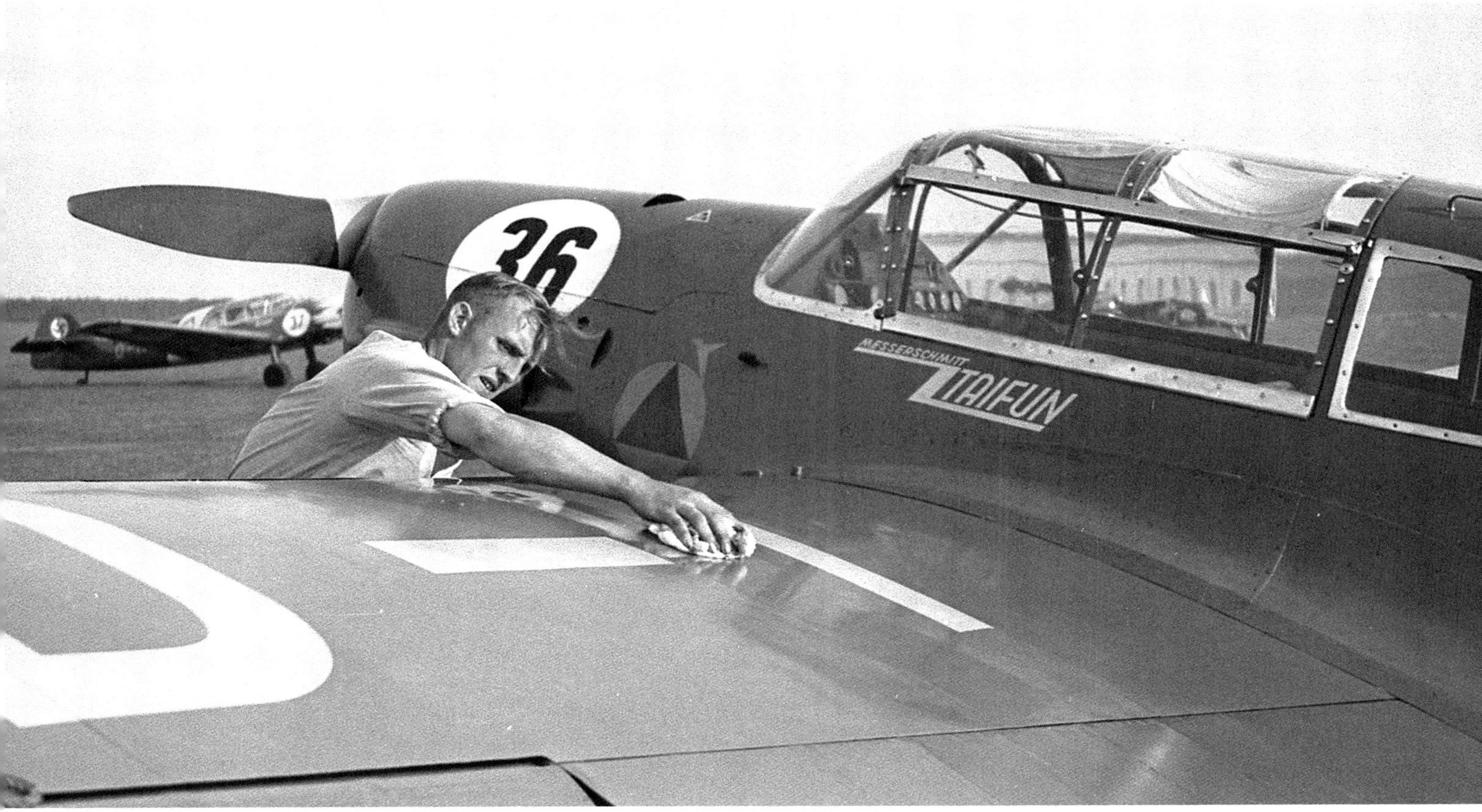
36
MESSERSCHMITT
TAIFUN

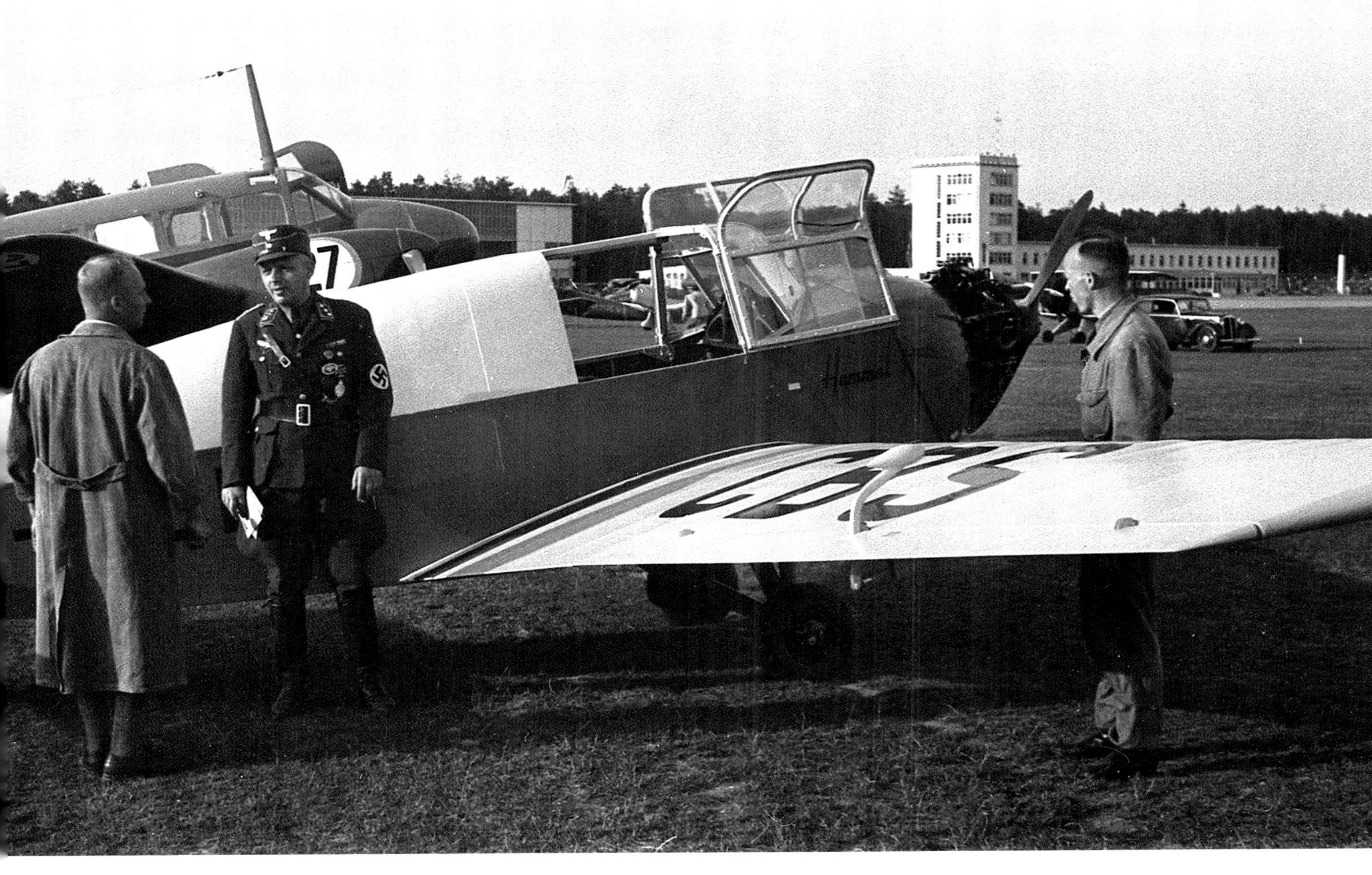

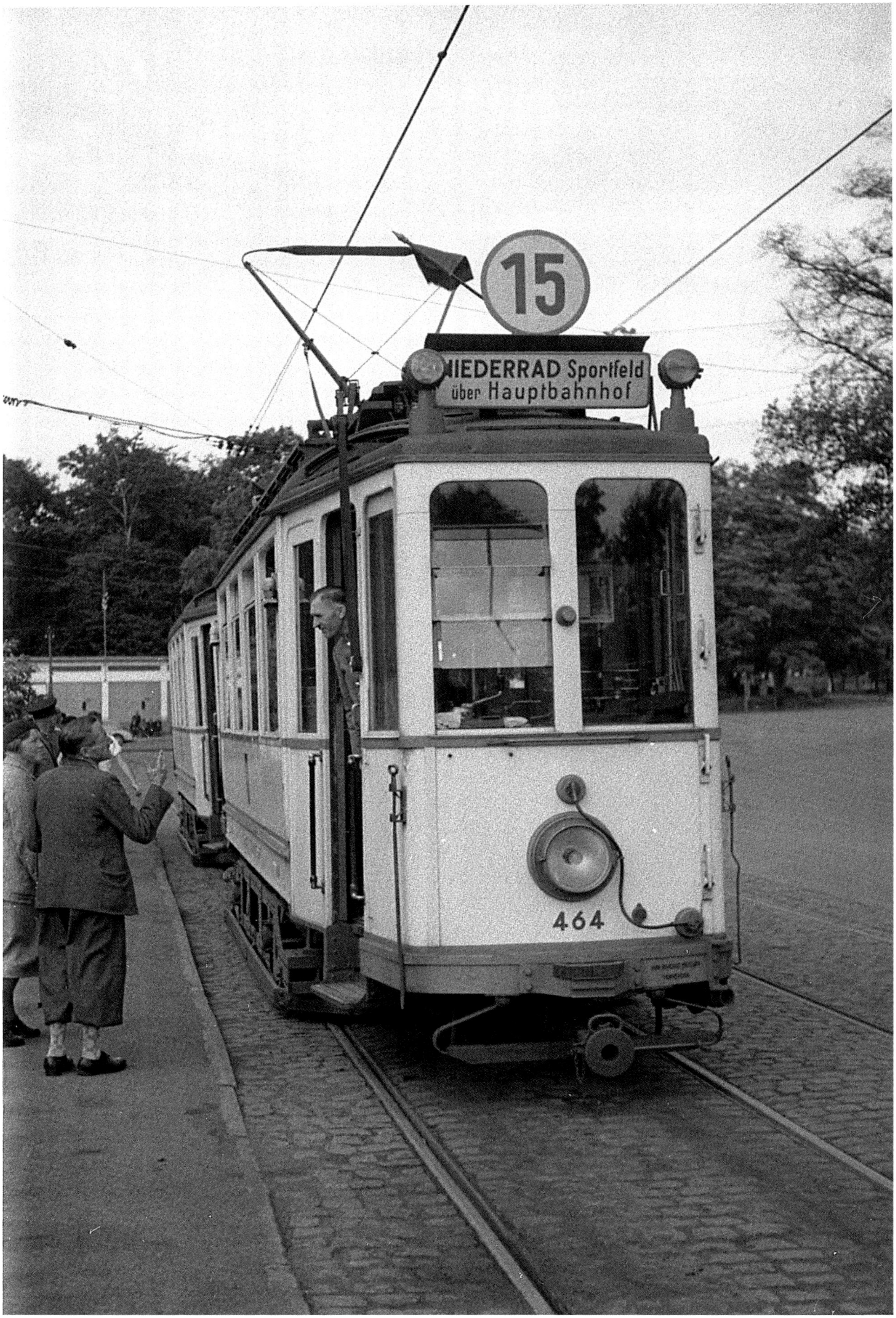
15
NIEDERRAD Sportfeld
über Hauptbahnhof
464
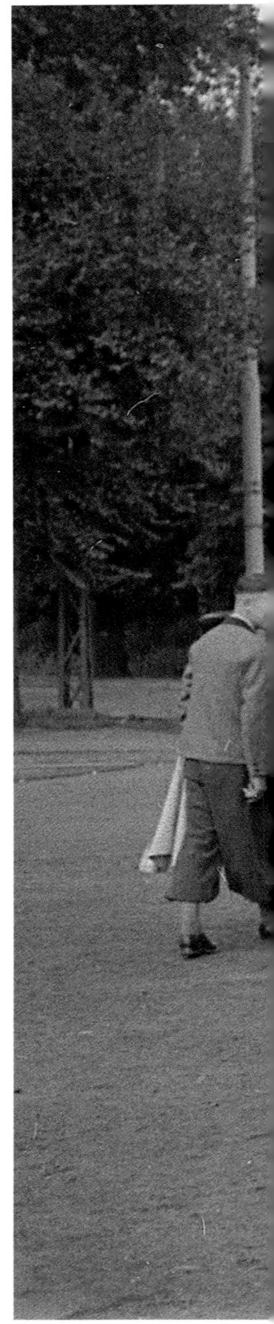

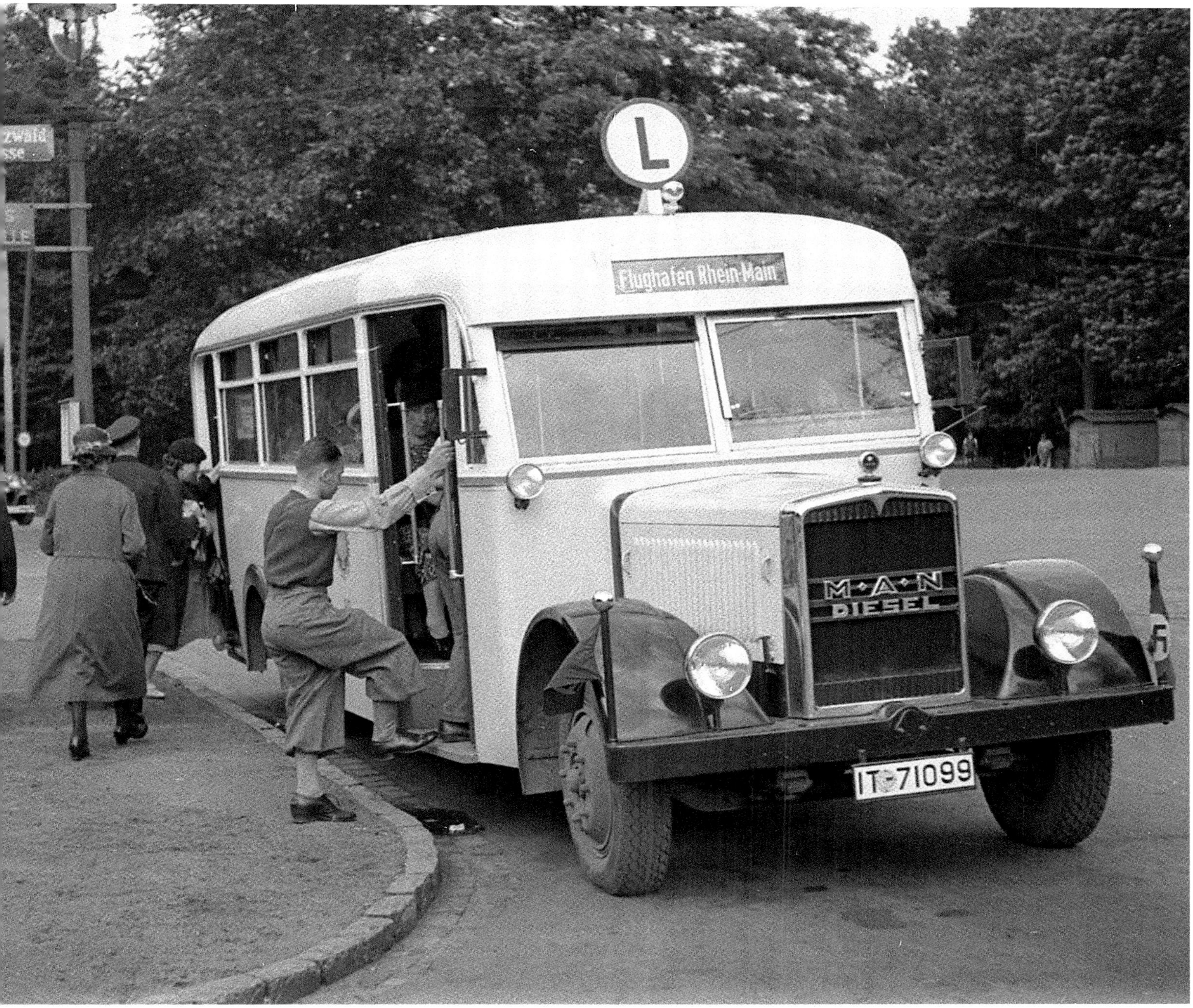

Wer nicht mit dem Auto zum Flughafen kam, nahm entweder die Buslinie L, die vom Hauptbahnhof direkt zum Flughafen führte, oder fuhr mit der Straßenbahnlinie 15 bis zur Schwarzwaldstraße und stieg dort in den L-Bus um. Die beiden Linien genügten, um das noch geringe Passagieraufkommen zu bewältigen.

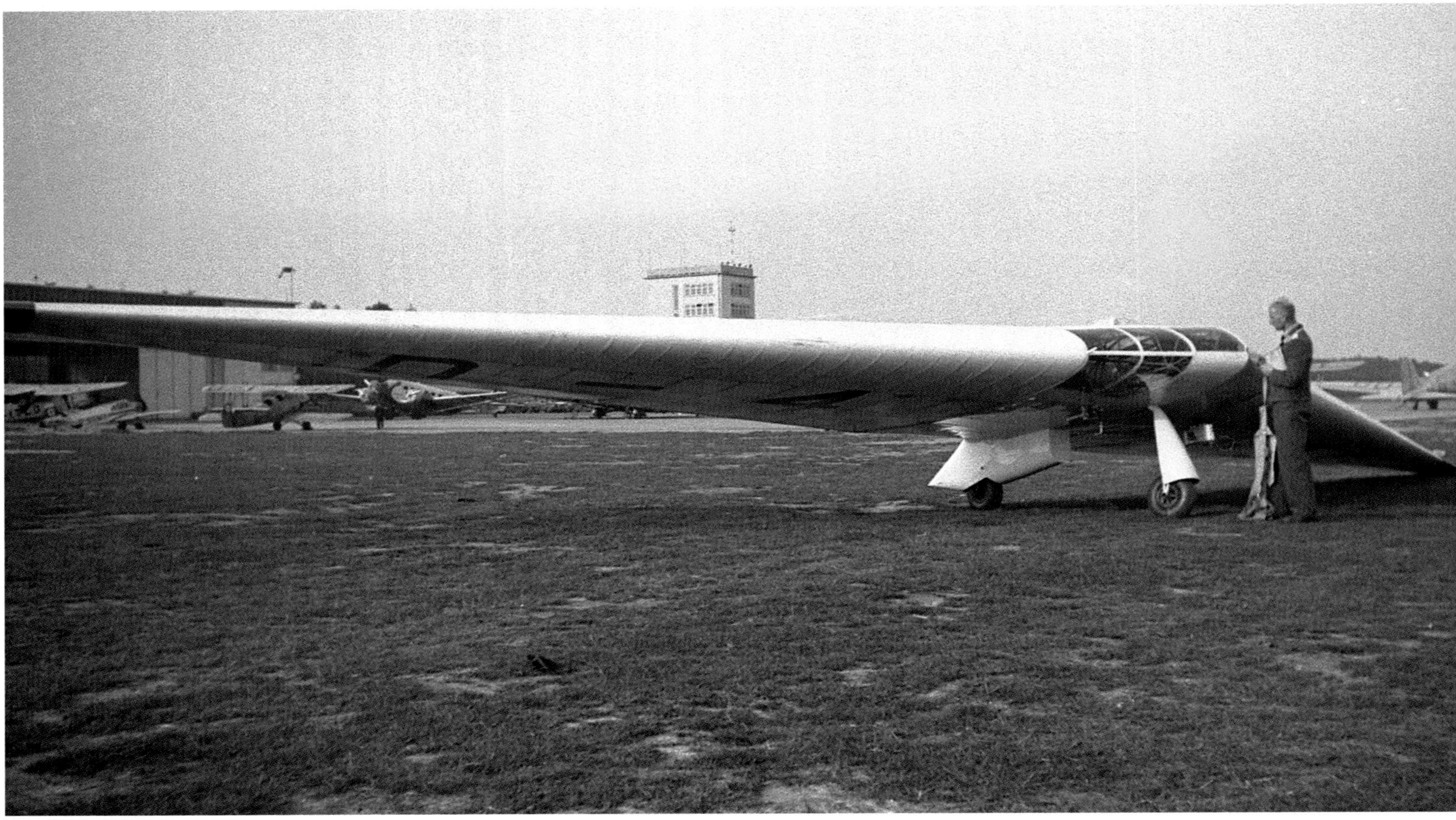

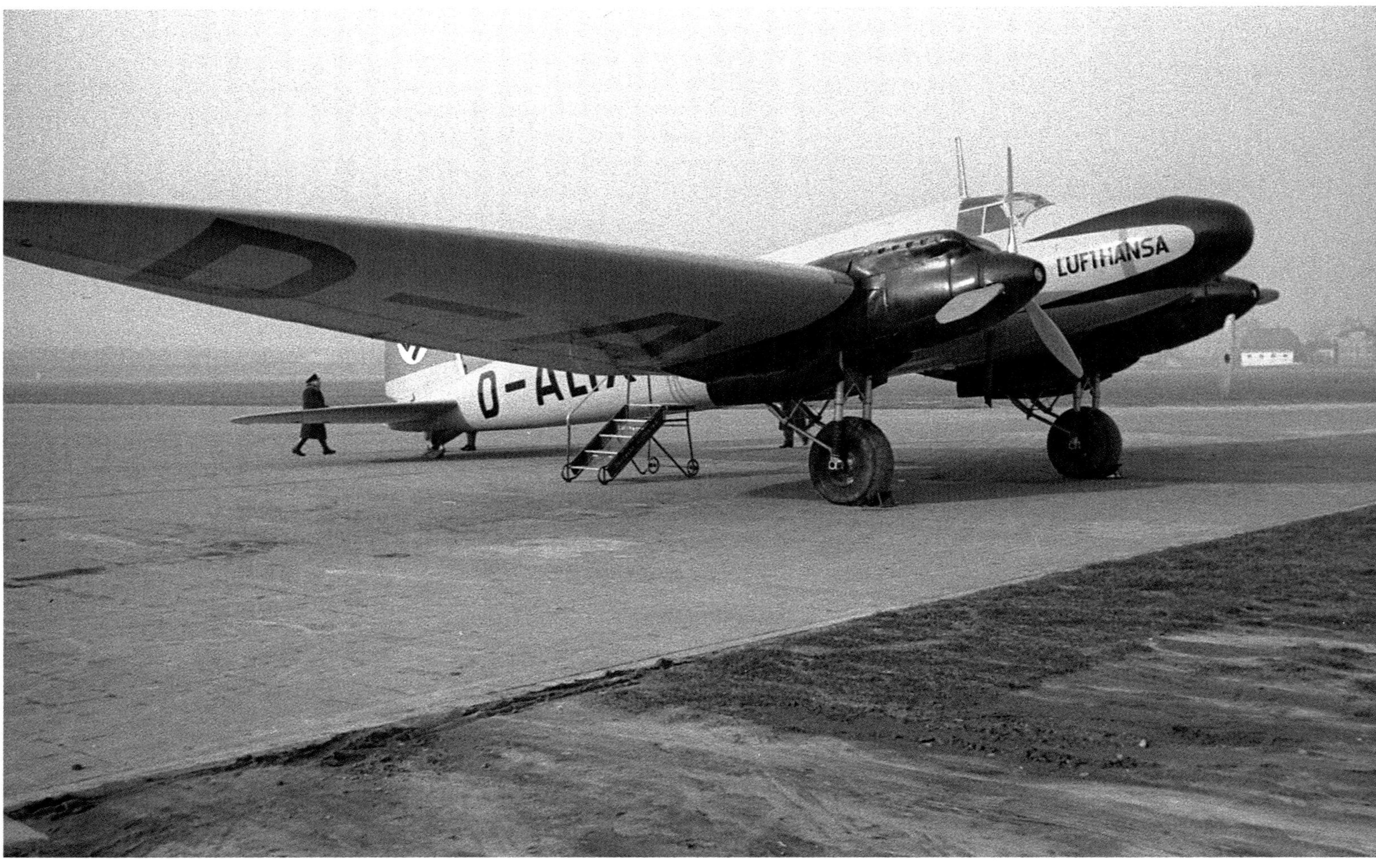
LUFTHANSA

◄ Der Motorsegler Horten Ho II, entwickelt von den Brüdern Reimar und Walter Horten in Bonn, war das erste Nurflügel-Flugzeug. 1936 war es auf dem Flughafen Rhein-Main zu bestaunen.

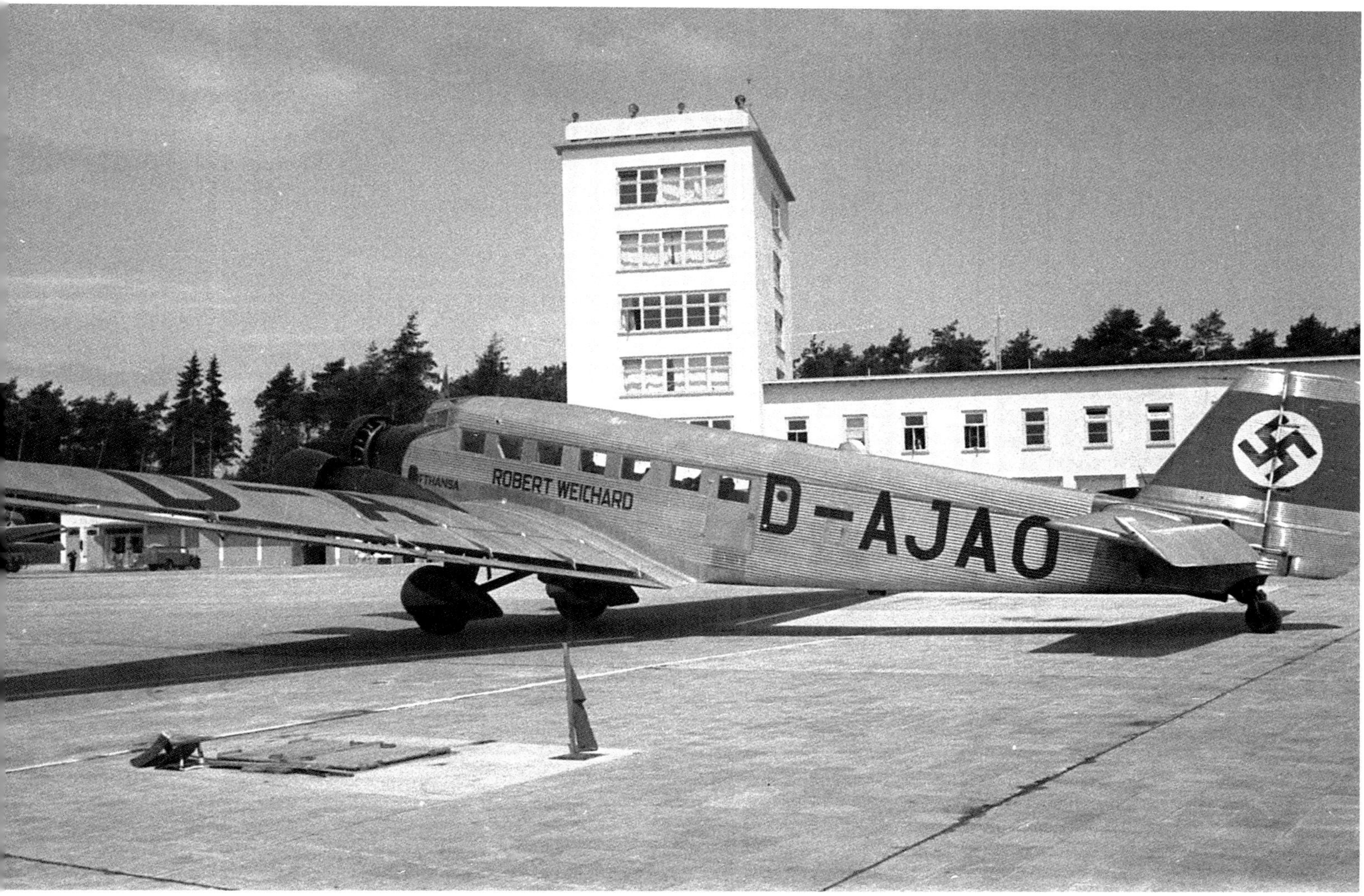

Die Junkers Ju 52 „Robert Weichard" der Deutschen Lufthansa vor dem Empfangsgebäude, benannt nach einem Kampfpiloten aus dem Ersten Weltkrieg.

◄ Die Heinkel He 111 V-2 b „Rostock" der Deutschen Lufthansa auf dem Flughafen Rhein-Main. Sie war als schnelles Verkehrsflugzeug für zwei Mann Besatzung und zehn Passagiere konzipiert worden. Die Lufthansa orderte insgesamt fünf dieser Flugzeuge und setzte sie vorwiegend im Postdienst ein. Im Zweiten Weltkrieg wurde die Heinkel He 111 in großen Stückzahlen gebaut und als Bomber genutzt.

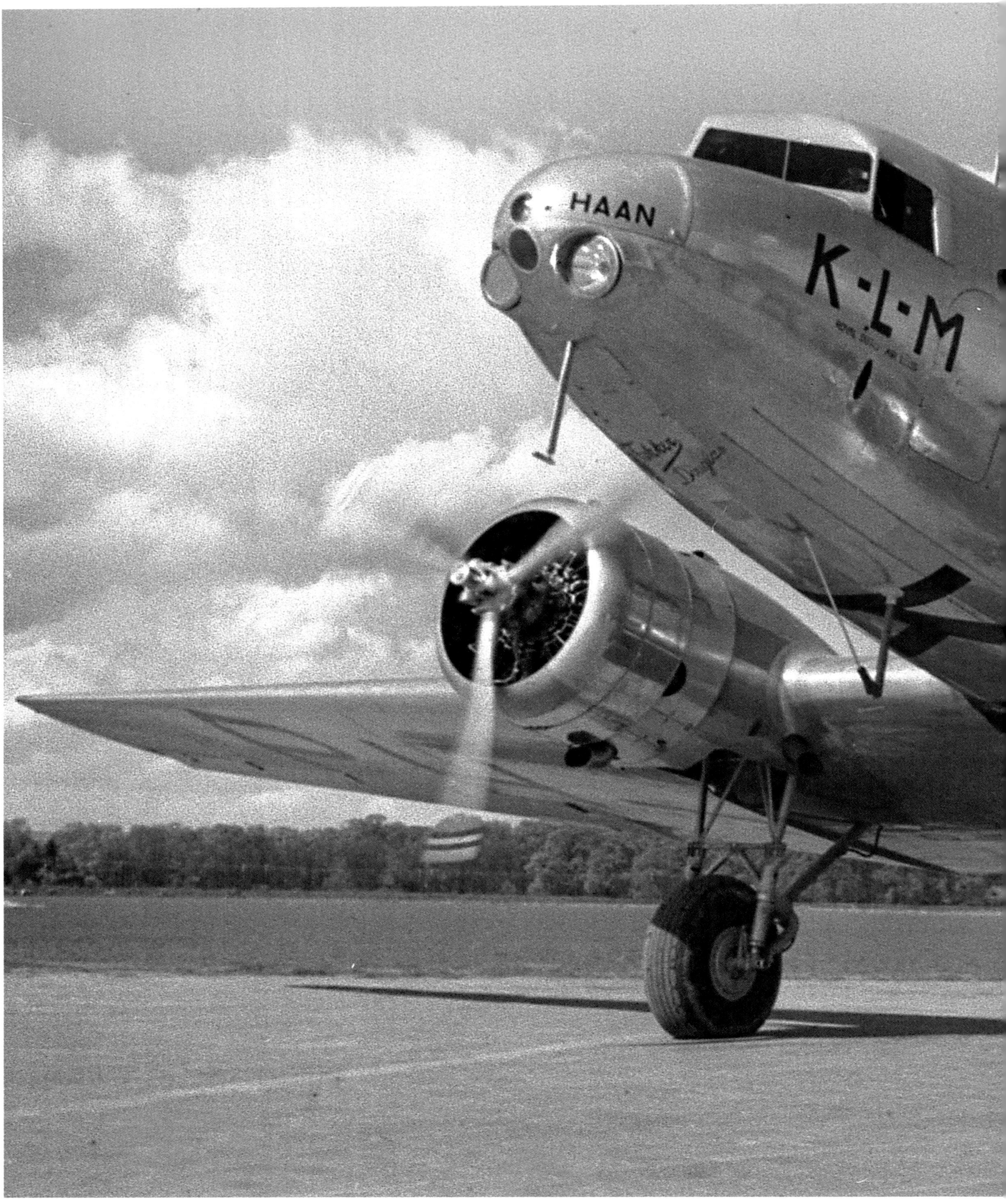

HAAN
K·L·M

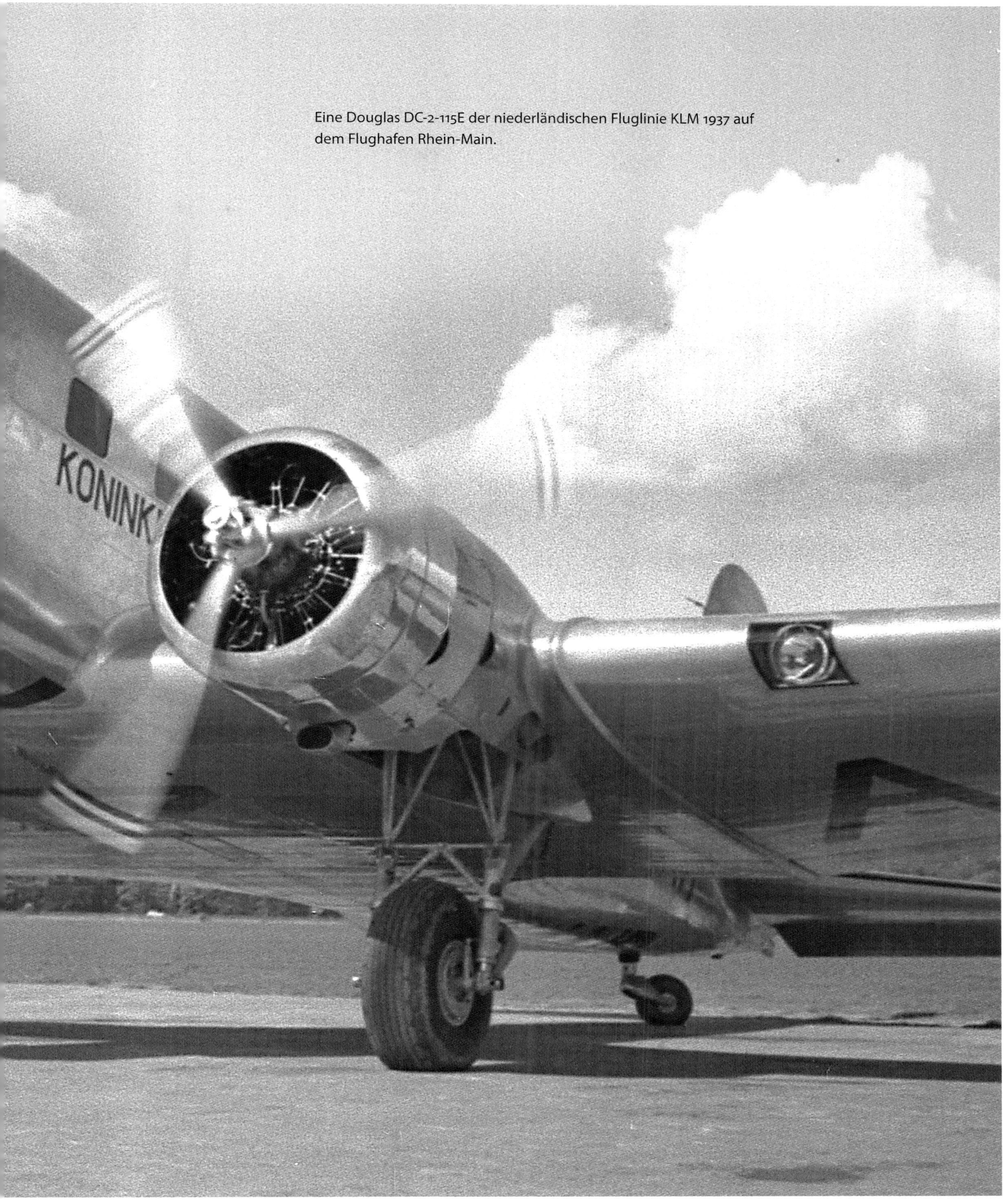

Eine Douglas DC-2-115E der niederländischen Fluglinie KLM 1937 auf dem Flughafen Rhein-Main.

Die viermotorige Focke-Wulf 200S Condor „Westfalen" konnte 26 Passagiere aufnehmen. Die vier Besatzungsmitglieder, der Flugkapitän, der Funker/Bordmechaniker, die Flugbegleiterin und der Co-Pilot präsentieren sich 1938 auf dem Rhein-Main-Flughafen vor ihrer Maschine. ▸

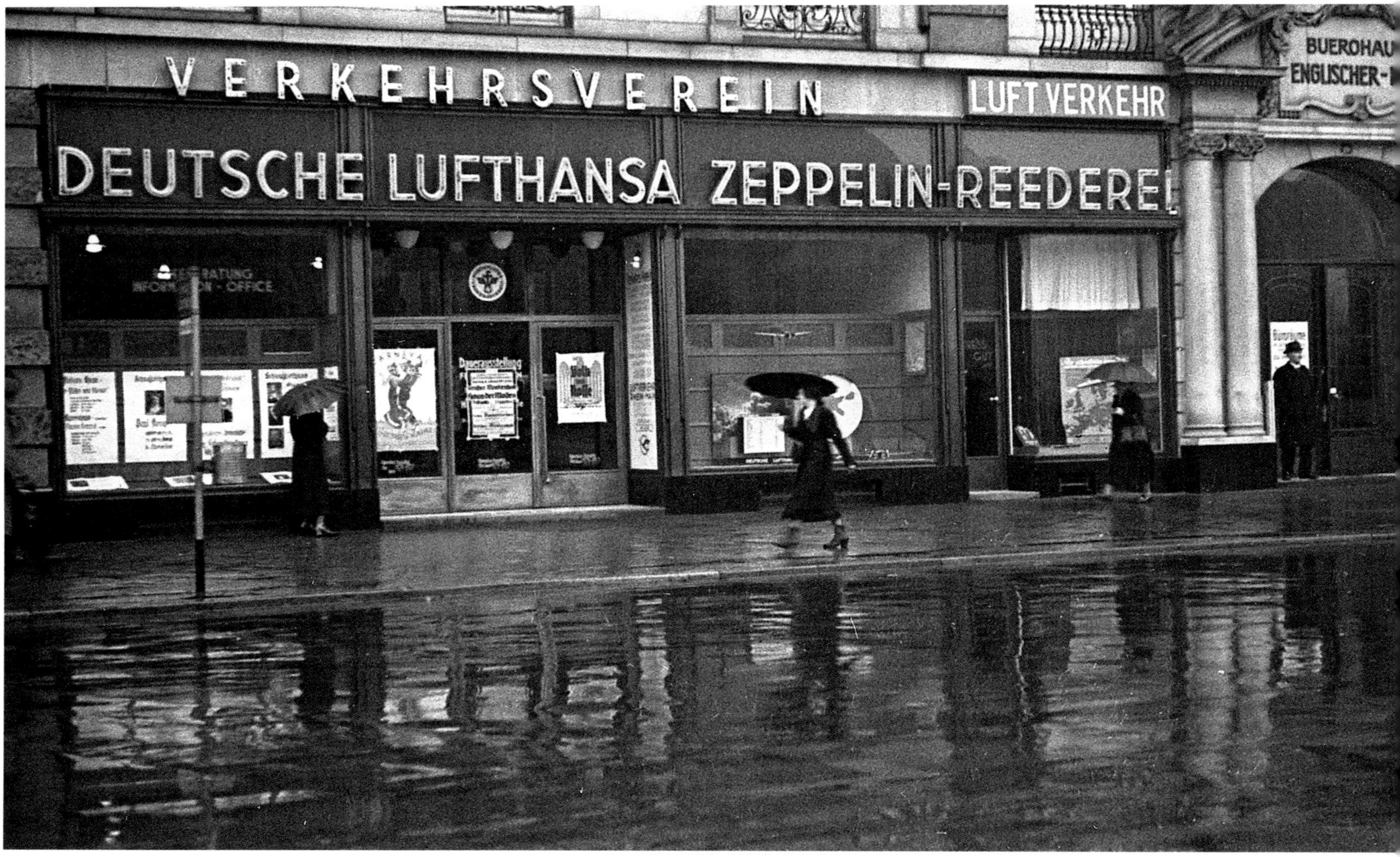

Das gemeinsame Büro der Deutschen Zeppelin-Reederei und der Deutschen Lufthansa befand sich am Hindenburgplatz (heute: Am Hauptbahnhof) in Frankfurt a.M., 1937.

Die Junkers G 38, von der es nur zwei Stück gab, war das Flaggschiff der Deutschen Lufthansa und mit einer Spannweite von 44 Metern und einer Länge von 23,20 Metern das seinerzeit größte Passagierflugzeug der Welt. Ausgerüstet war die „Generalfeldmarschall von Hindenburg" für sechs bis sieben Besatzungsmitglieder und 34 Passagiere. Ihre Reisegeschwindigkeit betrug 185 km/h. ▸

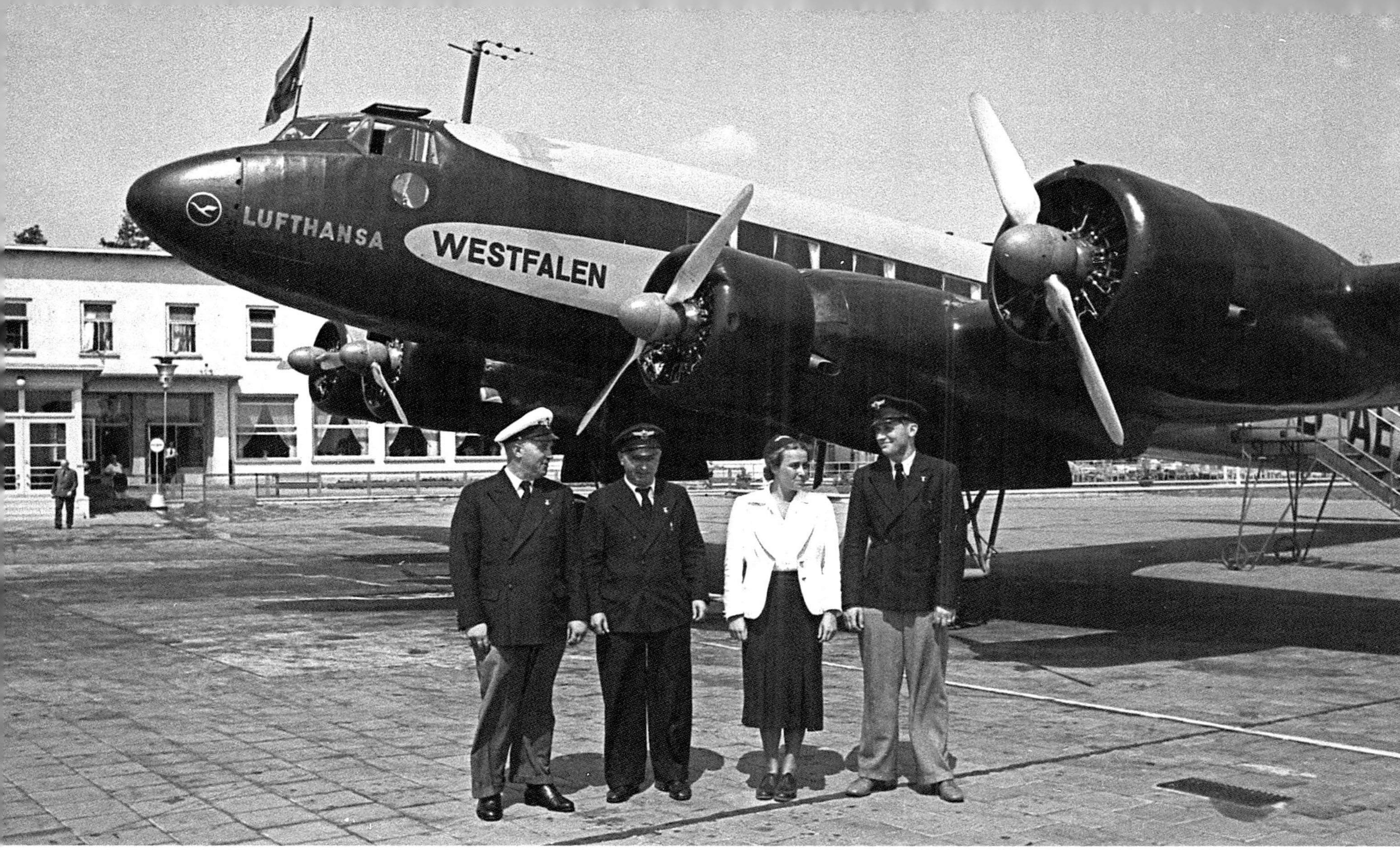
LUFTHANSA
WESTFALEN

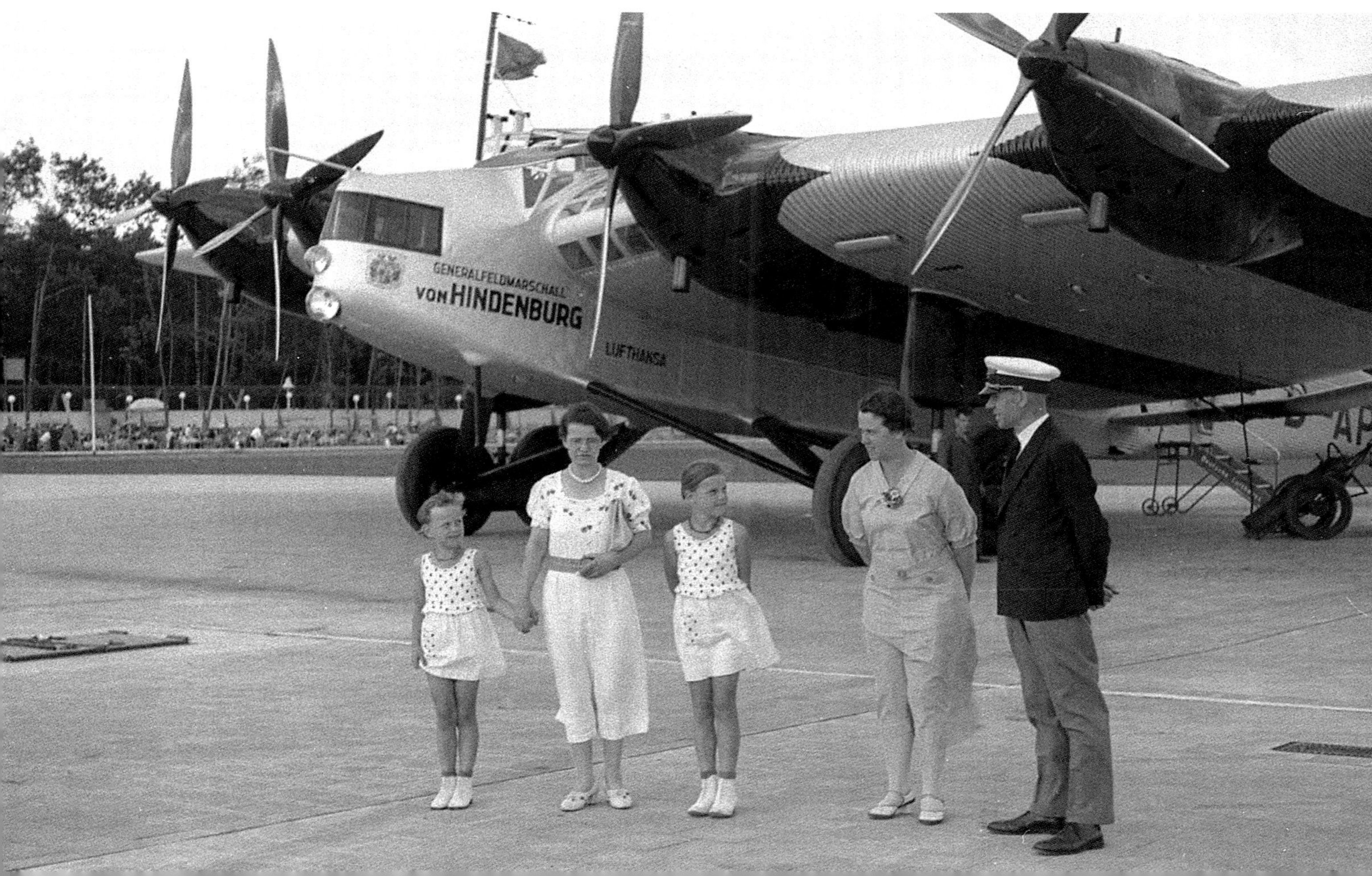
GENERALFELDMARSCHALL
VON HINDENBURG
LUFTHANSA

Flughafen Rhein-Main 1937. Vorne eine dreimotorige Junkers Ju 52/3m der Deutschen Lufthansa, benannt nach dem bayerischen Fliegeroffizier Eduard Dostler, dahinter eine Douglas DC-2-115E der KLM. Die Junkers Ju 52/3 war vor dem Krieg das weitaus häufigste Flugzeug in der Flotte der Deutschen Lufthansa.

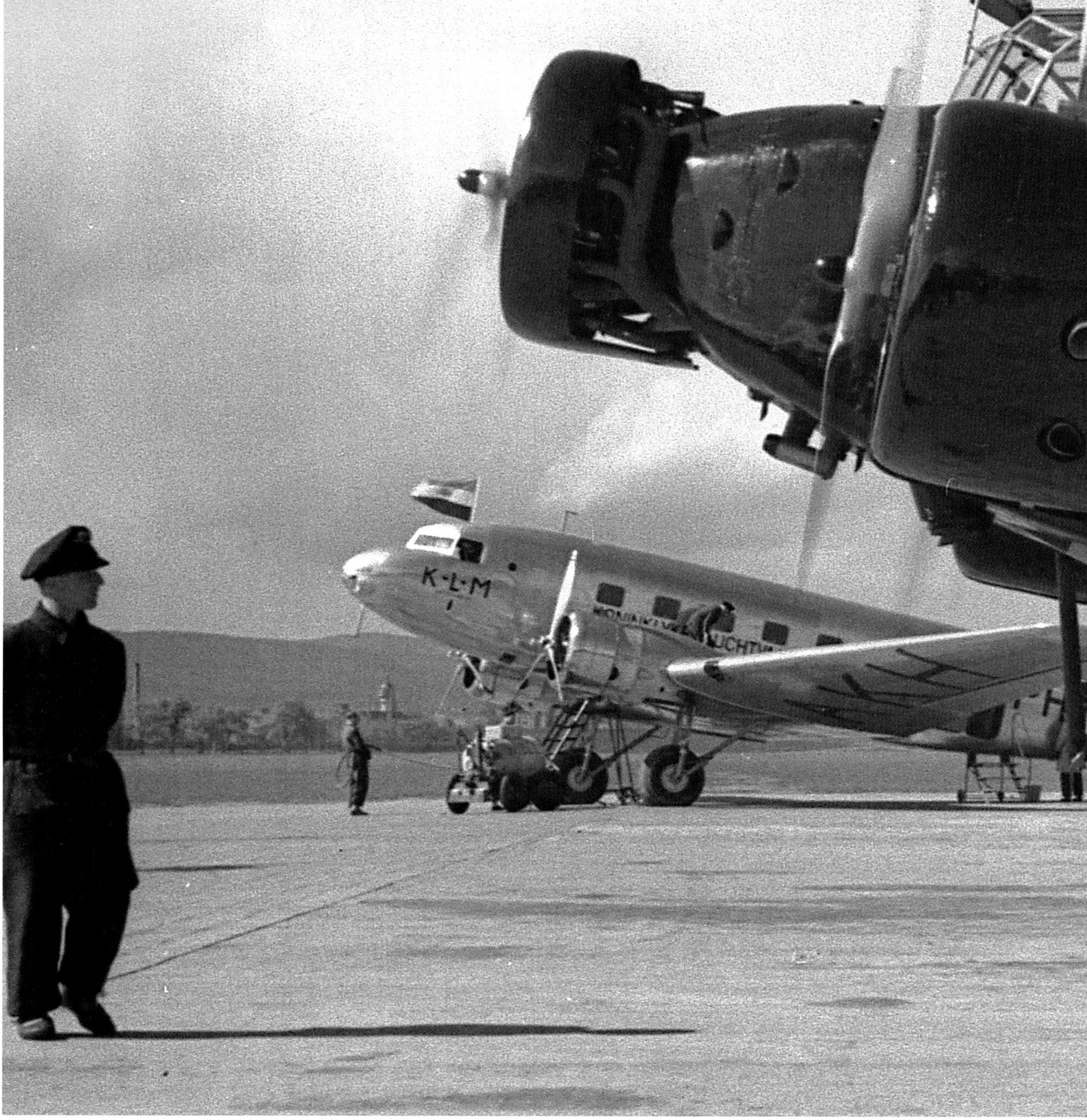

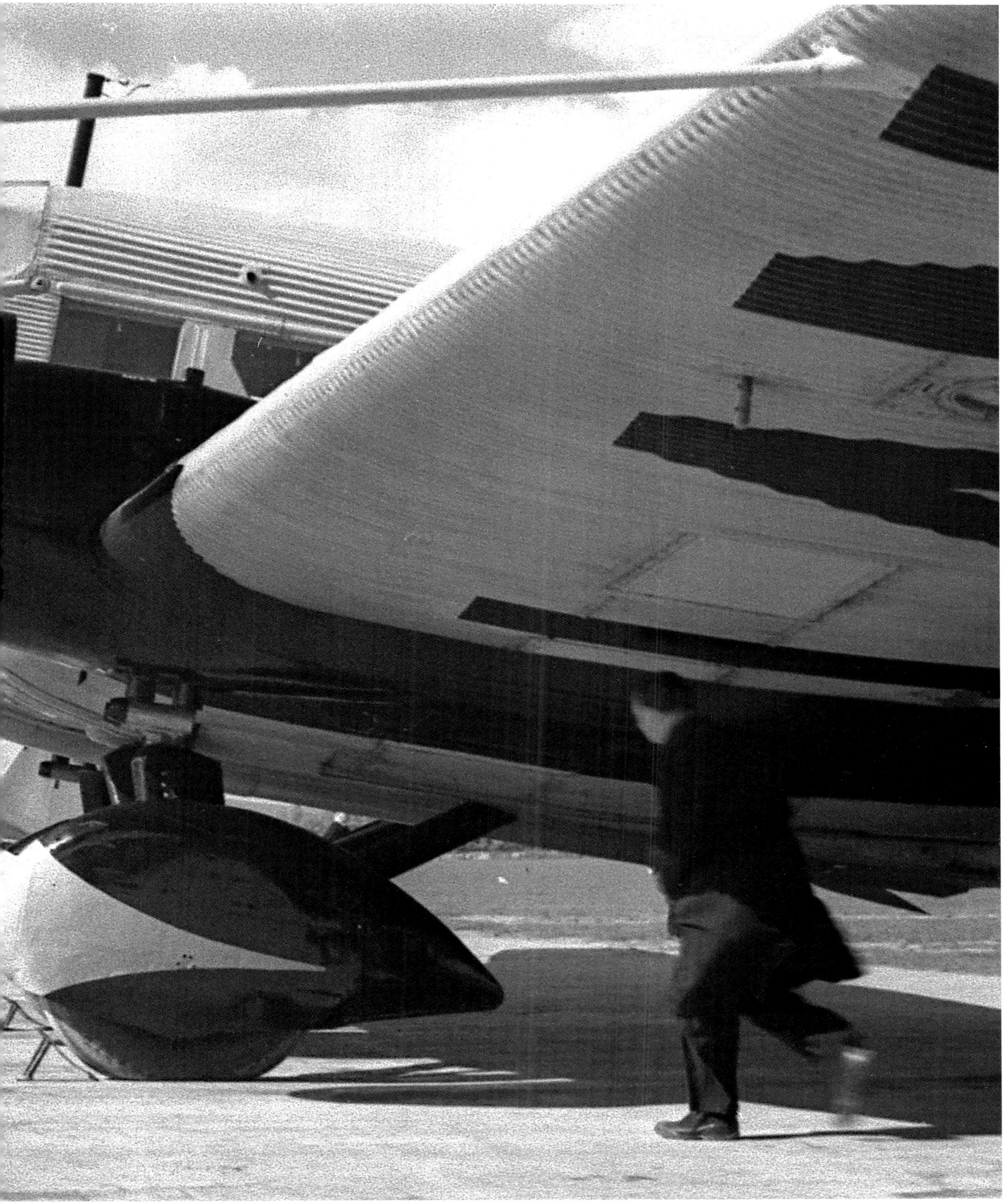

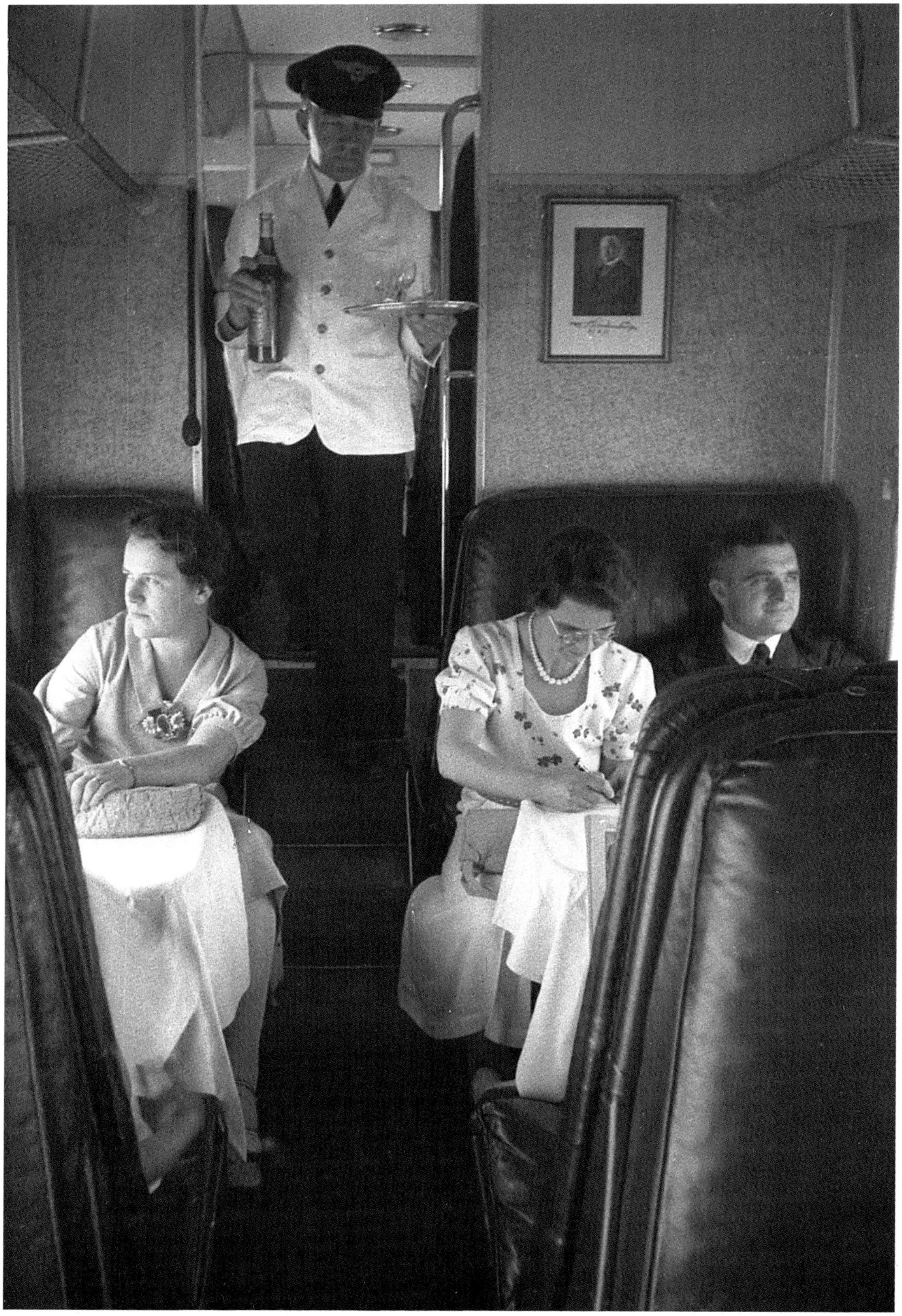

Der Steward bringt den Passagieren der Junkers G 38 „Feldmarschall von Hindenburg" Erfrischungen.

Blick in die Kabine einer Junkers Ju 52. ►

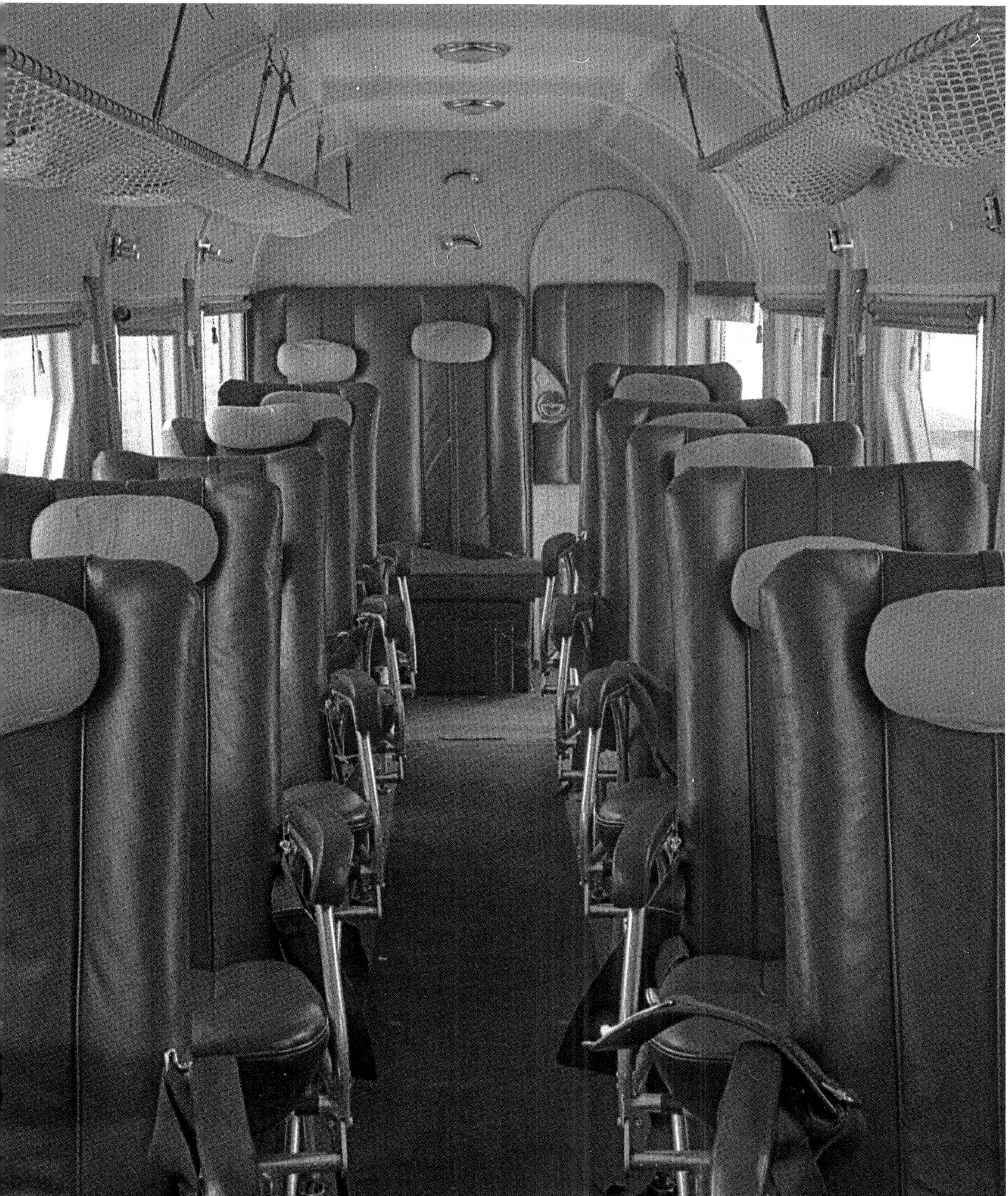

Die Heinkel He 70 „Drossel“ der Deutschen Lufthansa wird betankt.

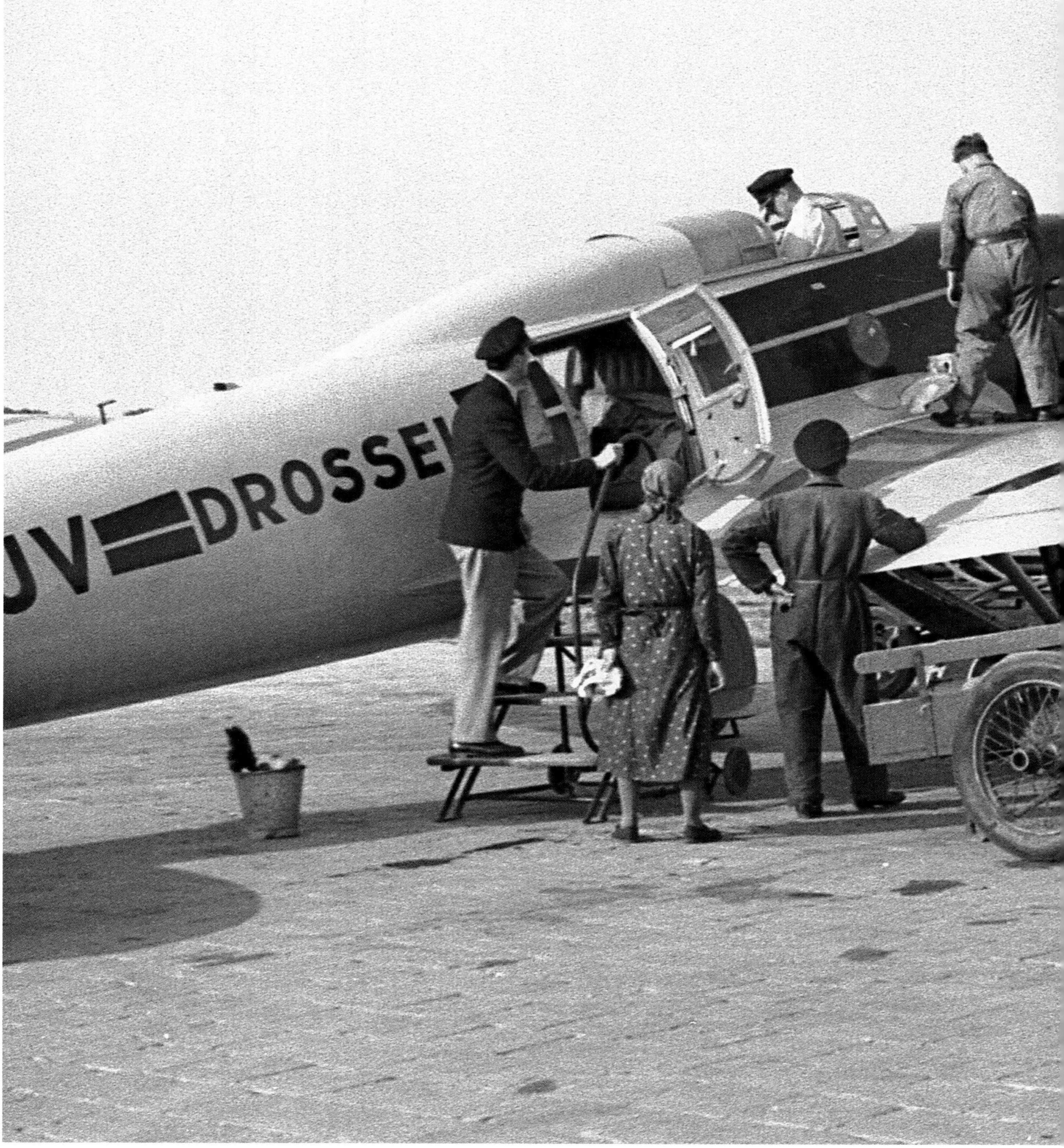

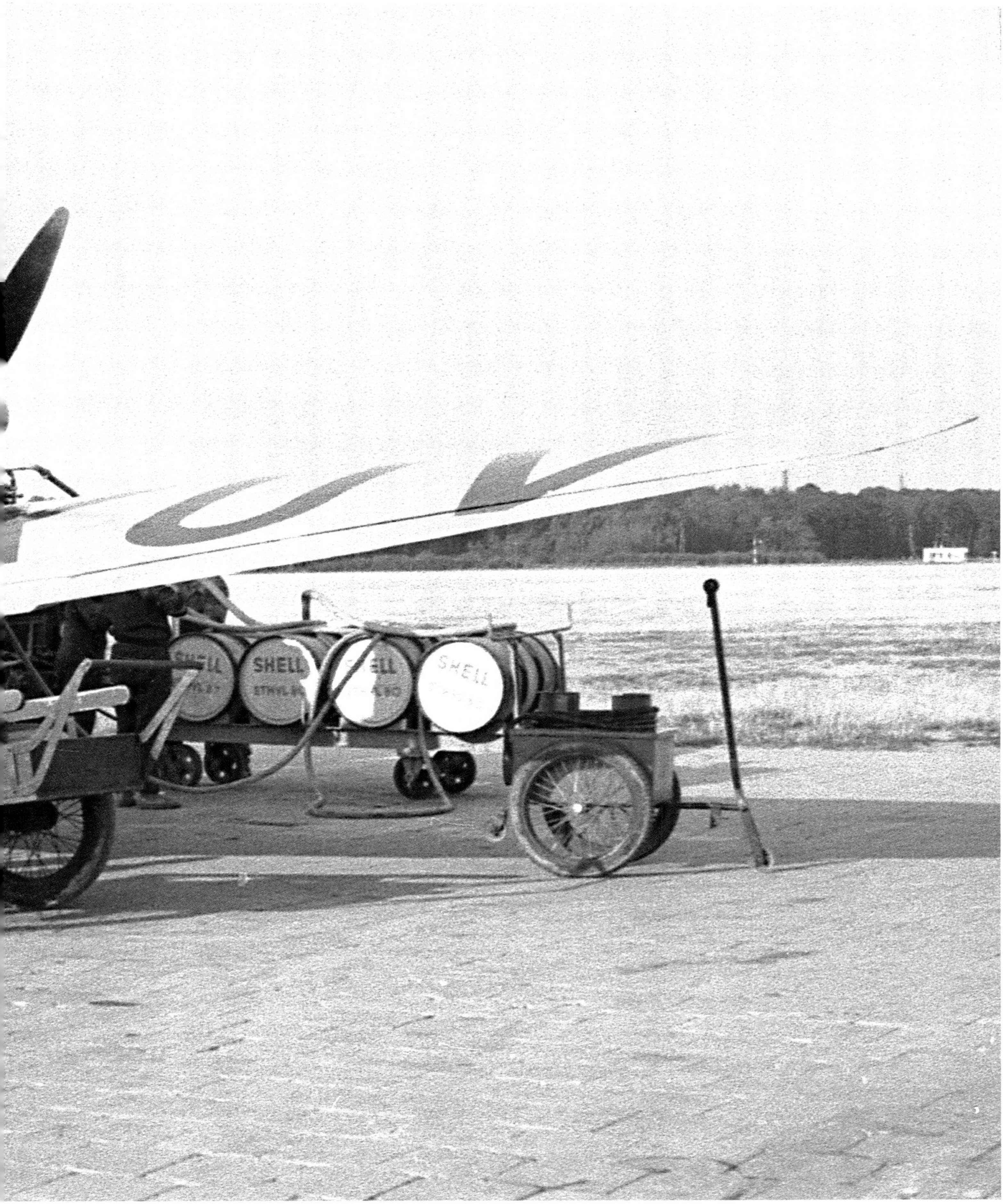
SHELL
SHELL
SHELL
SHELL

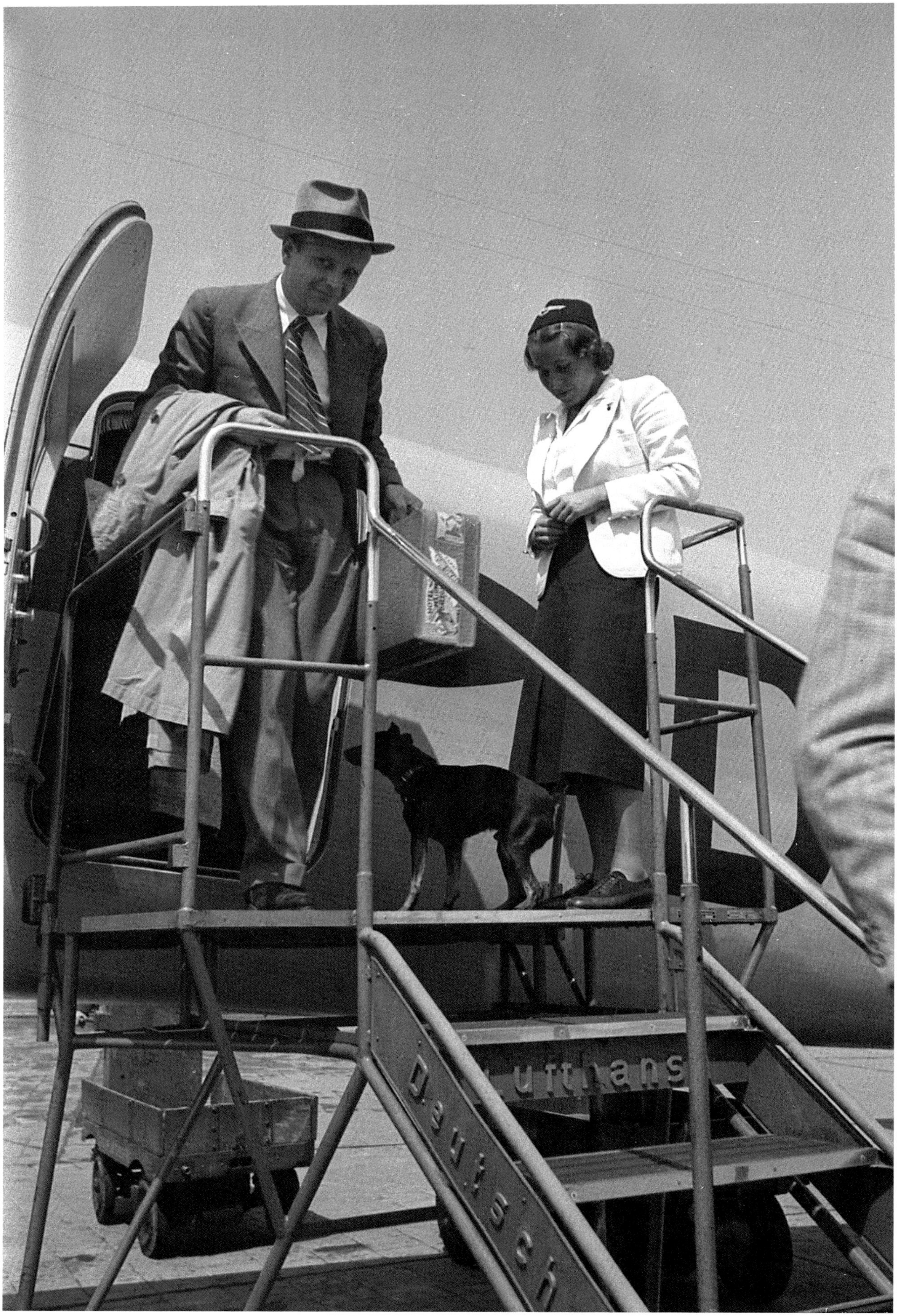

Die Passagiere der viermotorigen Focke-Wulf 200S Condor „Westfalen" verlassen in Frankfurt a.M. das Flugzeug und werden von der Stewardess verabschiedet.

Nachdem die Passagiere ausgestiegen sind, werden die Flugzeuge, wie in diesem Fall die Junkers Ju 52/3m „Eduard Dostler" der Deutschen Lufthansa, gründlich innen und außen gereinigt.

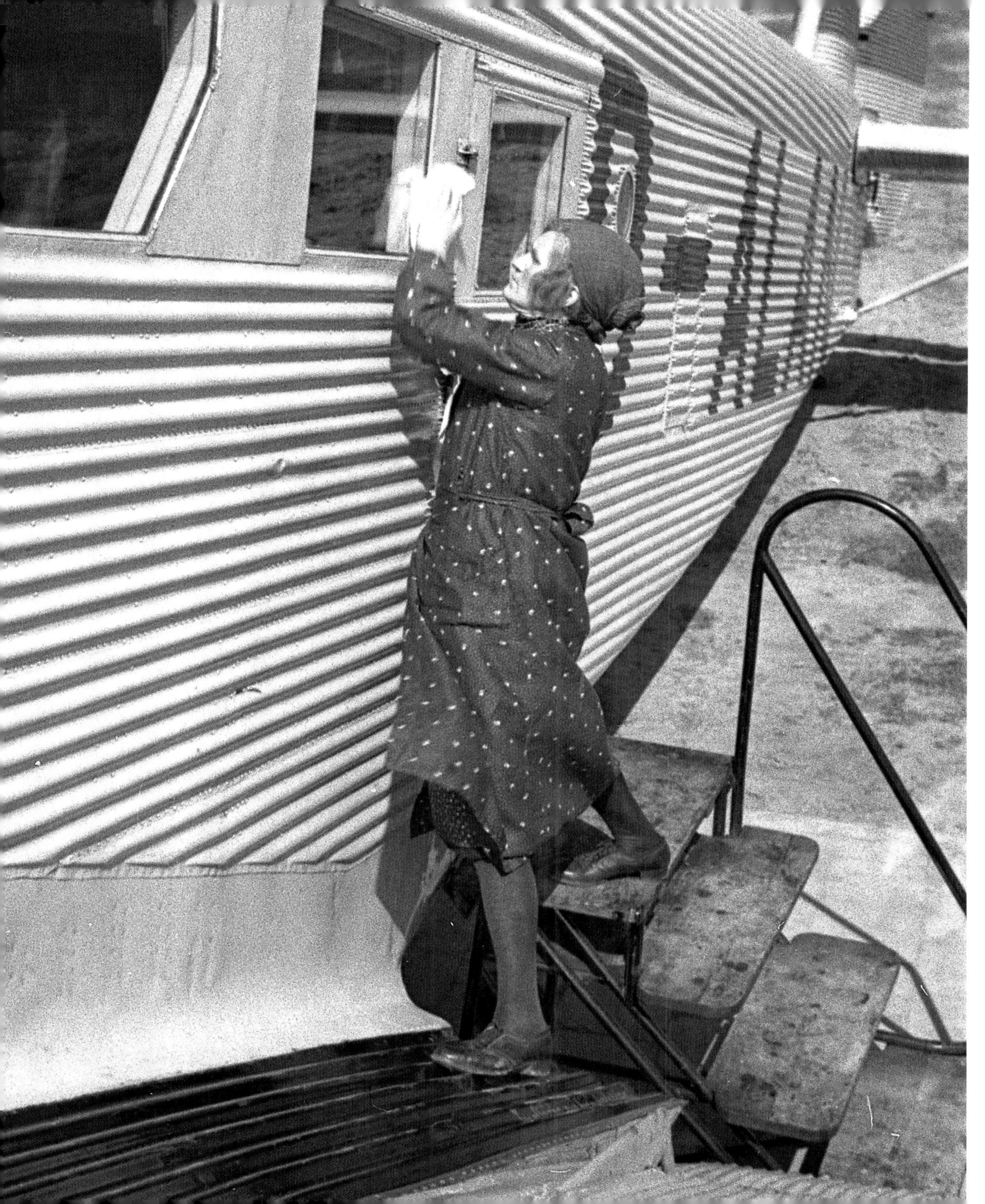

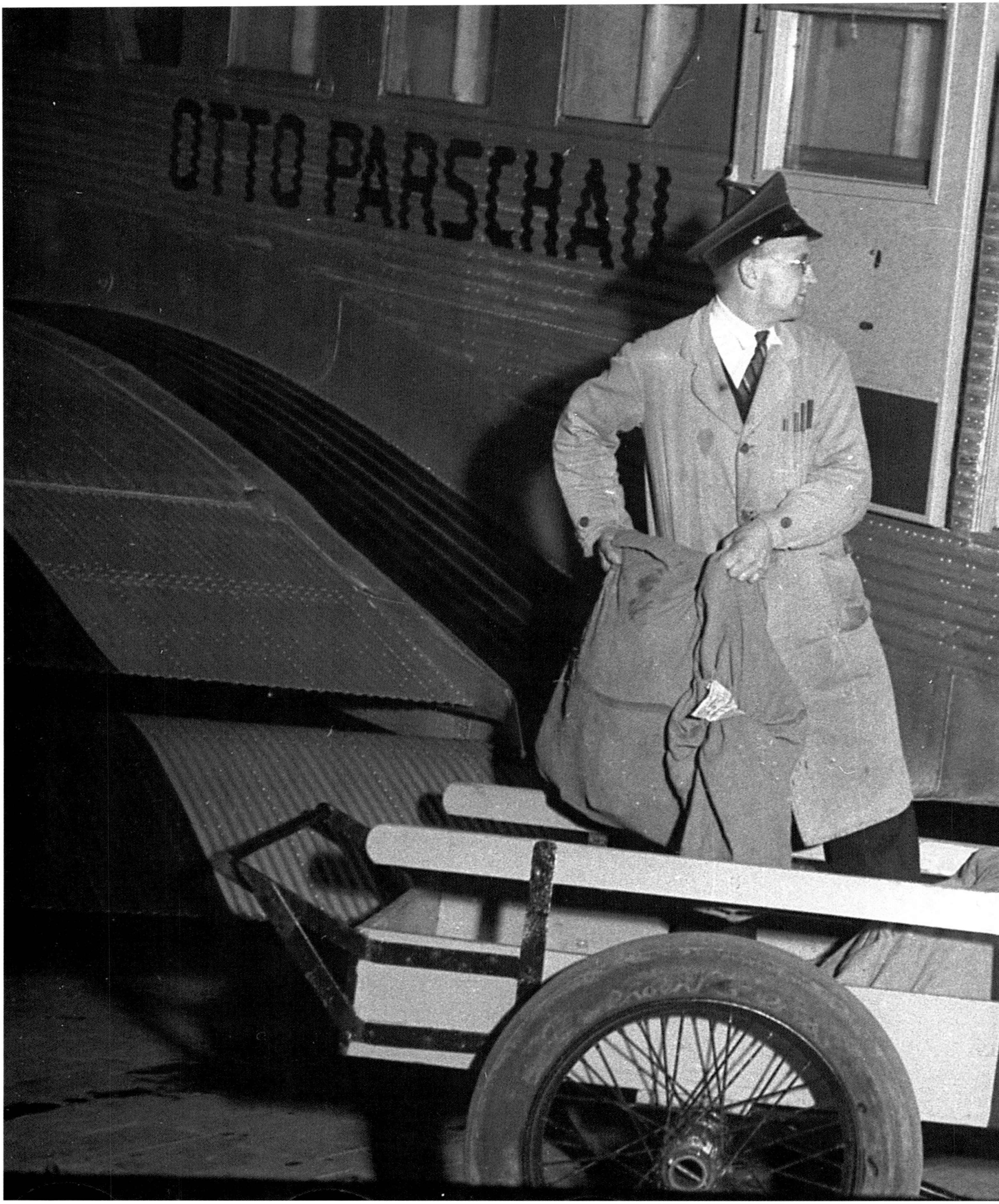
OTTO PARSCHAU

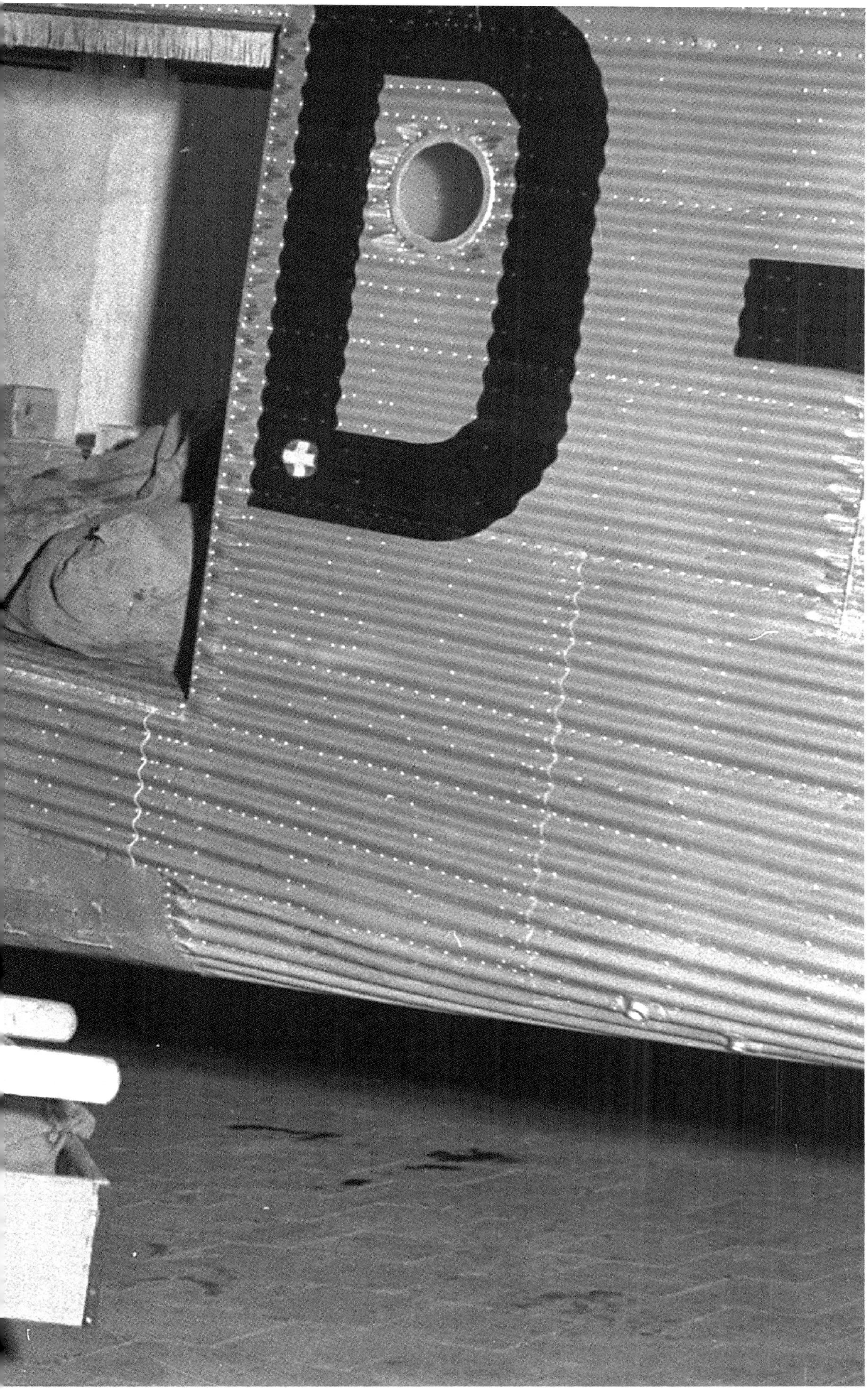

Die Ju 52 „Otto Parschau" wird mit Postsäcken beladen. Der Posttransport hatte für die Fluggesellschaften in den 1930er-Jahren große Bedeutung. Ohne ihn hätten die meisten Fluglinien nicht rentabel betrieben werden können.

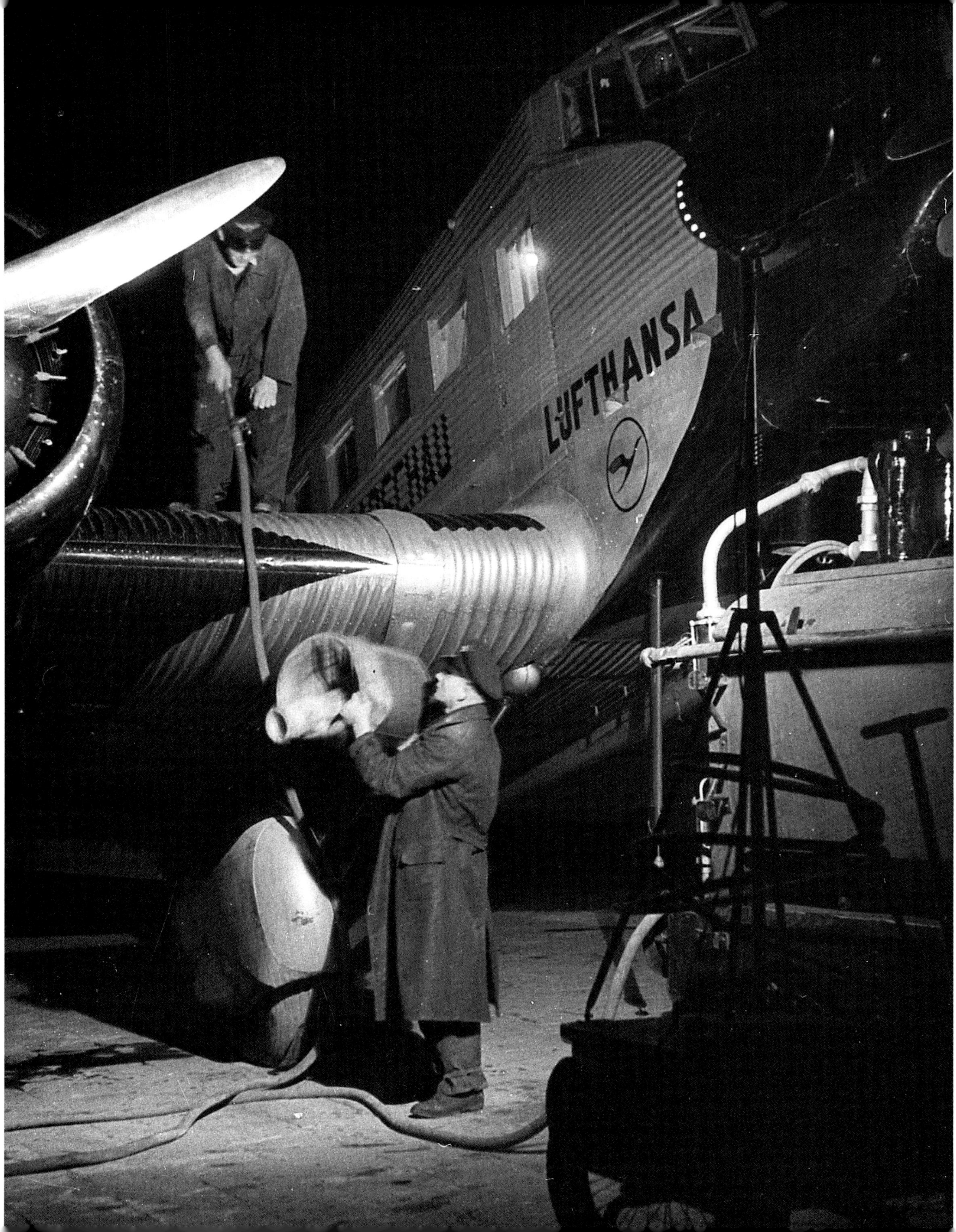
LUFTHANSA

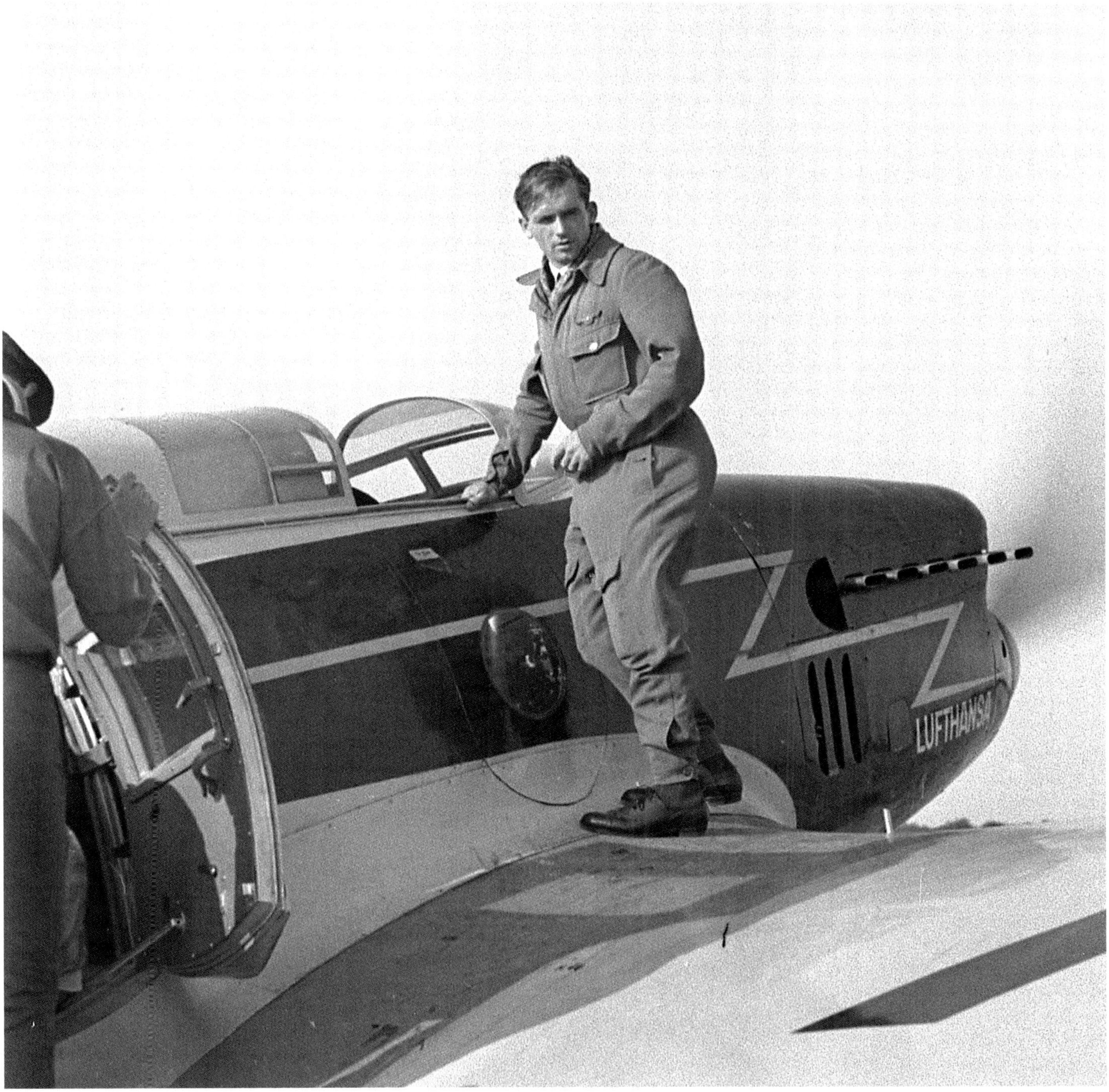

◂ Betanken der Junkers Ju 52/3m „Otto Parschau" der Deutschen Lufthansa. Otto Parschau war ein deutscher Jagdflieger, der 1916 abgeschossen worden war.

Der Pilot beim Besteigen einer Heinkel He 70 Blitz. Der Tiefdecker war mit einer Geschwindigkeit von 362 km/h das zeitweise schnellste Verkehrsflugzeug der Welt. Es konnte maximal fünf Passagiere befördern und hatte außer dem Piloten keine weiteren Besatzungsmitglieder. Ein Passagier saß direkt hinter dem Piloten; die übrigen vier Plätze waren quer zur Flugrichtung angebracht.

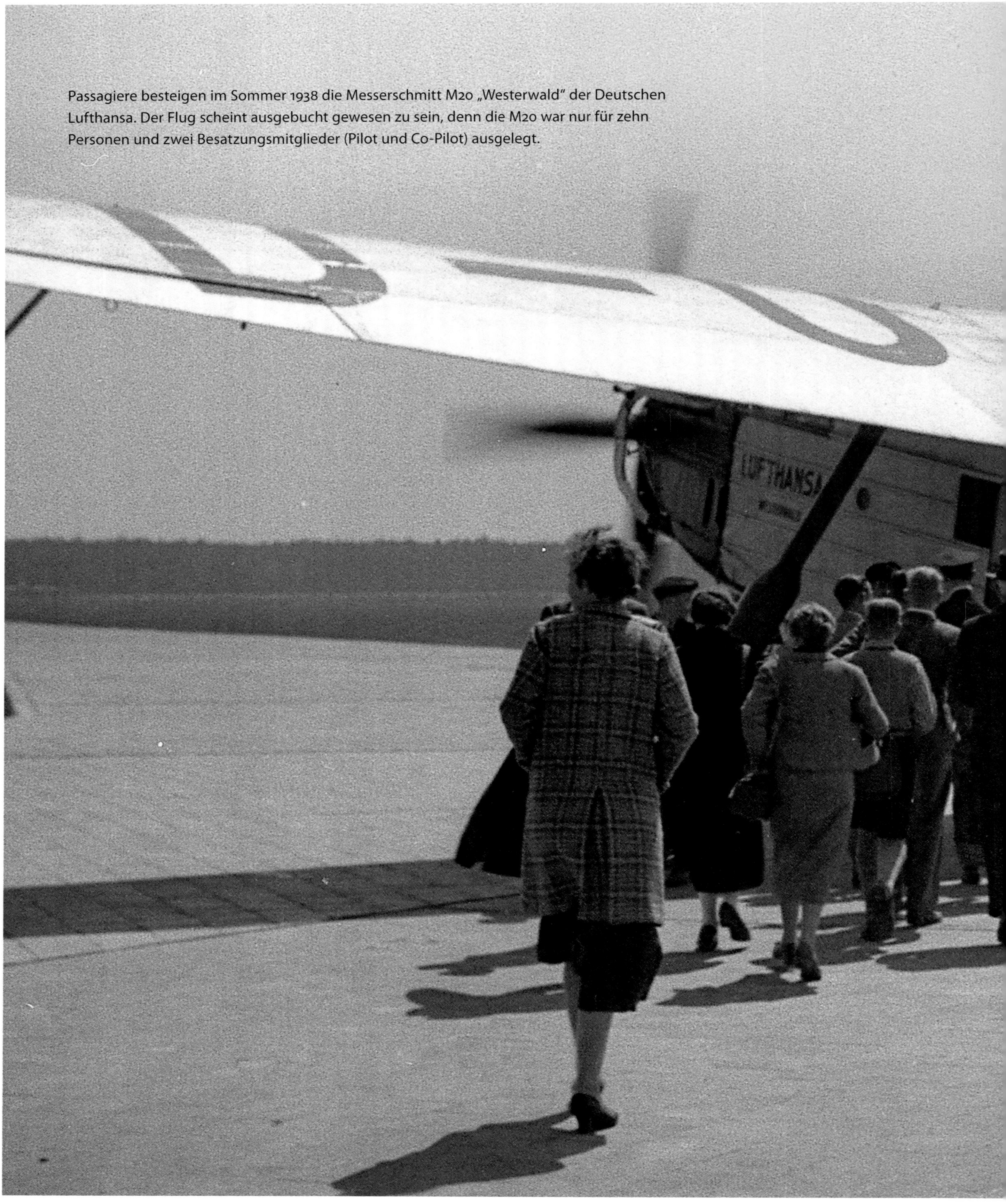

Passagiere besteigen im Sommer 1938 die Messerschmitt M20 „Westerwald" der Deutschen Lufthansa. Der Flug scheint ausgebucht gewesen zu sein, denn die M20 war nur für zehn Personen und zwei Besatzungsmitglieder (Pilot und Co-Pilot) ausgelegt.

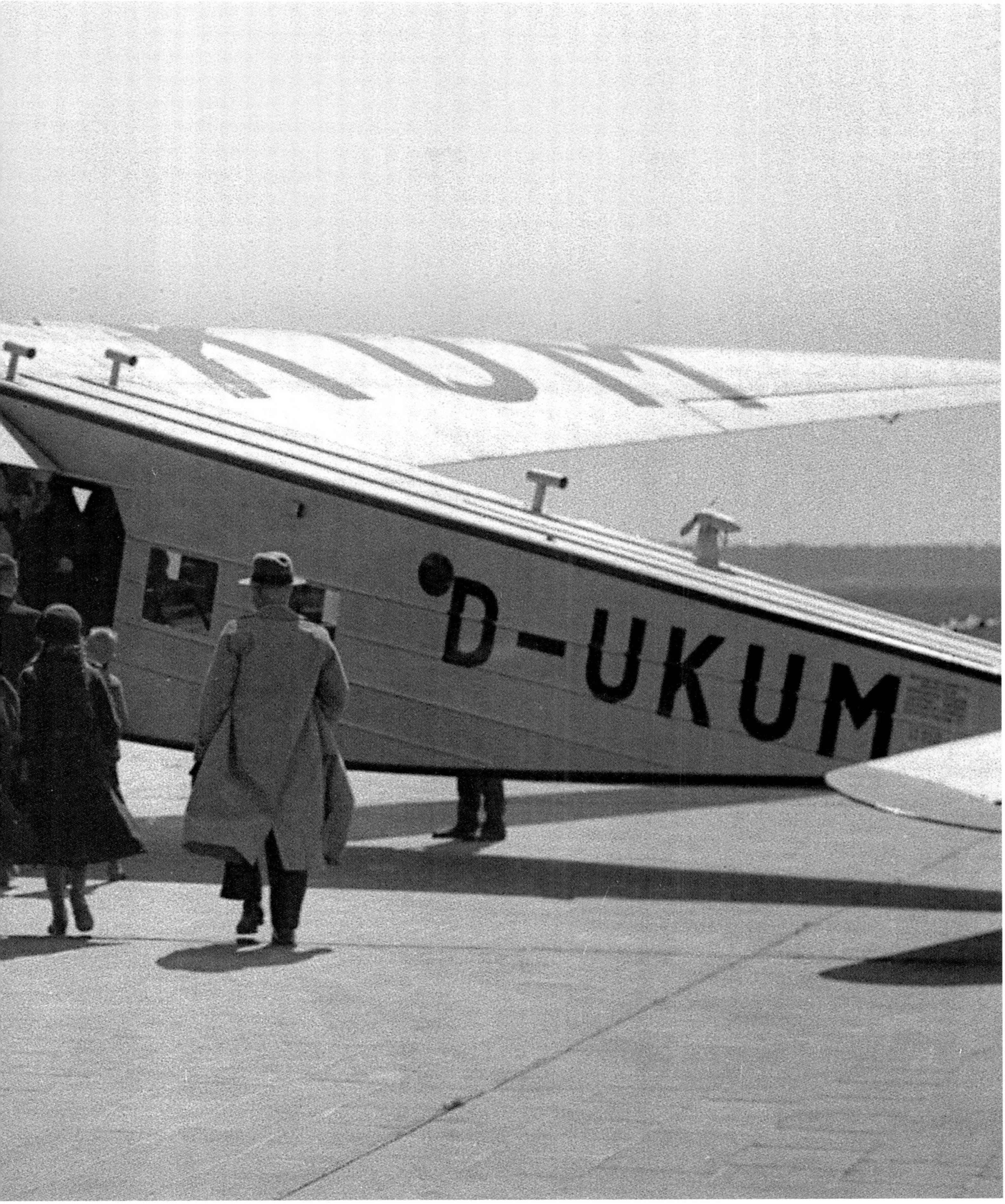
D-UKUM

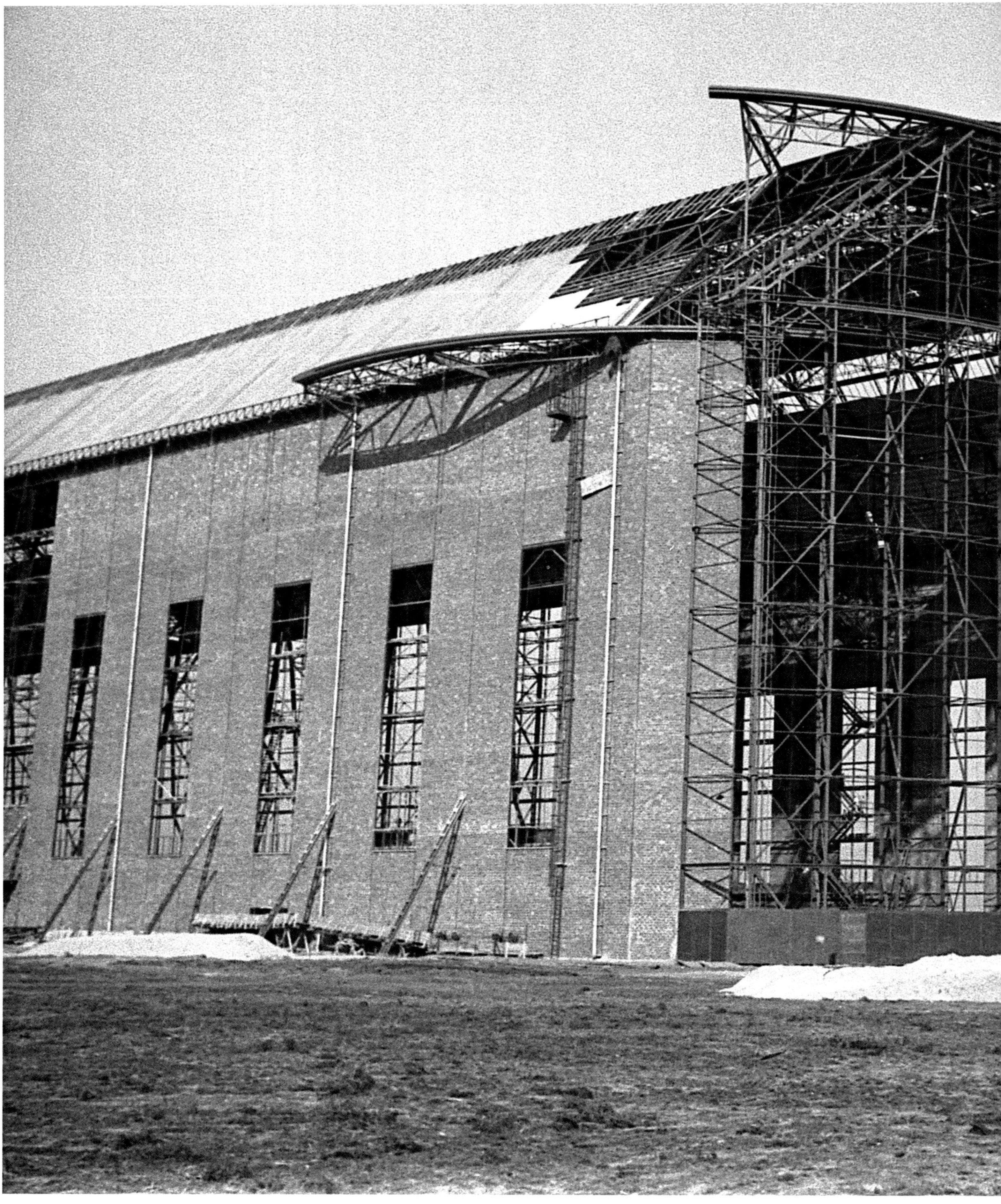

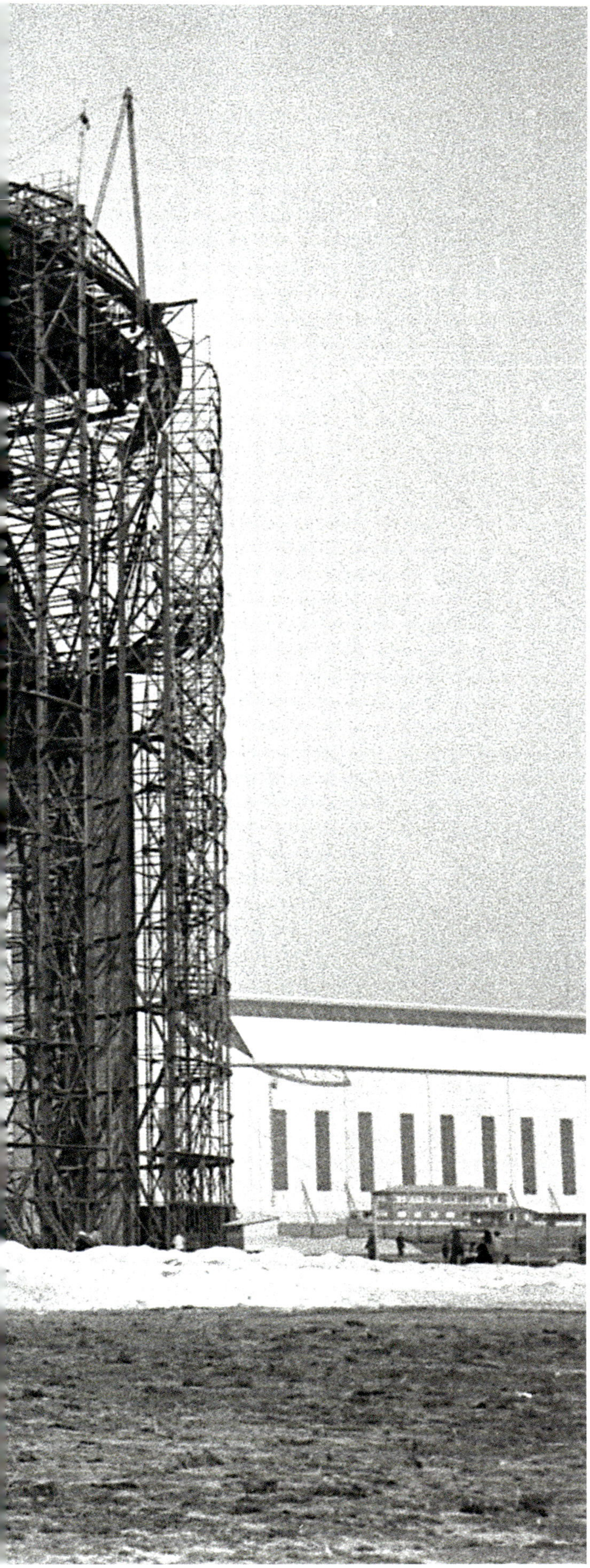

— II. —

Bau der Luftschiffhallen

Der Luftschiffhafen schloss im Süden an das Gelände des Flughafens an. 1935 wurde hier mit der Errichtung der damals größten Luftschiffhalle der Welt begonnen. In Stahlfachwerk angelegt, verwendete man für den Bau rund 2.600 Tonnen hochwertigen Stahl, damit das Bauwerk den großen Kräften, die bei Wind auf es einwirkten, standhielt. Vor der Halle waren Ringgleise angeordnet, in deren Mittelpunkt sich ein schienengebundener, fahrbarer Ankermast von etwa 20 Metern Höhe befand. An ihm wurde das Luftschiff mit dem Bug angelegt. Das Heck wurde auf einem Heckwagen fixiert, der auf den Ringgleisen verlief. Die Fertigstellung der Luftschiffhalle I erfolgte nach rund sechsmonatiger Bauzeit im April 1936.

Für das im Bau befindliche Luftschiff LZ 130 „Graf Zeppelin“ wurde eine zweite Halle benötigt. Am 8. September 1937 begannen deshalb die Arbeiten an der Luftschiffhalle II, die Halle I bezüglich Länge, Höhe und Breite noch übertraf. Daneben entstanden der Gasometer, das Hauptverwaltungsgebäude der Deutschen Zeppelin-Reederei sowie, in der Hoffnung auf Helium-Lieferungen aus den USA, eine Helium-Reinigungsanlage. Die Fertigstellung von Halle II erfolgte im Sommer 1938. Im März/April 1940 wurden beide Luftschiffhallen, die nach dem Abwracken der beiden noch verbliebenen Luftschiffe LZ 127 „Graf Zeppelin“ und LZ 130 „Graf Zeppelin“ ohne Funktion waren, gesprengt, um Platz für den nun militärisch genutzten Flughafen zu schaffen und um Stahl für die Rüstungsindustrie zu gewinnen.

Bau der Luftschiffhalle II, die als Heimatstützpunkt des Luftschiffs LZ 130 „Graf Zeppelin“ dienen sollte.

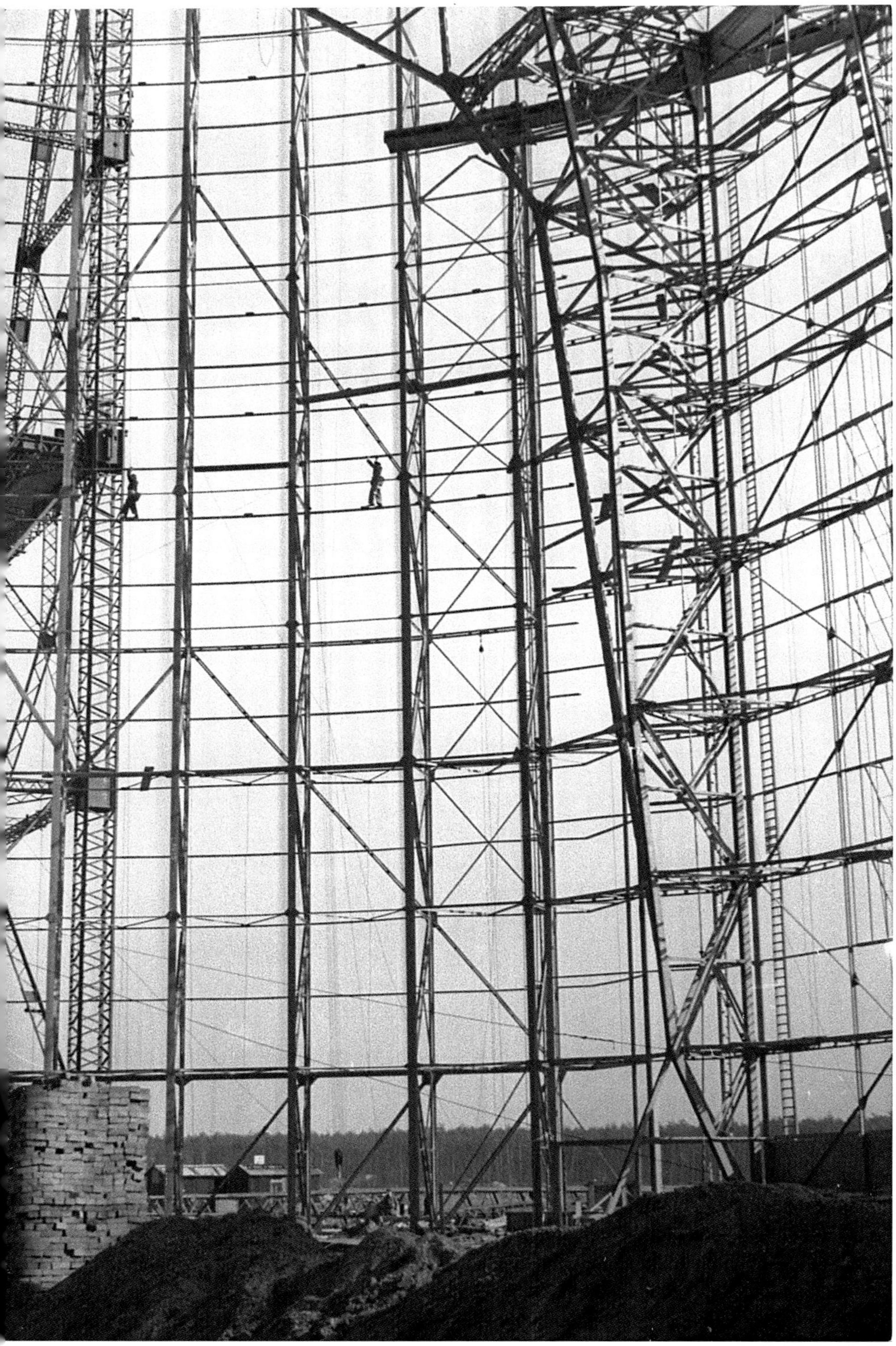

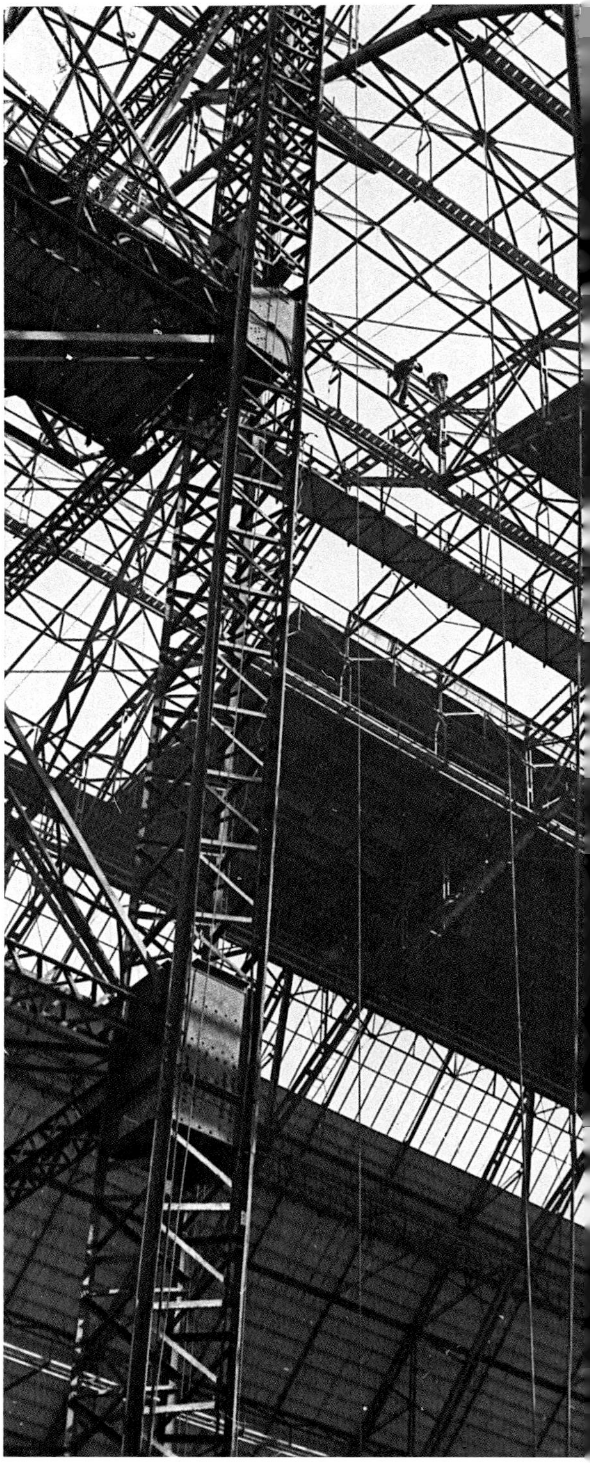

Montage des Stahlfachwerks für die Luftschiffhalle I durch Mitarbeiter des Saarbrücker Stahlbauunternehmens Seibert im Winter 1935/36.

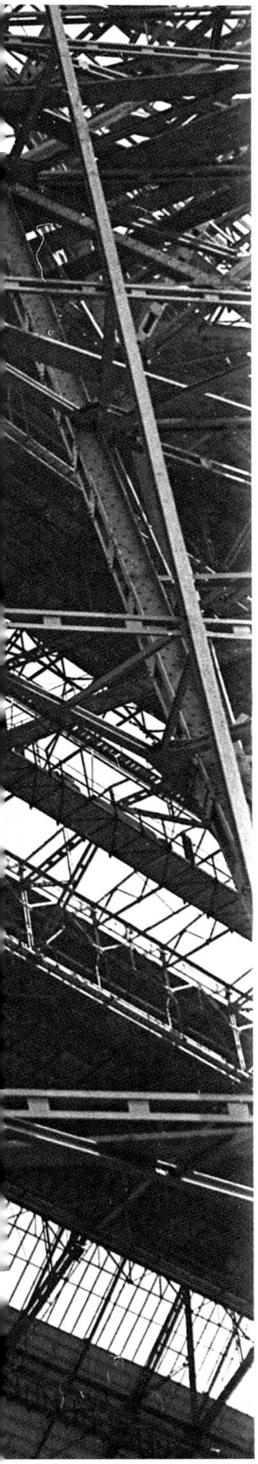

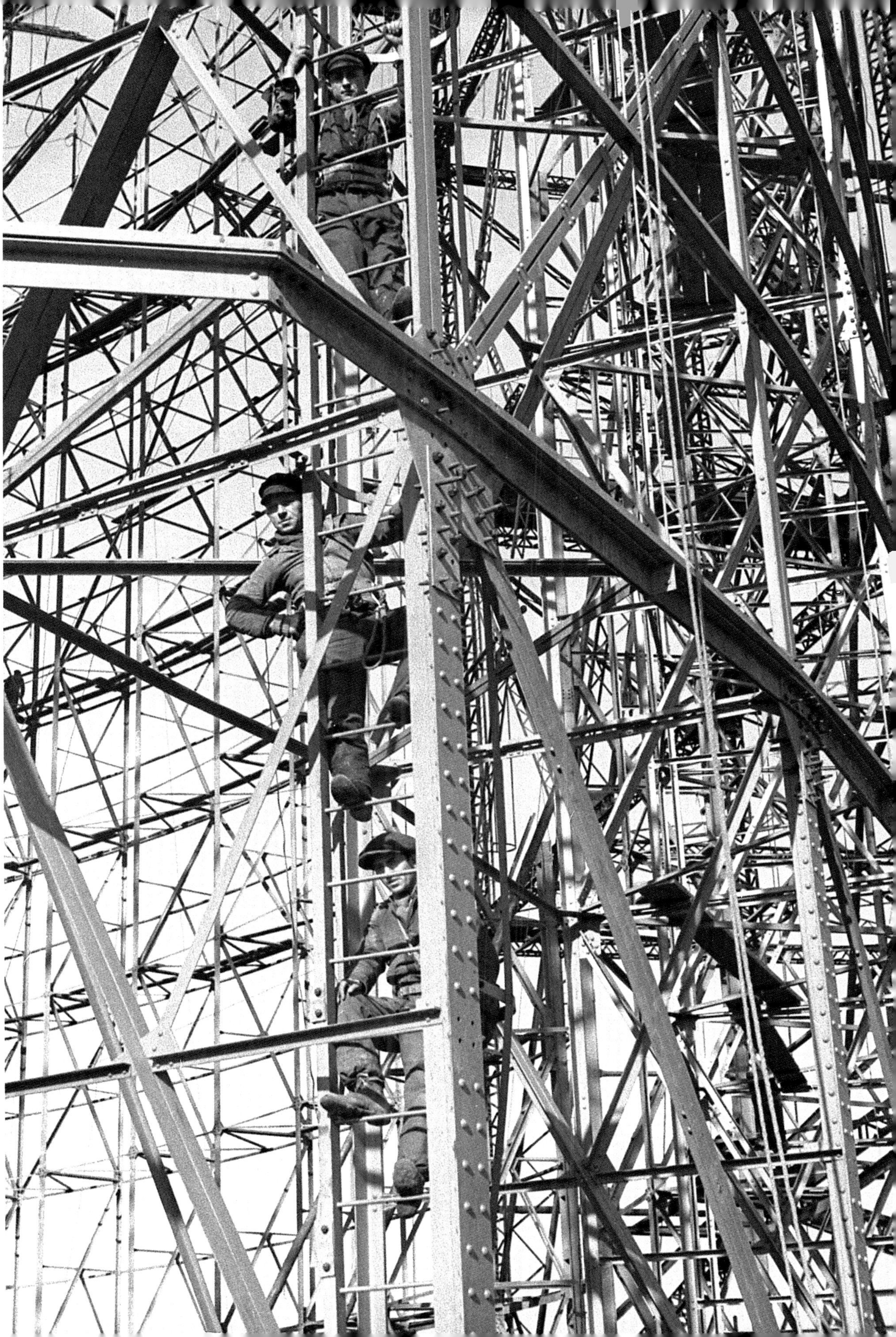

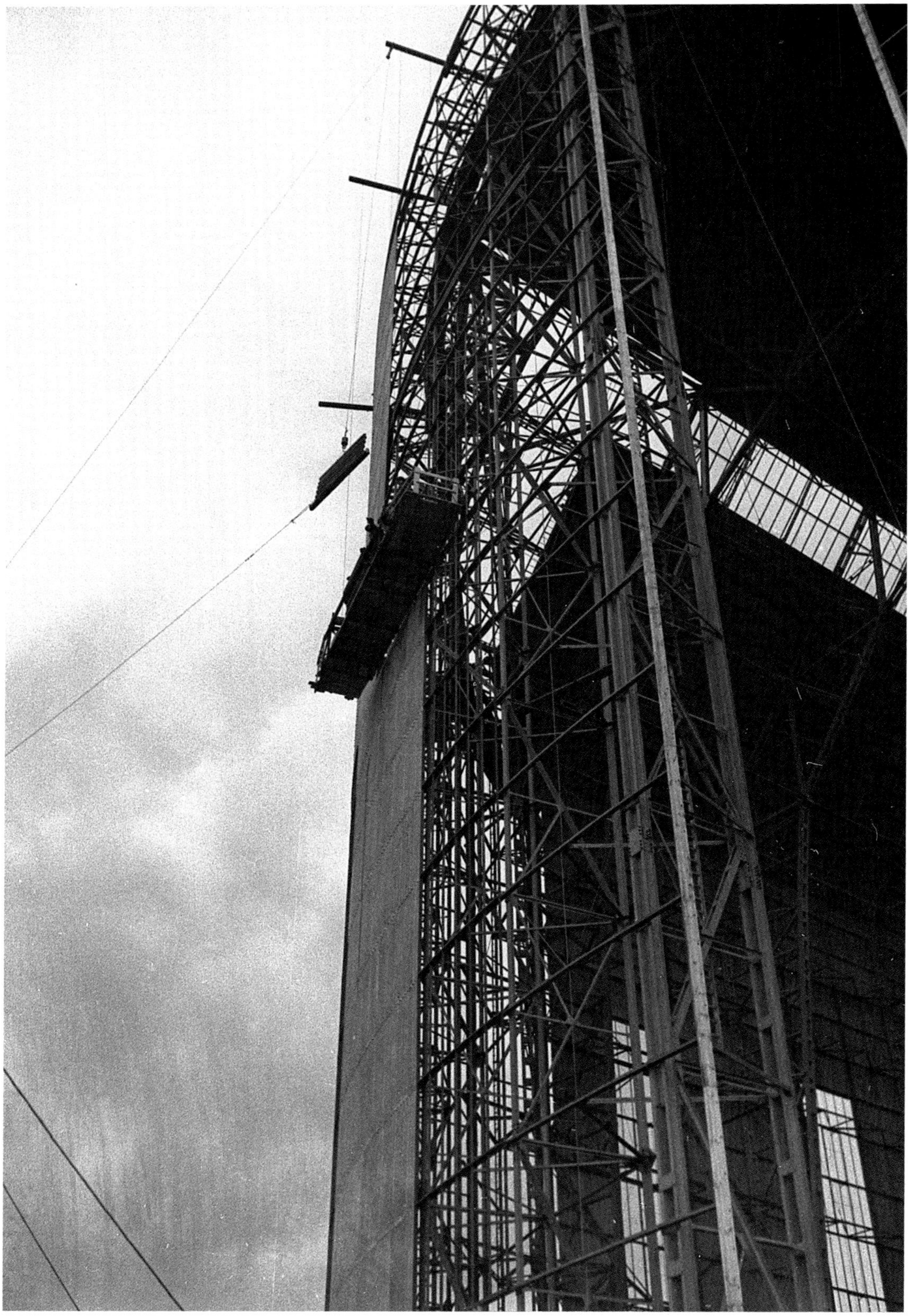

Anbringen der Fassadenverkleidung aus Stahlblech an die Luftschiffhalle I im Februar 1936.

Einbau der Fenster im Februar 1936. Die Gesamtfensterfläche der Luftschiffhalle I betrug rund 3.500 Quadratmeter, die der Dachoberlichter 2.000 Quadratmeter. ►

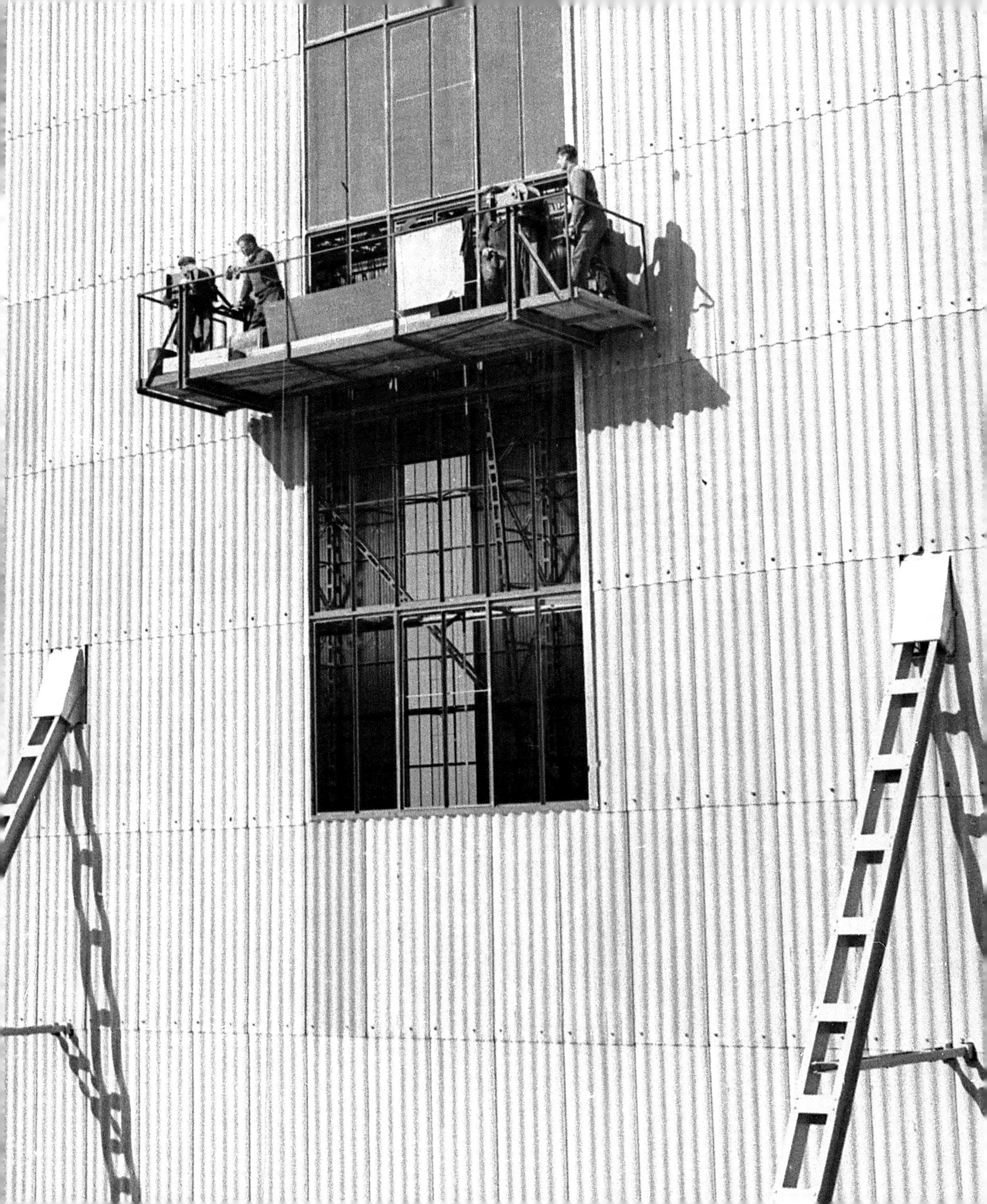

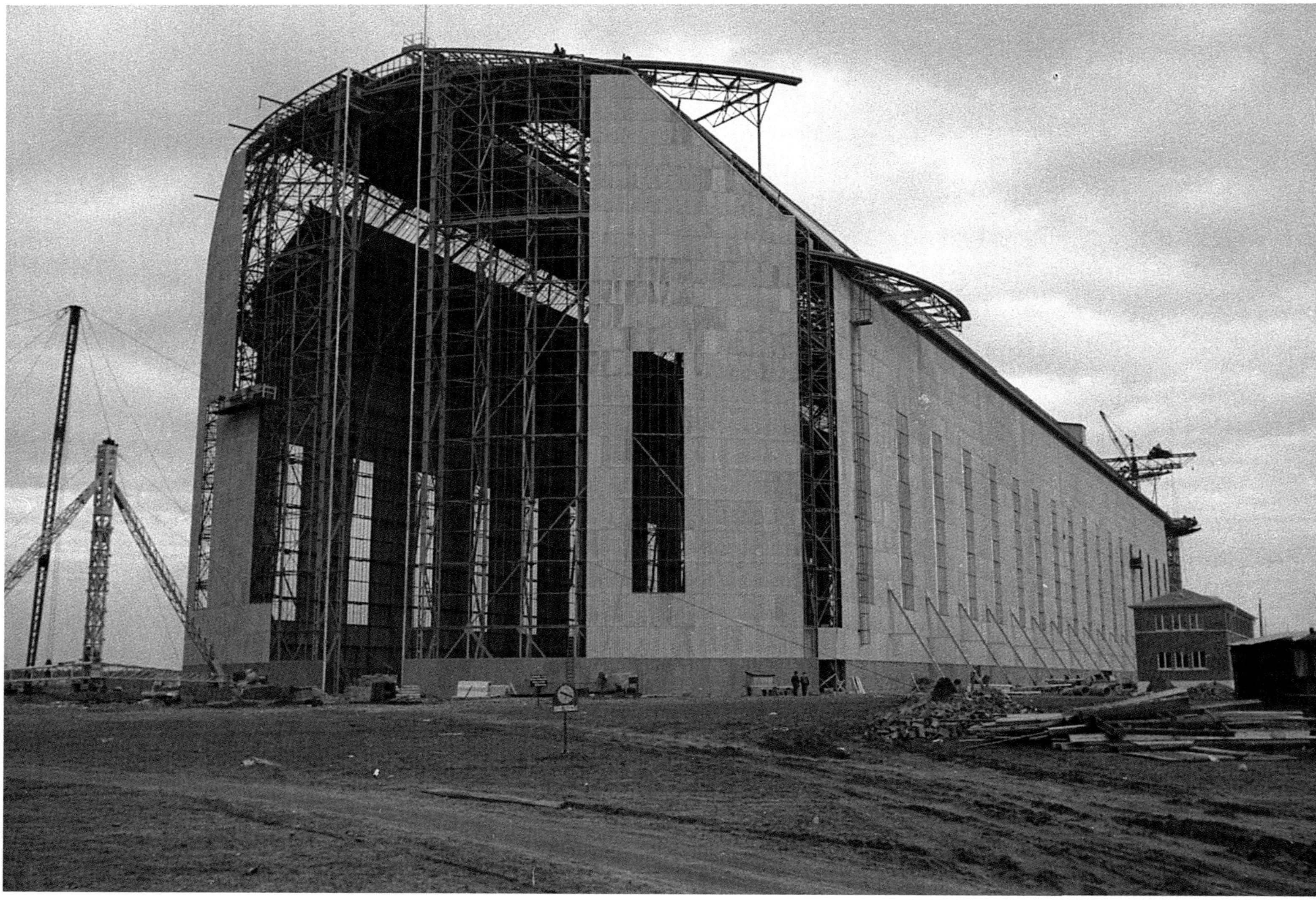

Im Februar 1936 war die Luftschiffhalle I im „Rohbau" weitgehend fertiggestellt.

Montage des fahrbaren Ankermastes vor der Luftschiffhalle I im Februar 1936. Der Mast diente dazu, das Luftschiff am Bug zu verankern und in die Halle zu ziehen. Die untere Leitwerksflosse wurde auf einem Heckwagen befestigt, der das Heck am Boden hielt und auf einer kreisförmigen Schienenbahn um den Mast rollte, sodass sich das Luftschiff nach dem Wind ausrichten konnte.

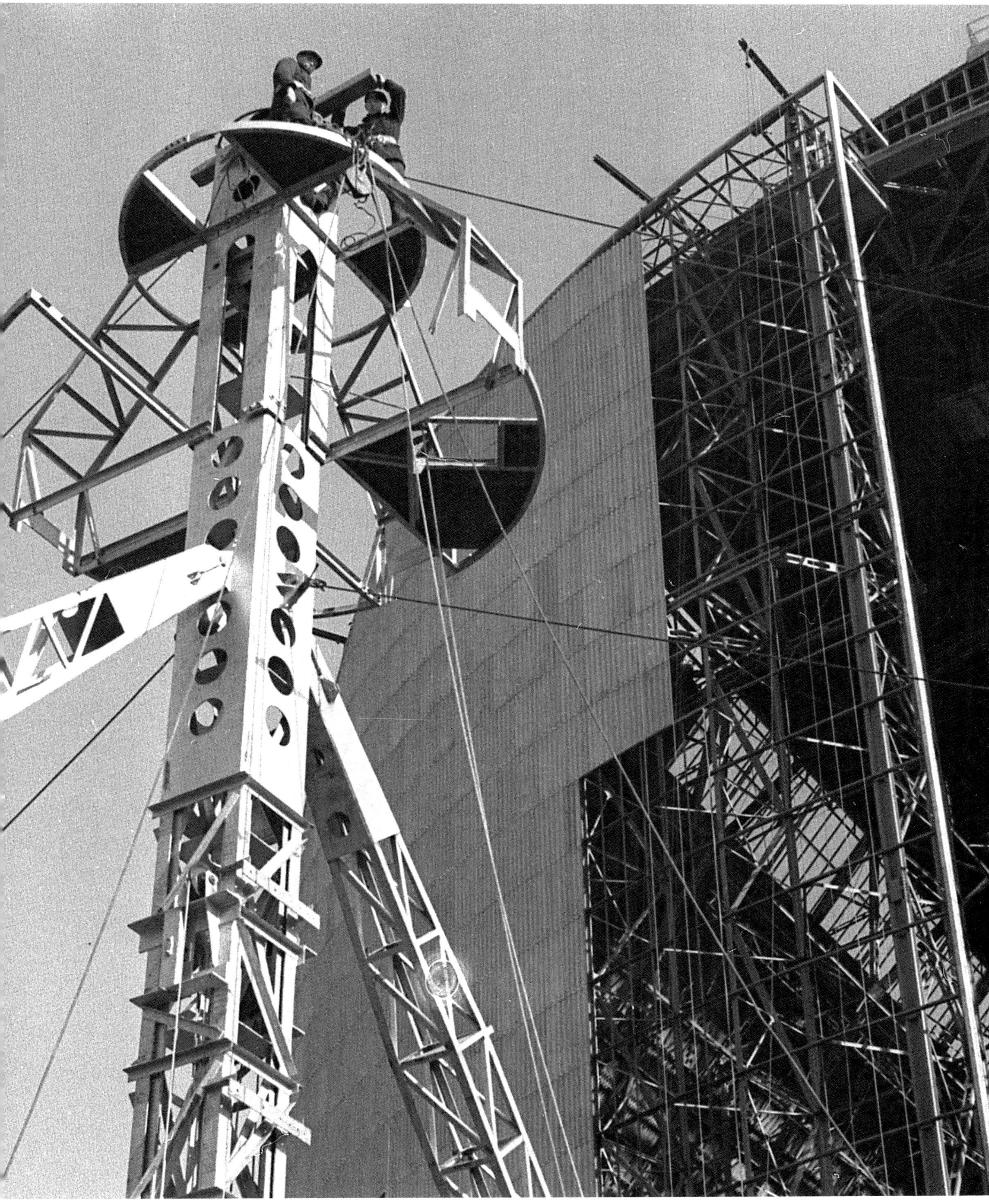

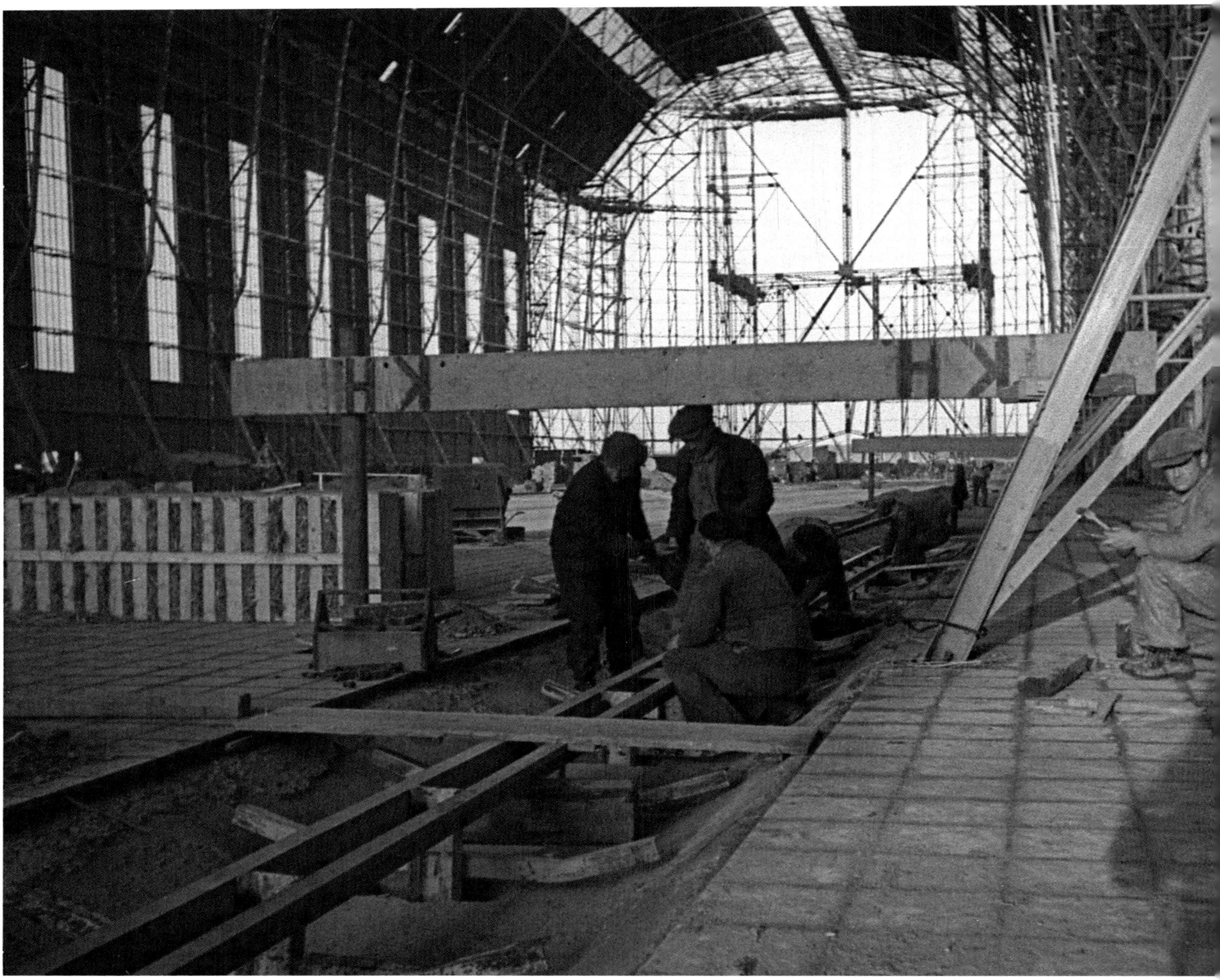

Verlegung von Schienen für den fahrbaren Ankermast in Luftschiffhalle I am 2. März 1936.

Ein Arbeiter bringt in luftiger Höhe ein Regenfallrohr an der Luftschiffhalle I an. ►

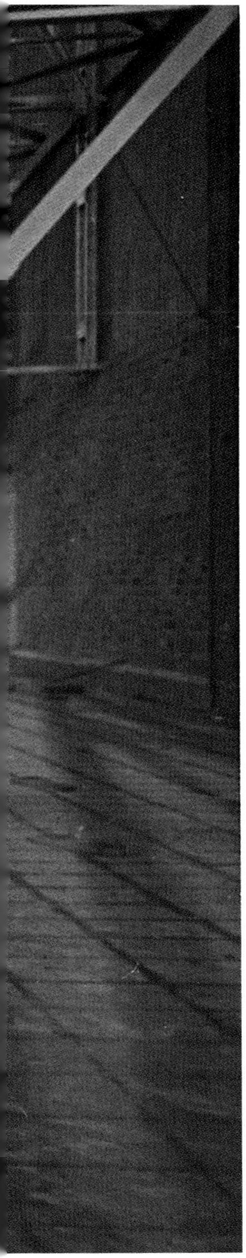

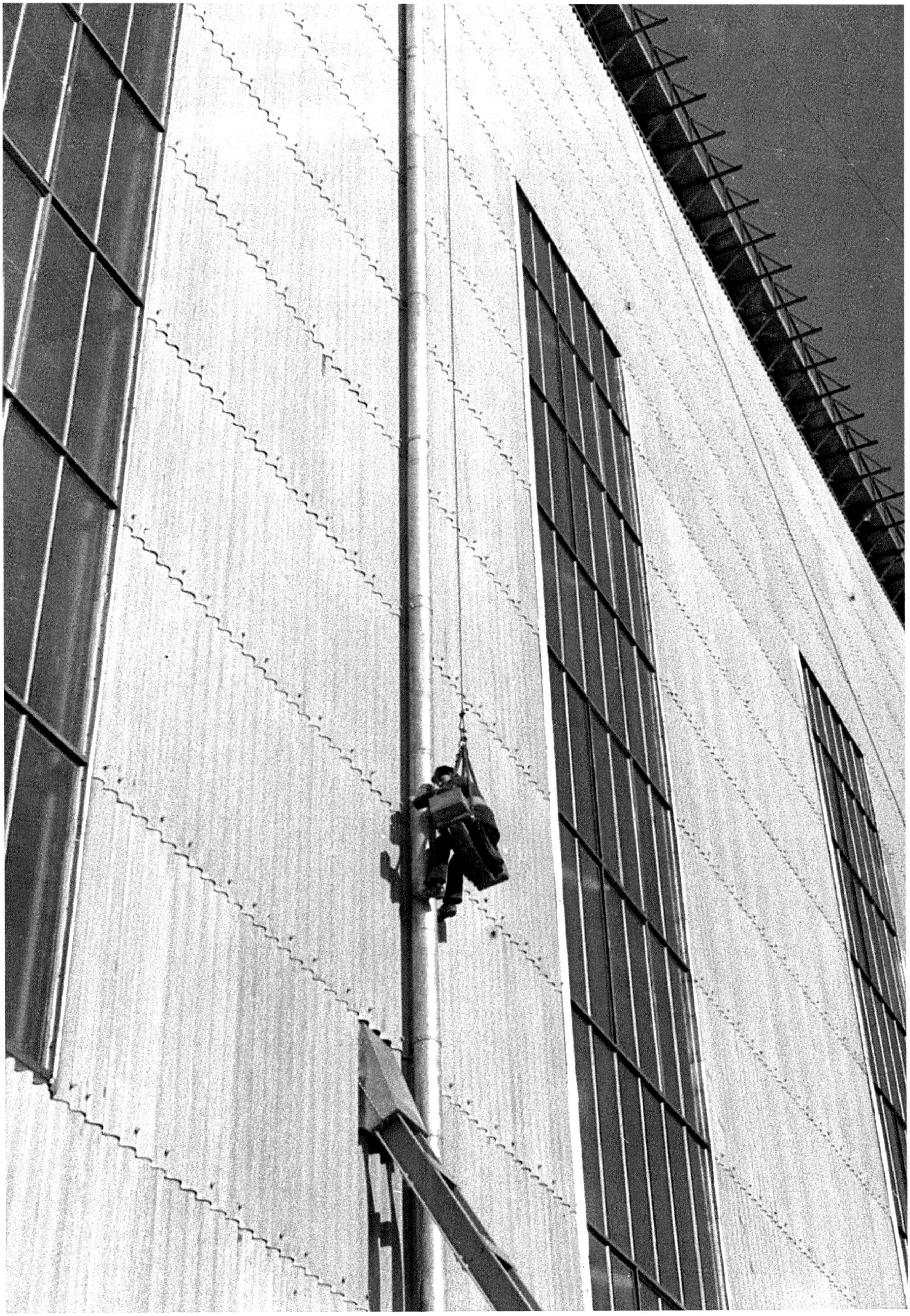

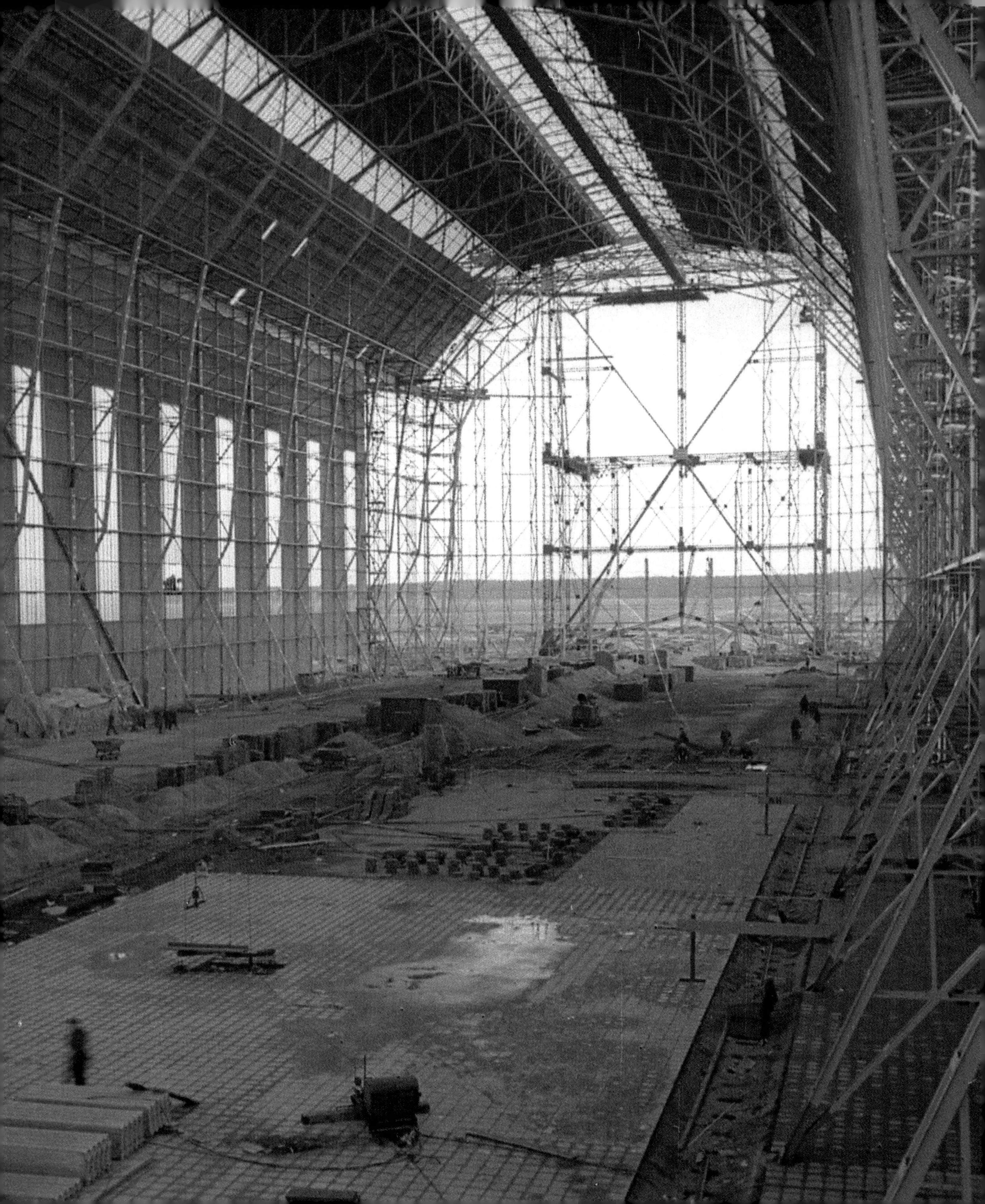

◂ Bauzustand der Luftschiffhalle I am 2. März 1936.

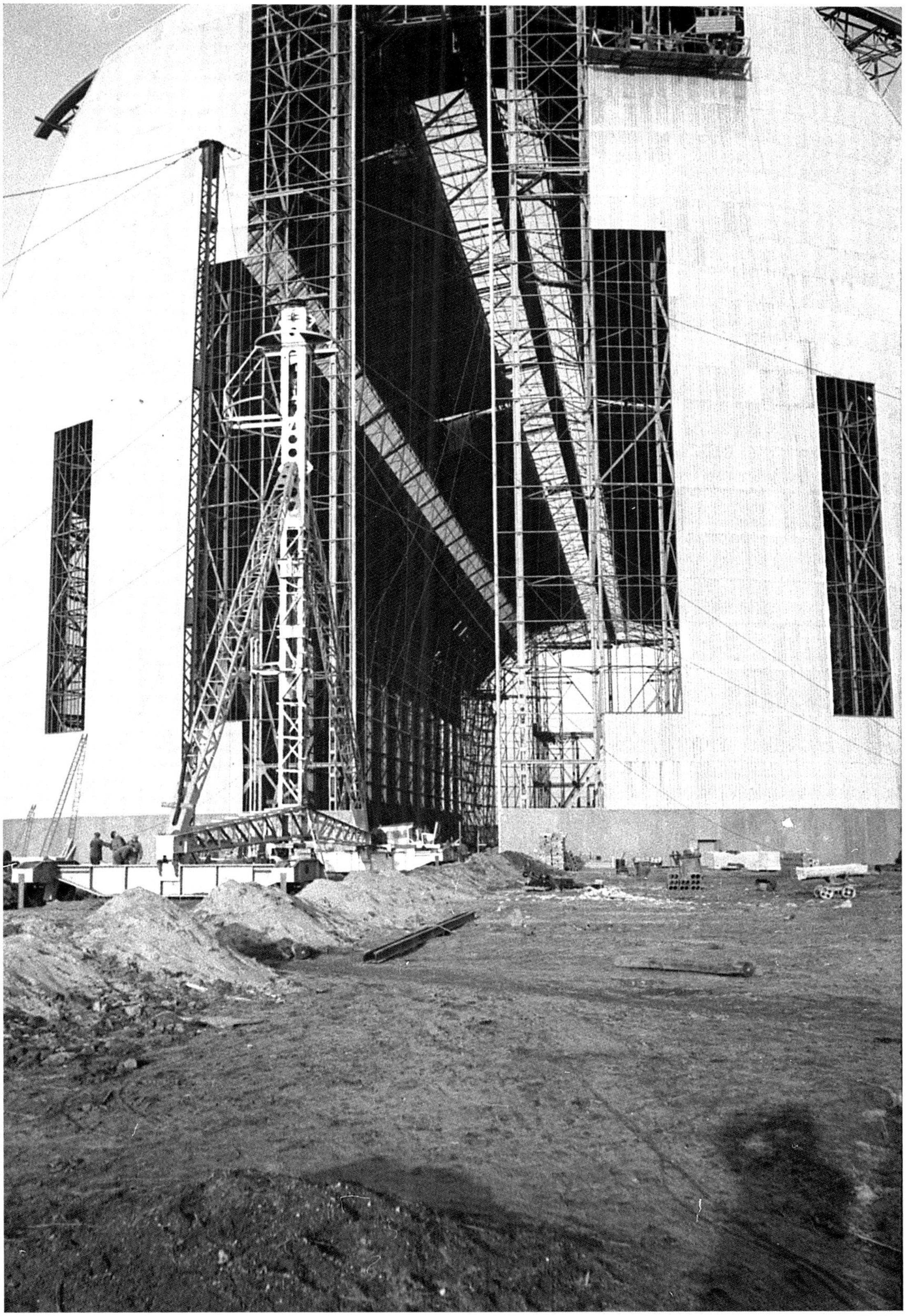

Montage des riesigen zweiflügeligen Tors an der Frontseite von Luftschiffhalle I. Davor erkennt man den ebenfalls noch im Bau befindlichen Ankerturm, Februar 1936.

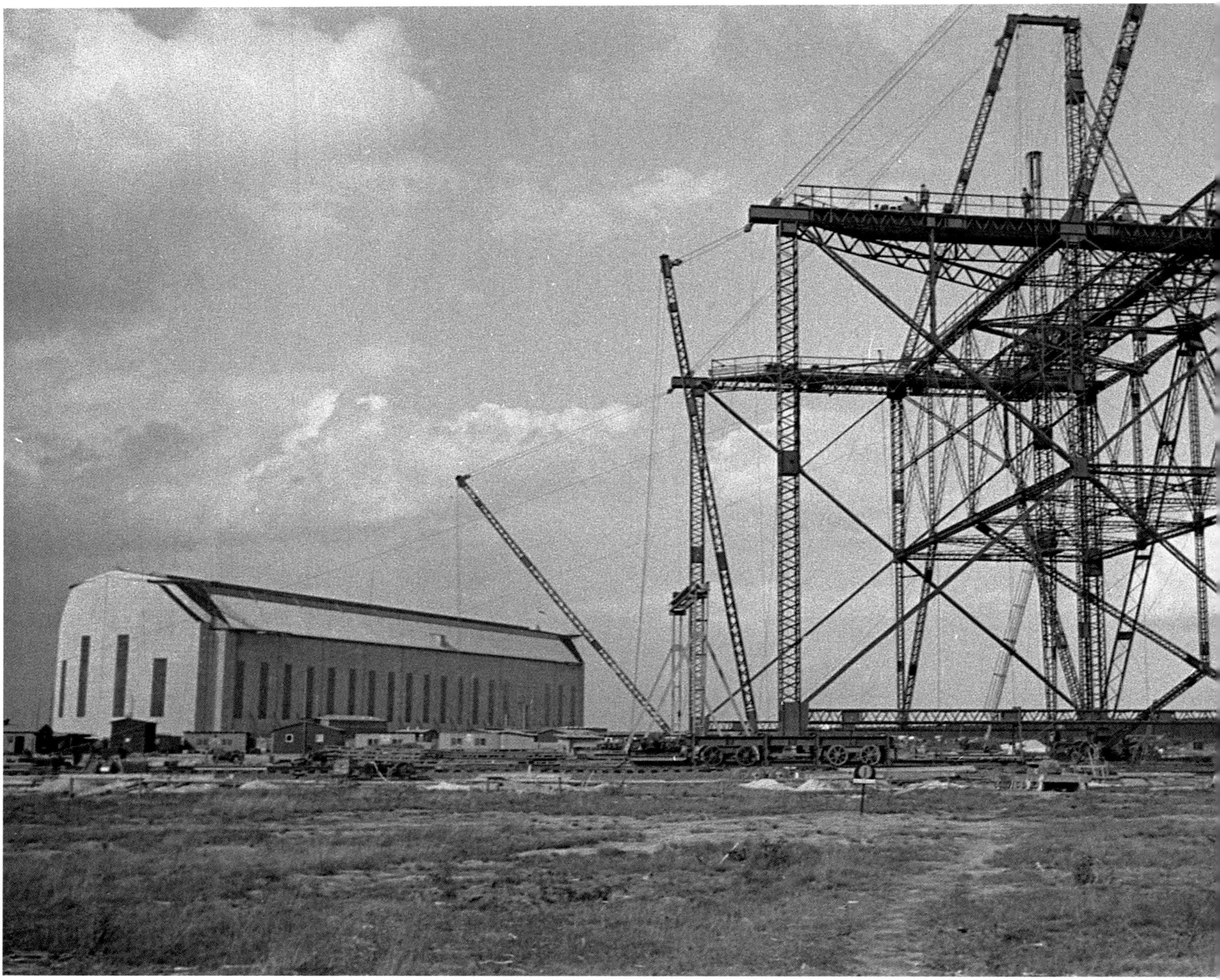

Am 8. September 1937 wurde mit dem Bau der Luftschiffhalle II begonnen, die mit einer Länge von 306 Metern, einer Breite von 61 Metern und einer Höhe von 56 Metern noch größer war als Halle I.

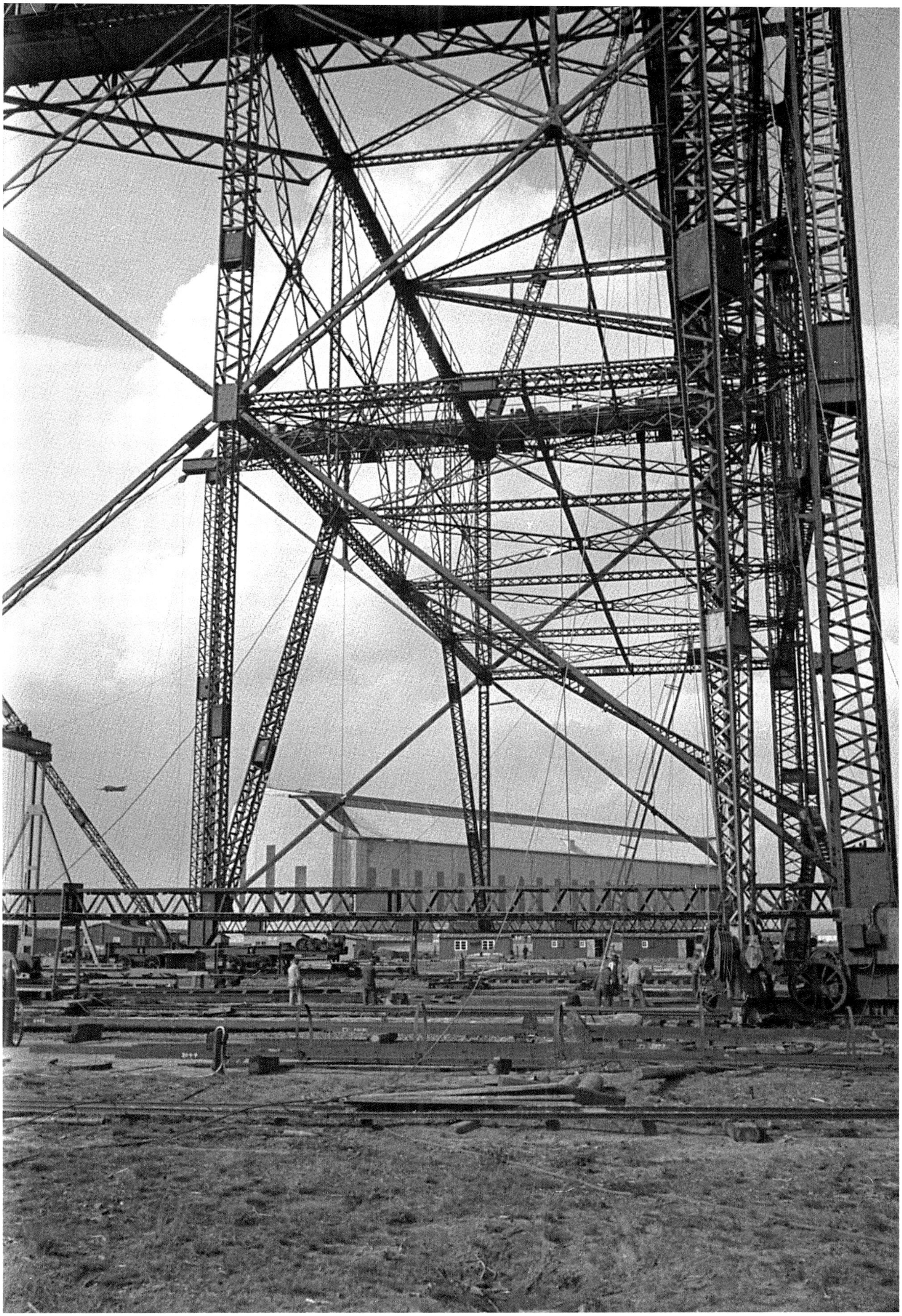

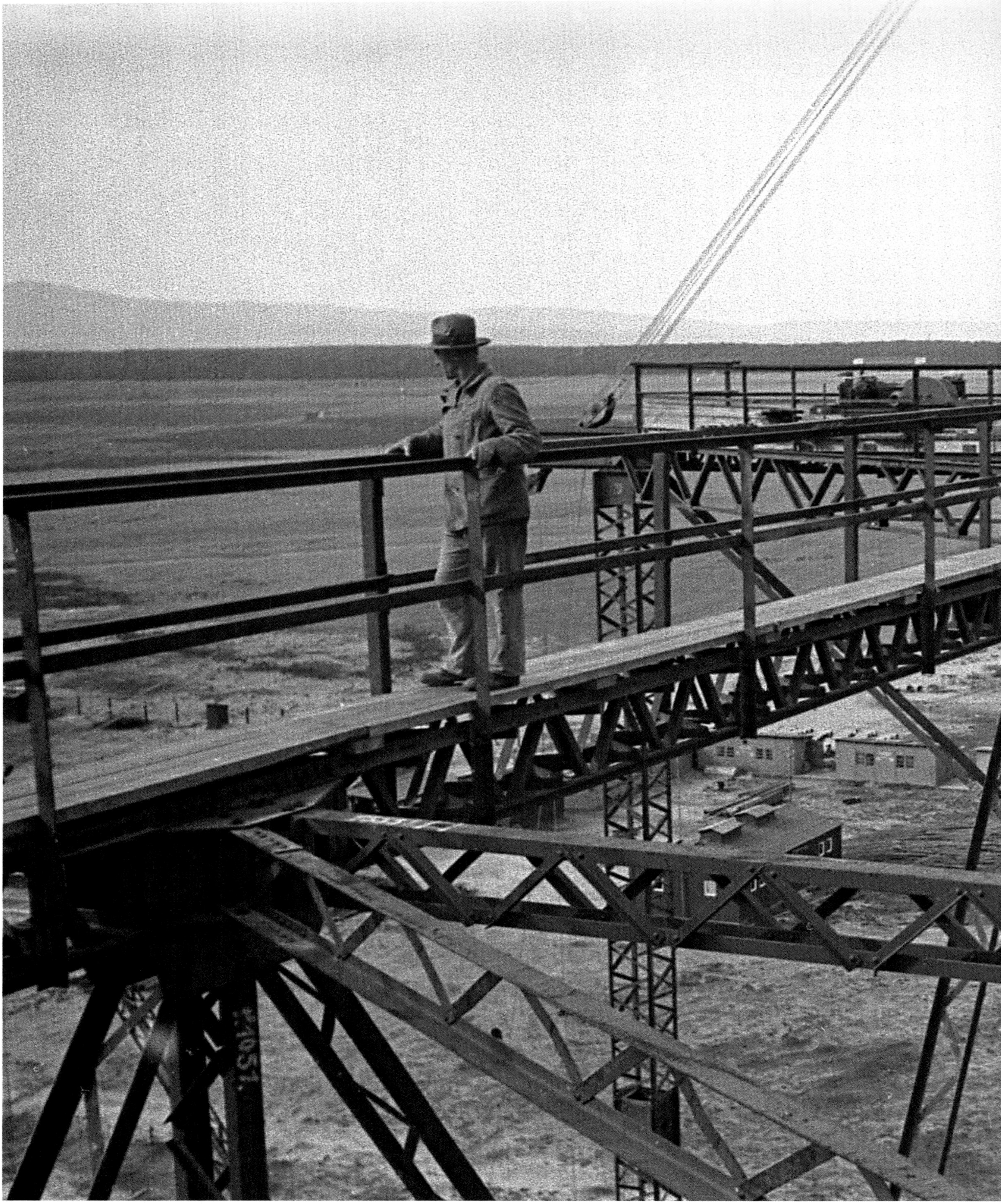

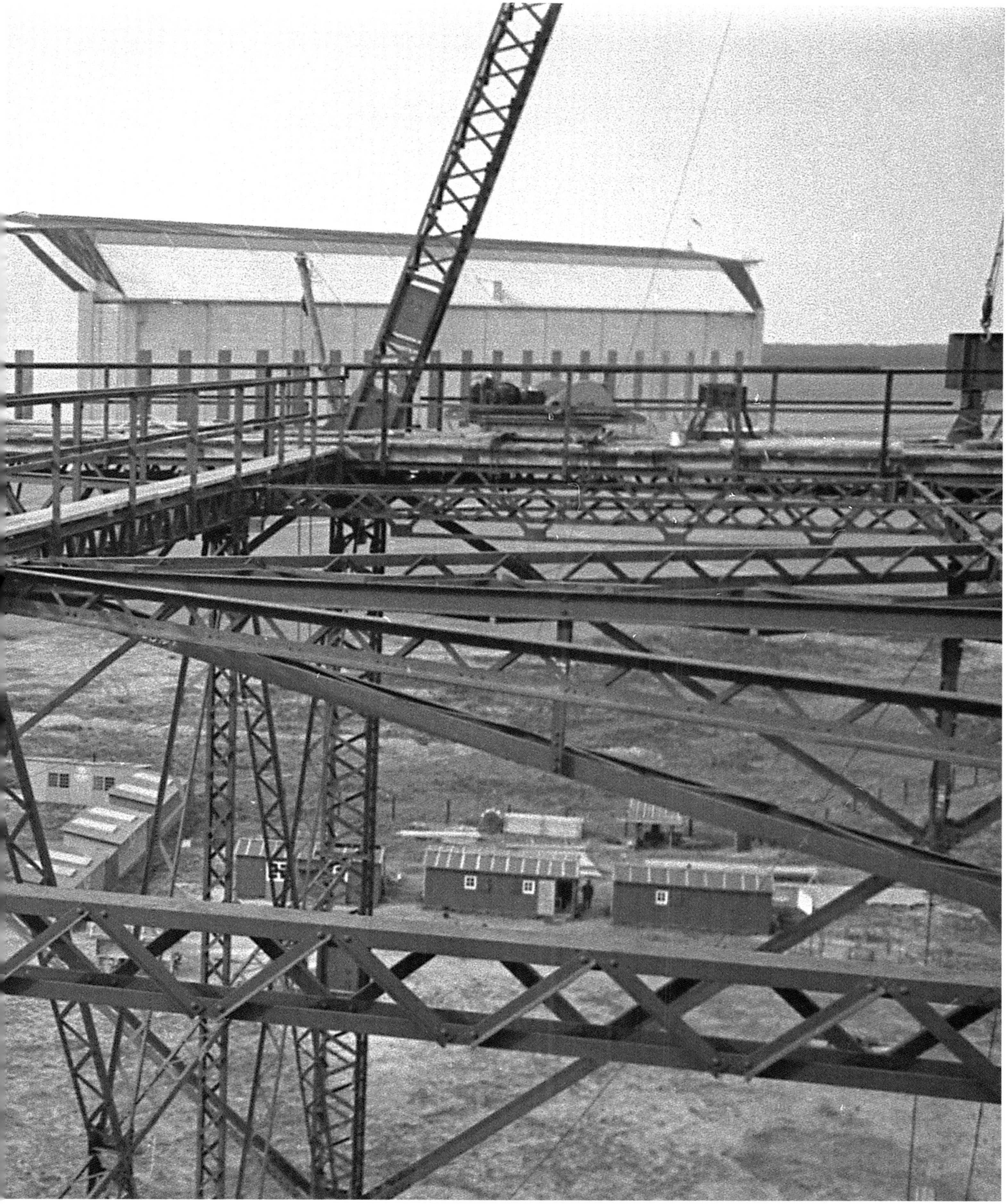

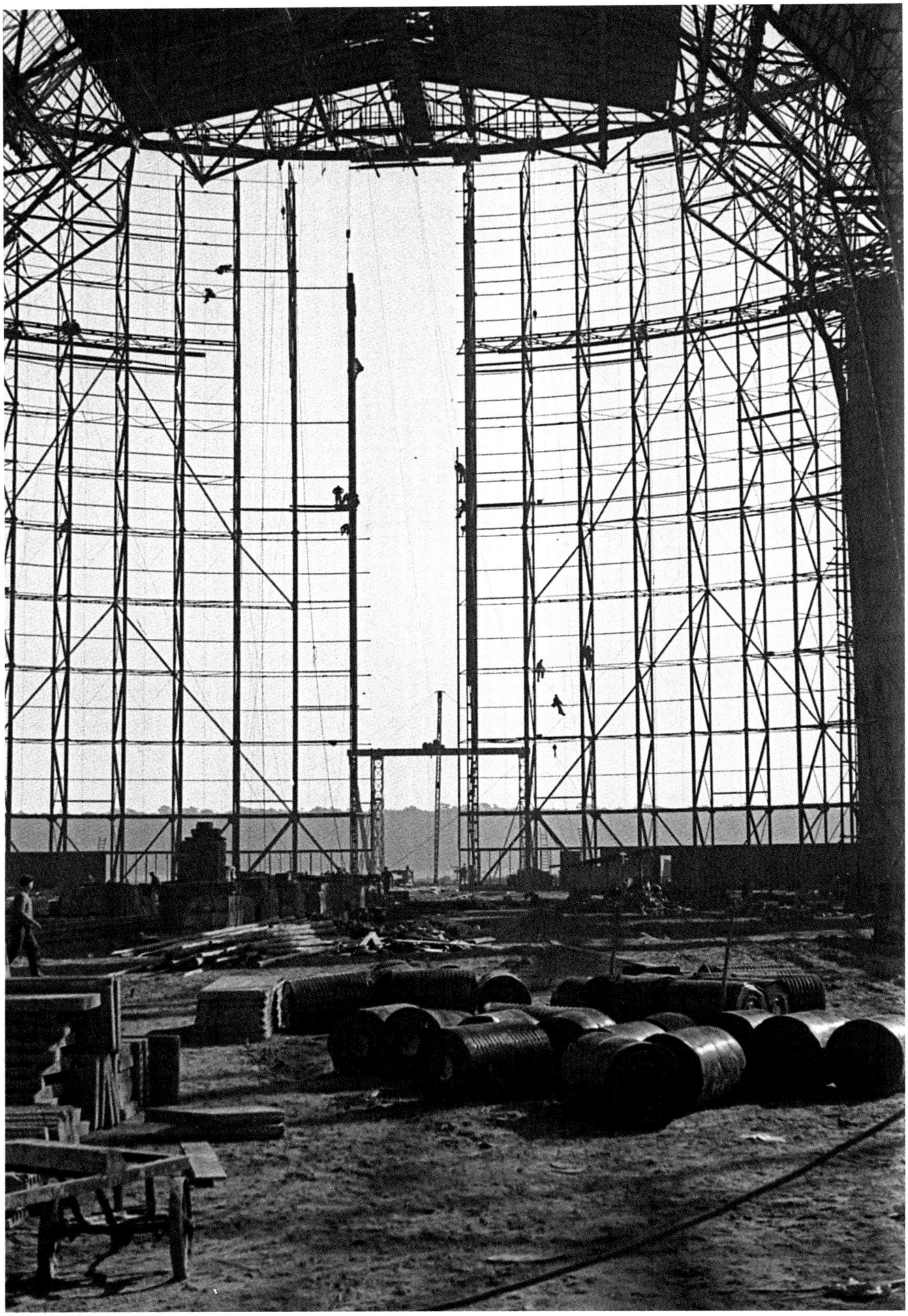

Die neue Luftschiffhalle sollte dem im Bau befindlichen Luftschiff LZ 130 „Graf Zeppelin" als Heimatstützpunkt dienen.

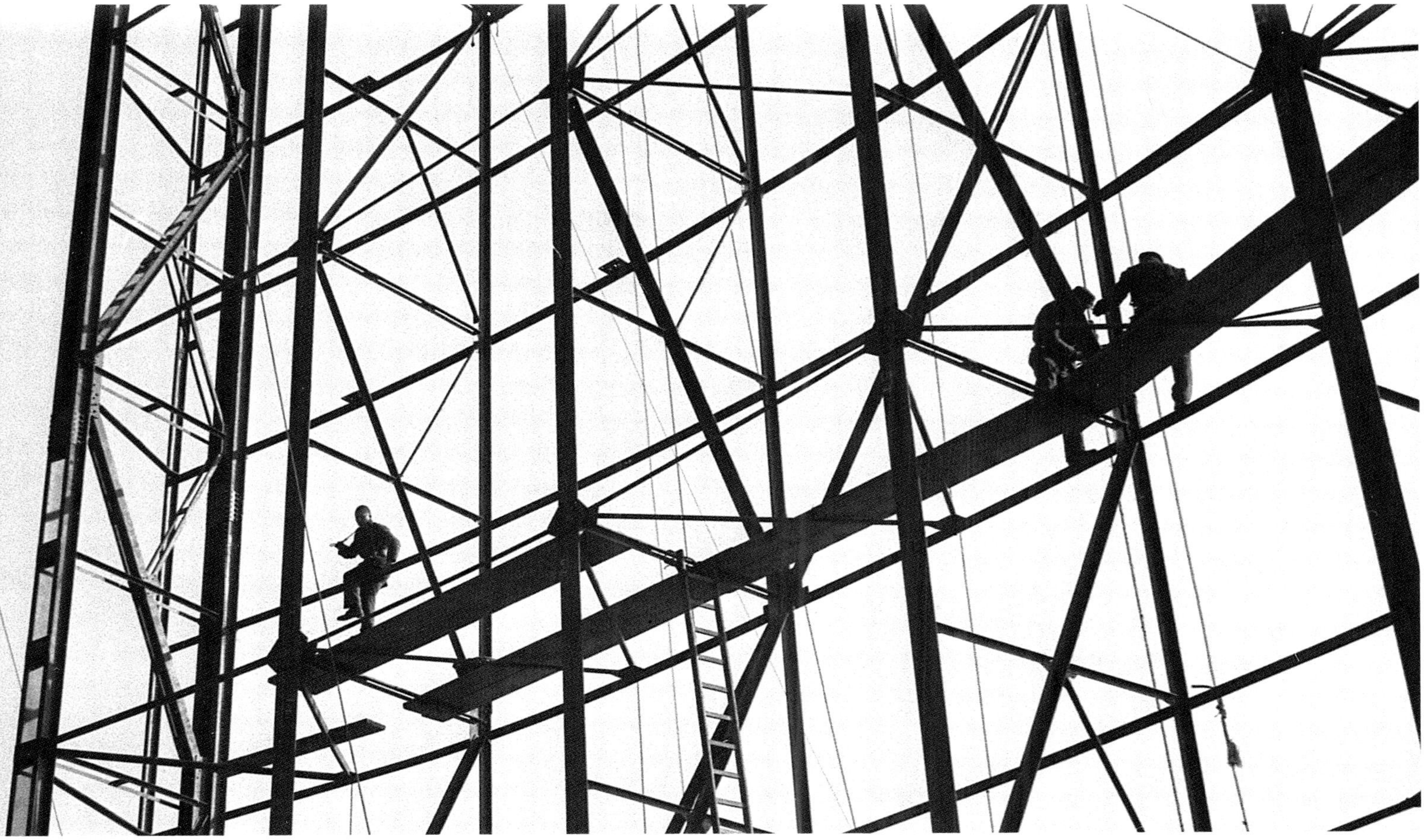

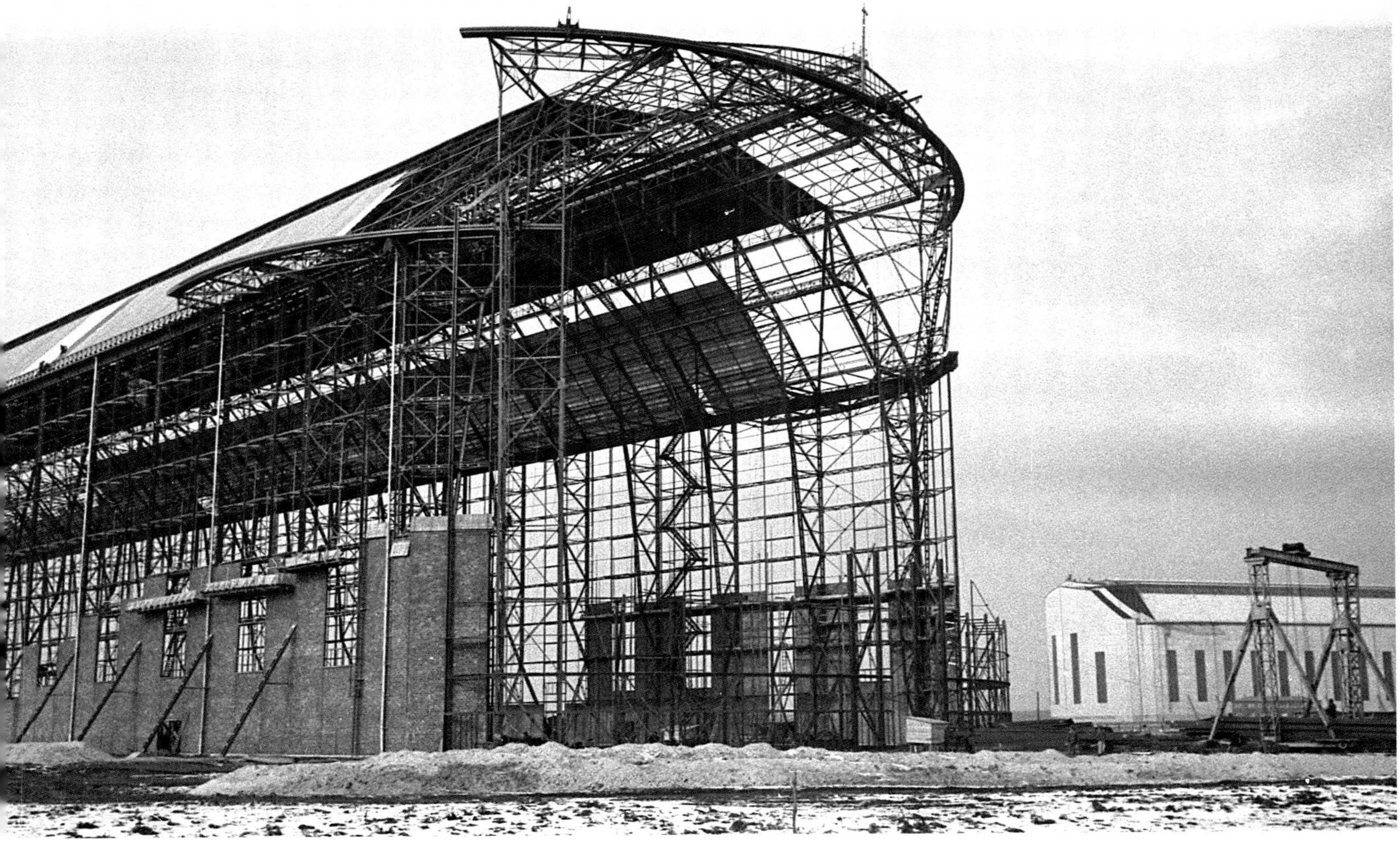

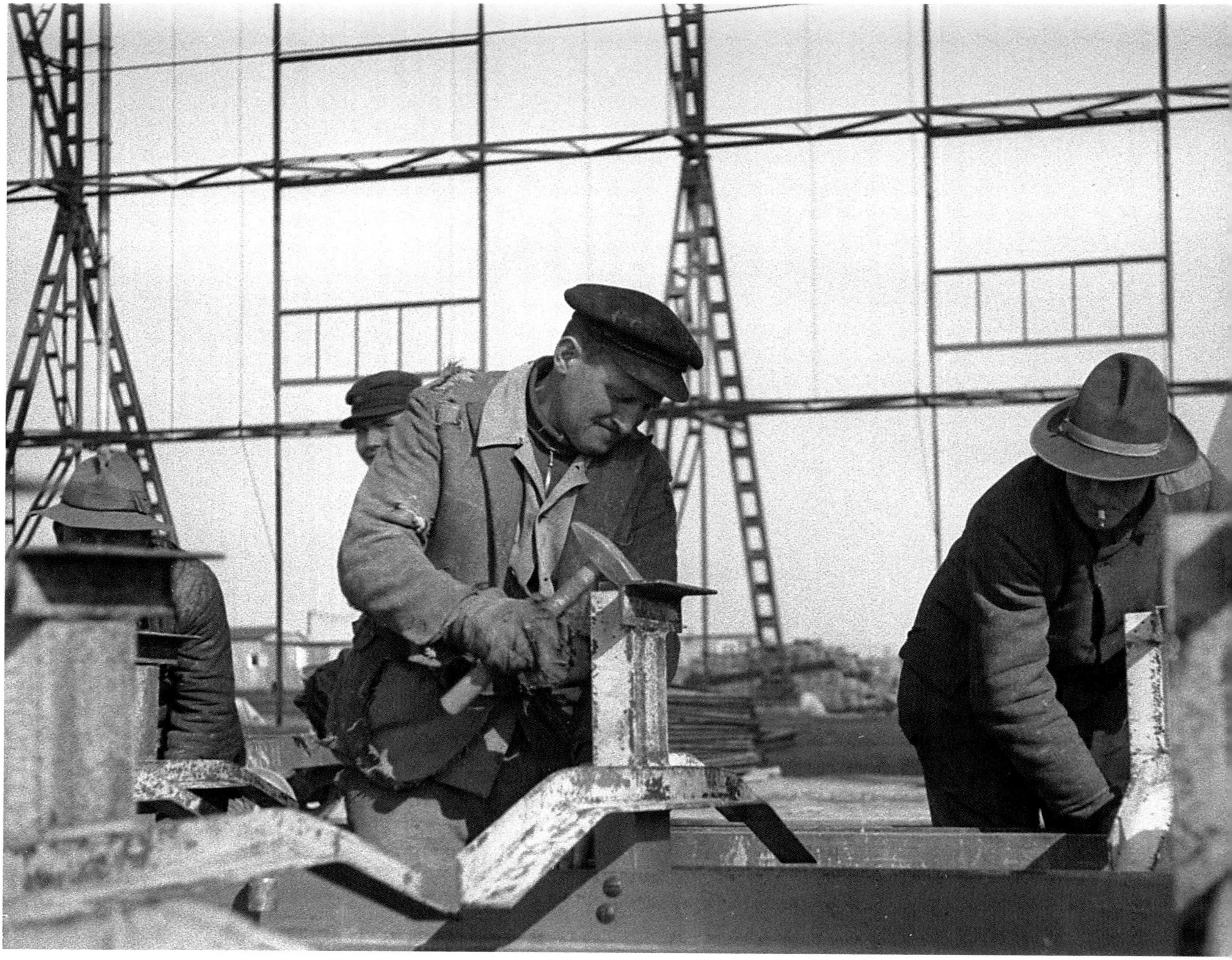

Die Fotos vom Bau der Luftschiffhalle II dokumentieren nicht nur den Baufortschritt, sondern bringen auch die Begeisterung Sepp Jägers für dieses monumentale Bauwerk zum Ausdruck. Darüber hinaus überzeugen sie durch ihre besondere Ästhetik.

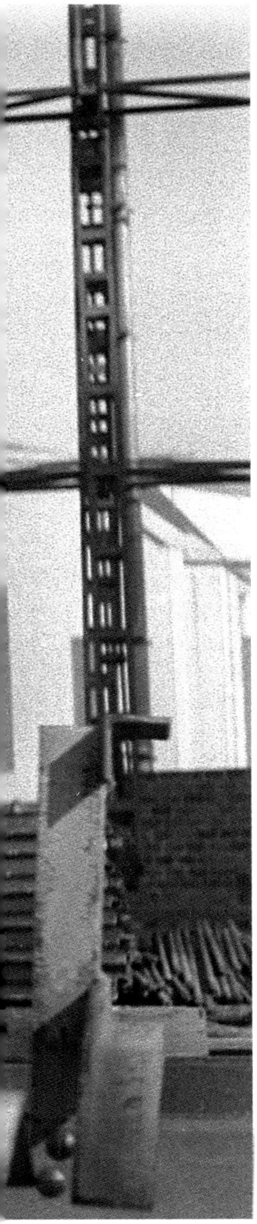
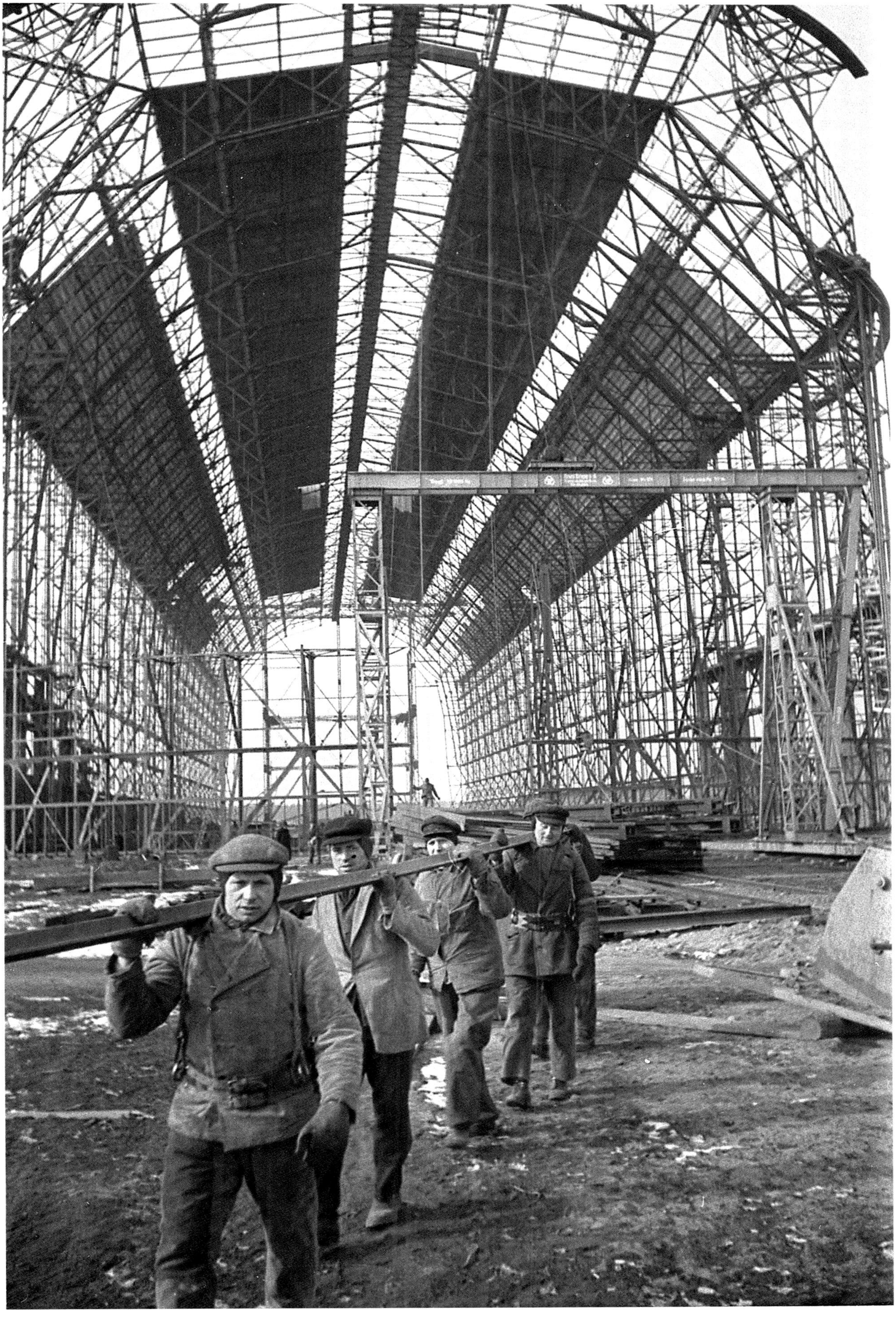

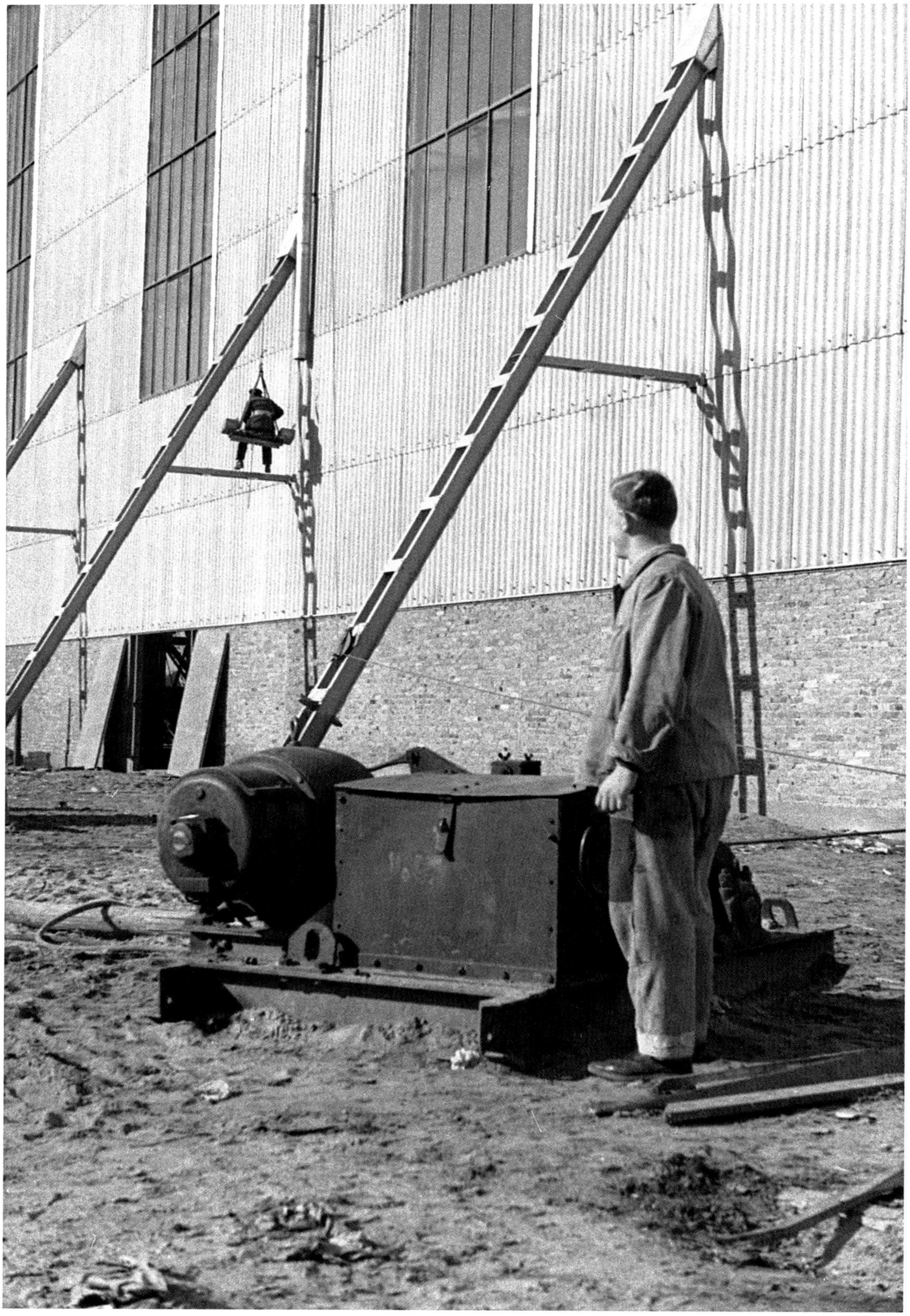

Die Fertigstellung erfolgte im Sommer 1938.

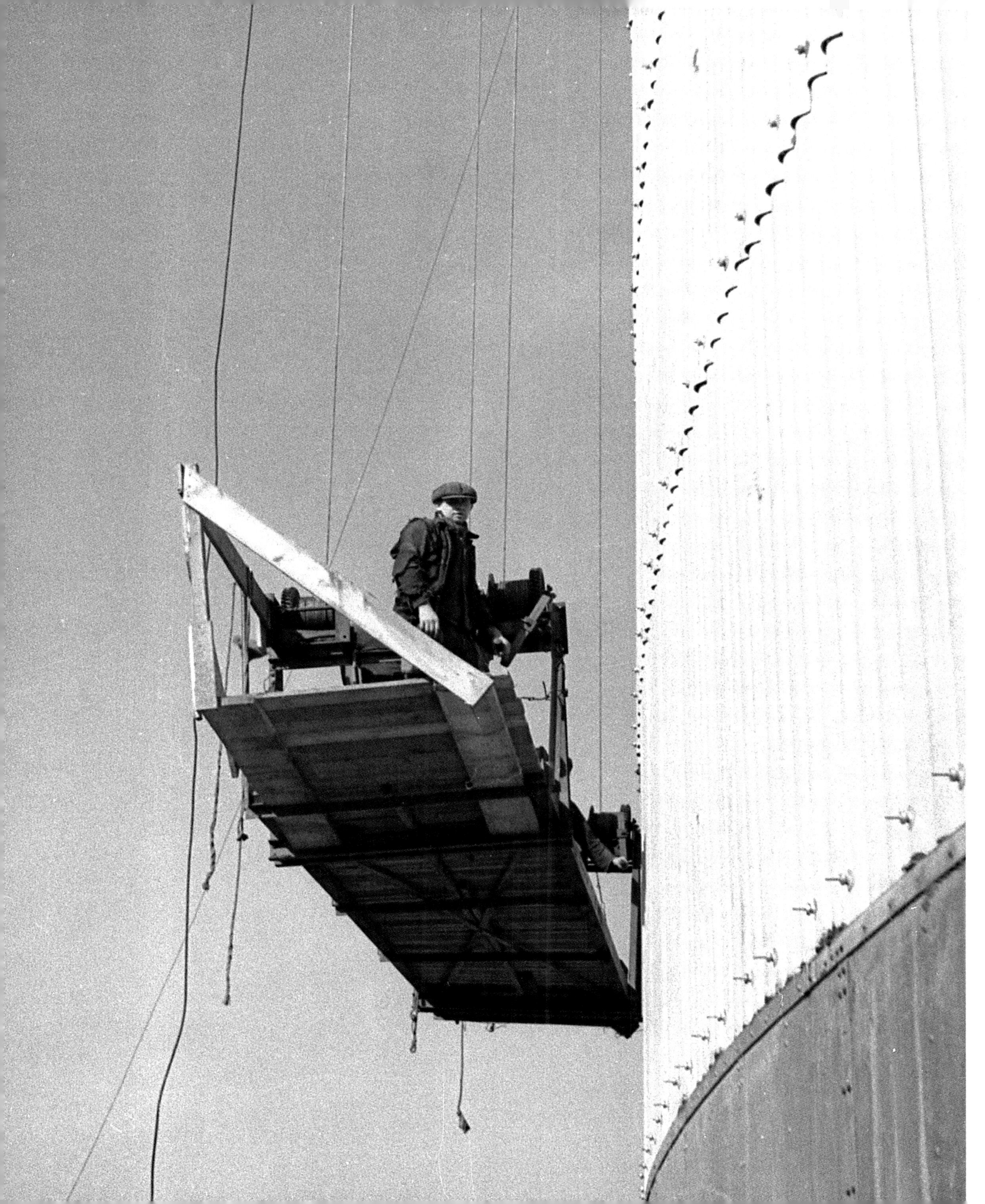

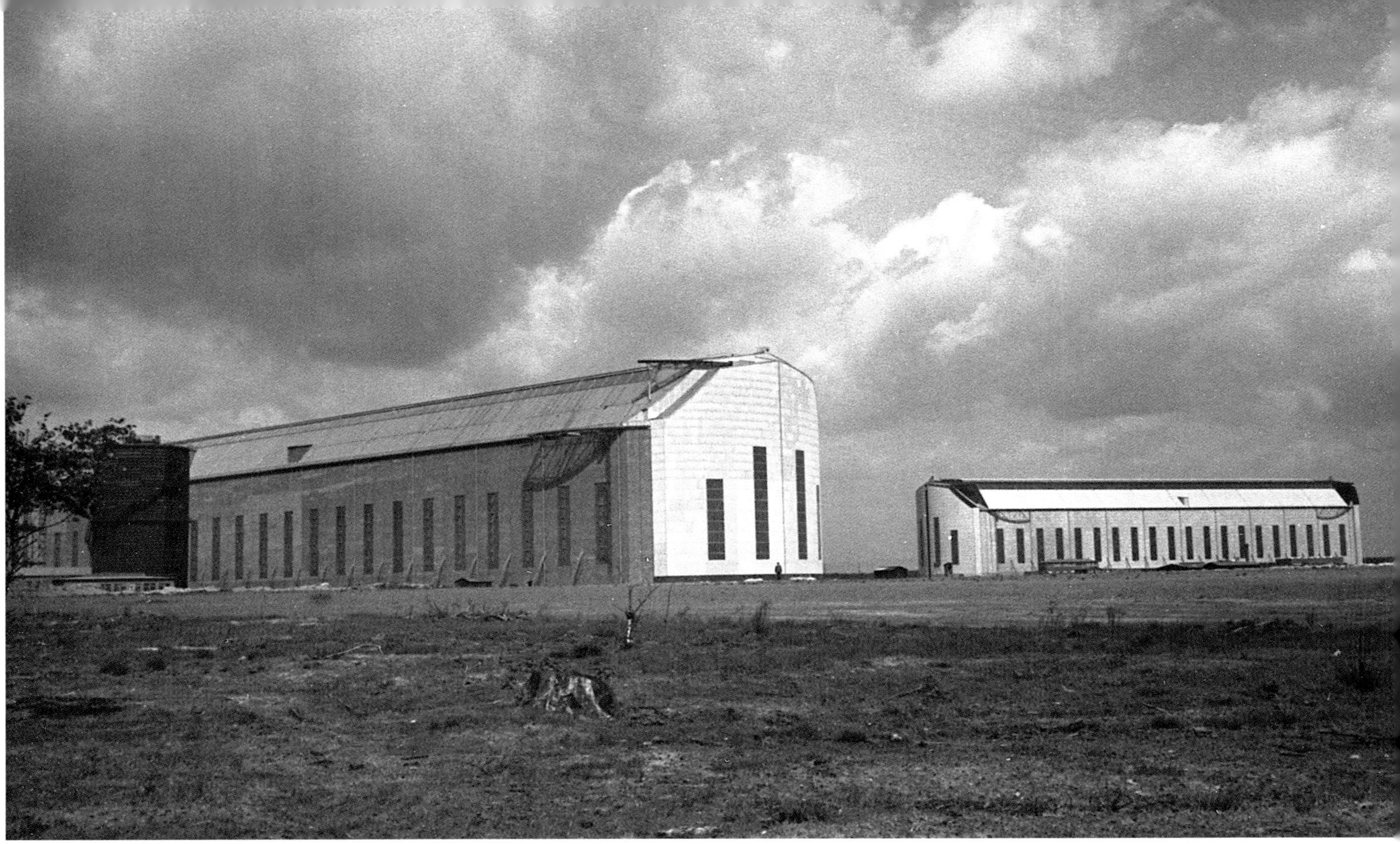

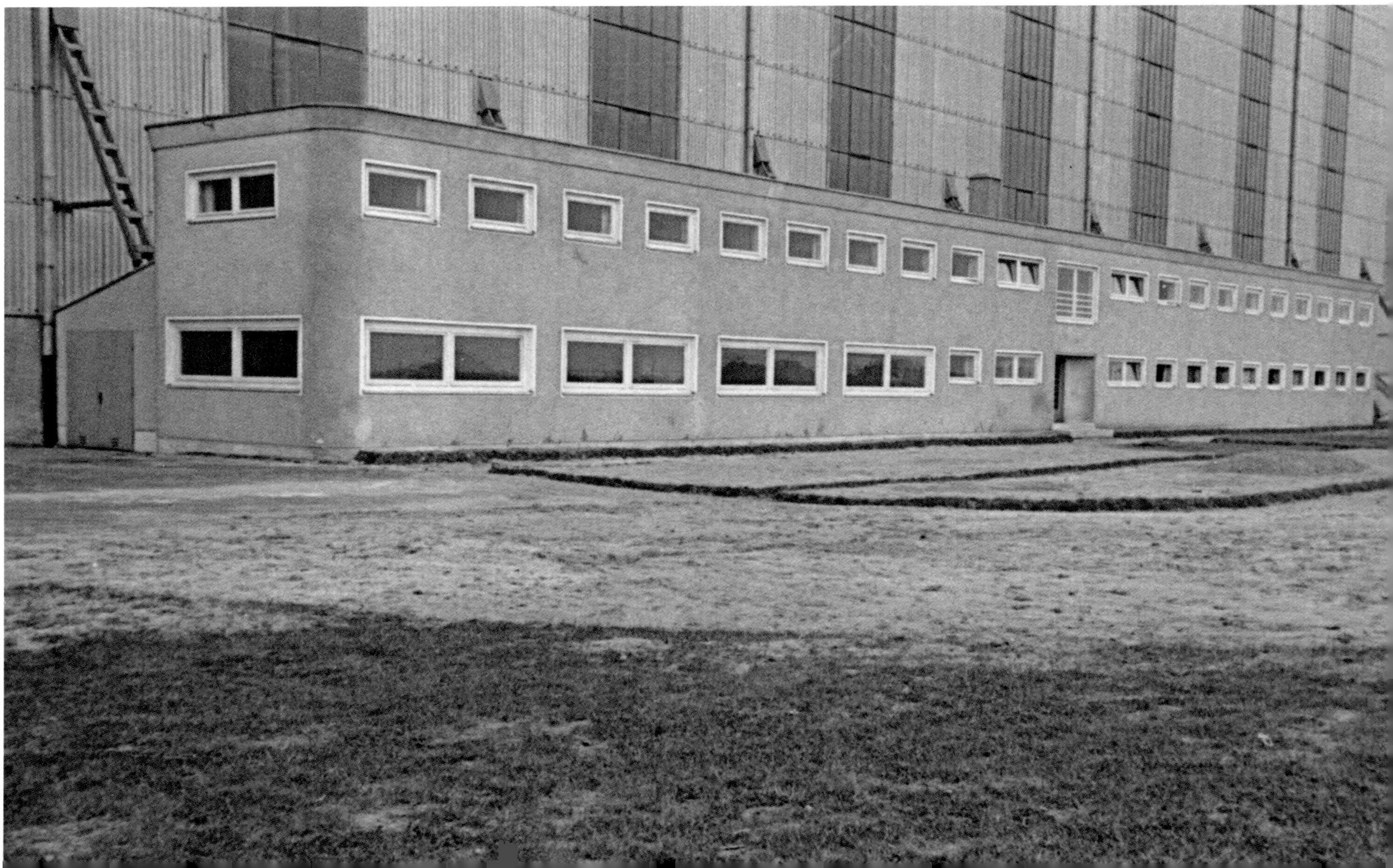

◄ Die beiden Luftschiffhallen des Luftschiffhafens Rhein-Main im Sommer 1938. Im Vordergrund die neue, gerade fertiggestellte Halle II. Links neben ihr erkennt man das Gasometer und die Helium-Reinigungsanlage.

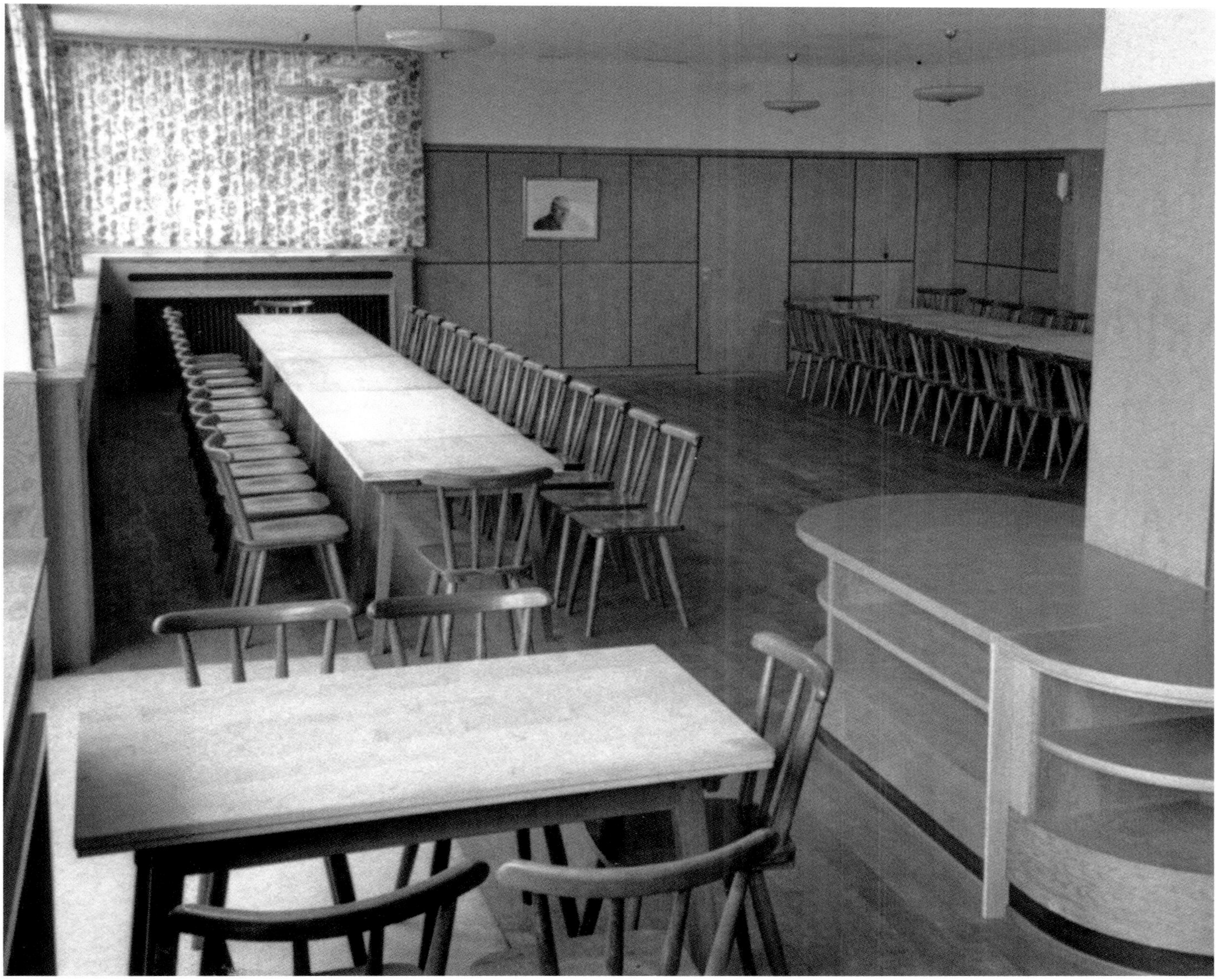

Blick in die Werkskantine im Verwaltungs- und Sozialgebäude des Luftschiffhafens, August 1938.

◄ An der Halle I zugewandten Seite der Luftschiffhalle II befand sich das neue Verwaltungs- und Sozialgebäude der Rhein-Main-Luftschiffhafen GmbH.

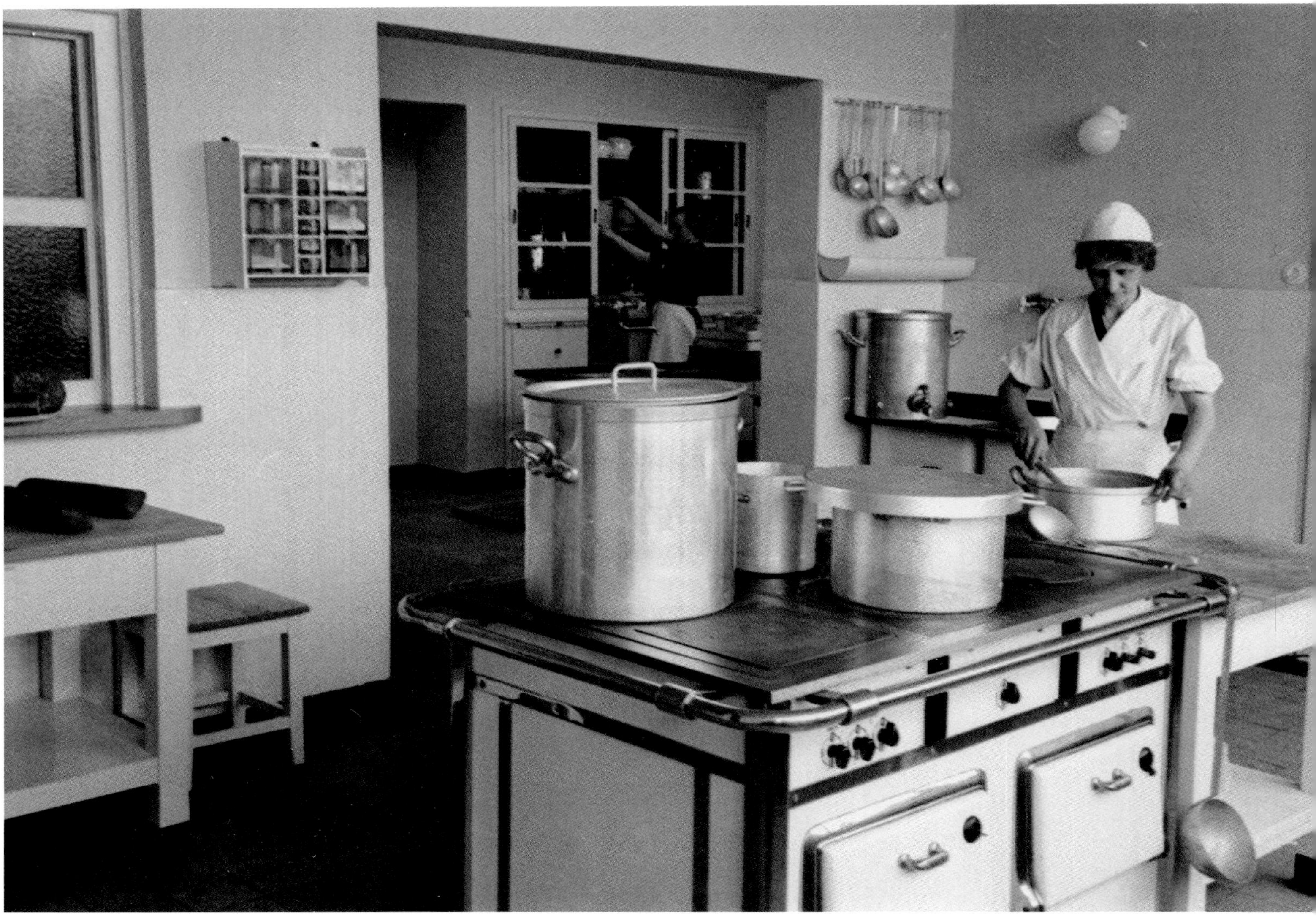

In der Küche im Verwaltungs- und Sozialgebäude wurden die Speisen für die Mitarbeiter zubereitet, August 1938.

Waschraum für die Beschäftigten im neuen Sozialgebäude der Rhein-Main-Luftschiffhafen GmbH, August 1938. ▸

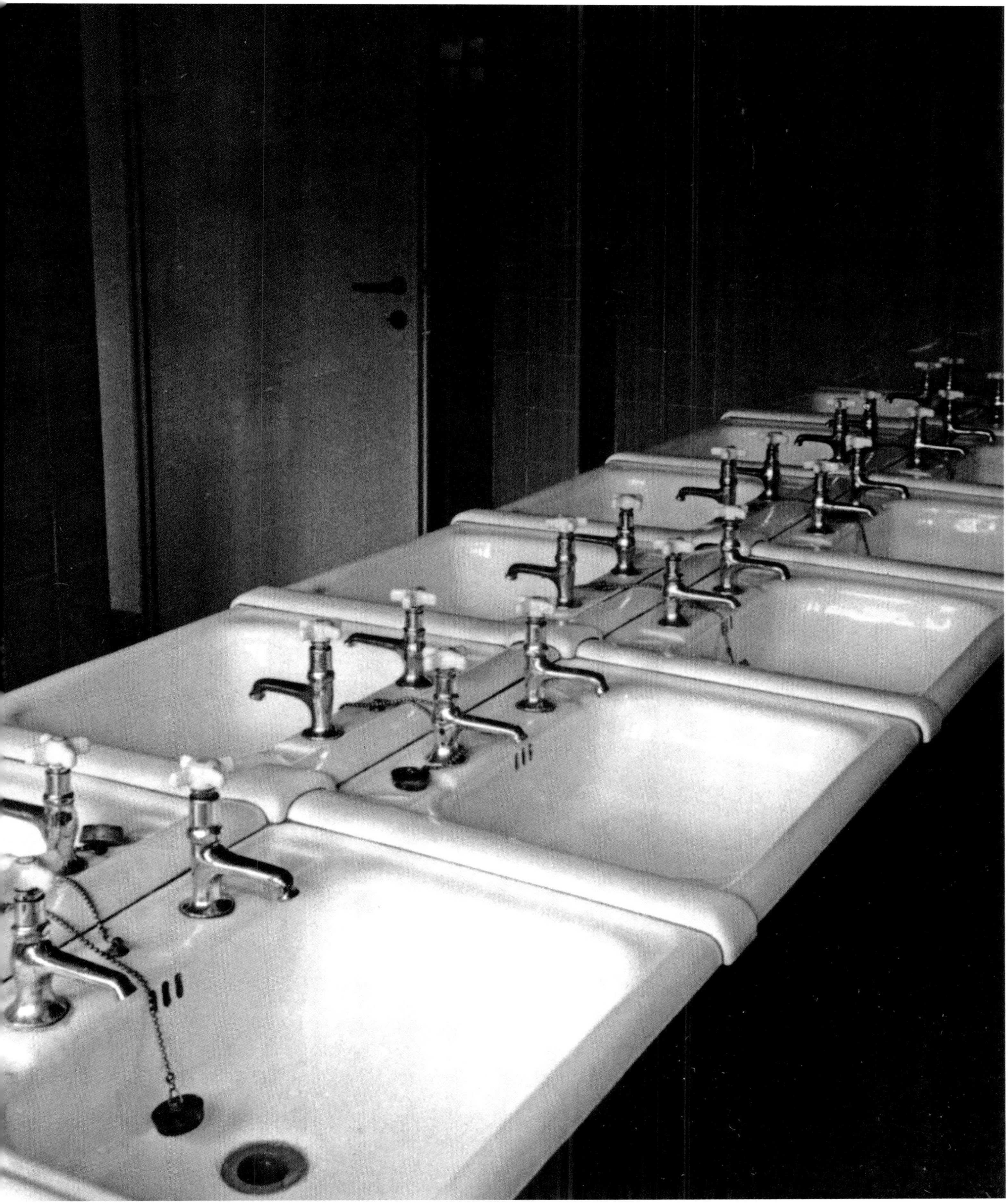

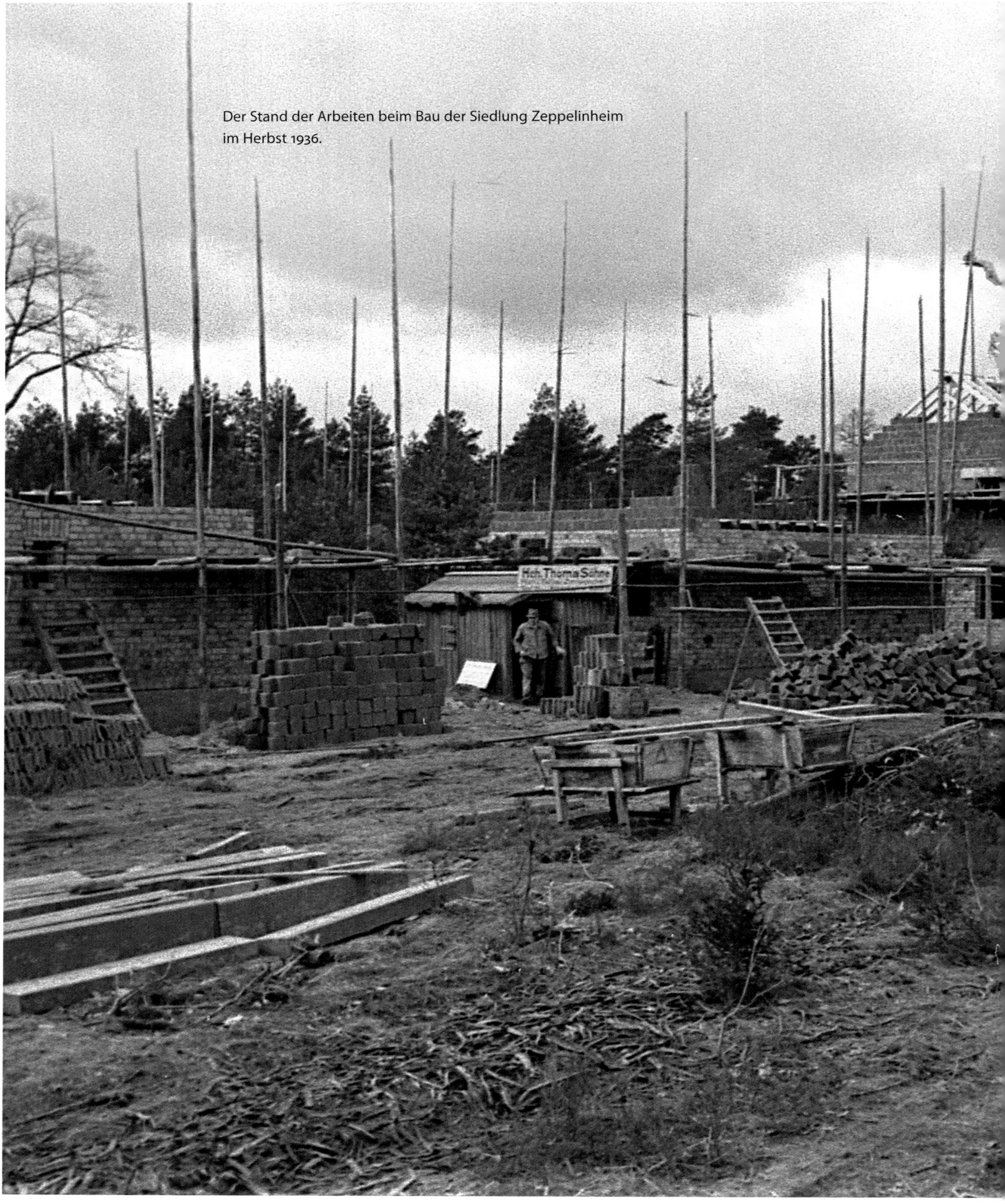

Der Stand der Arbeiten beim Bau der Siedlung Zeppelinheim im Herbst 1936.

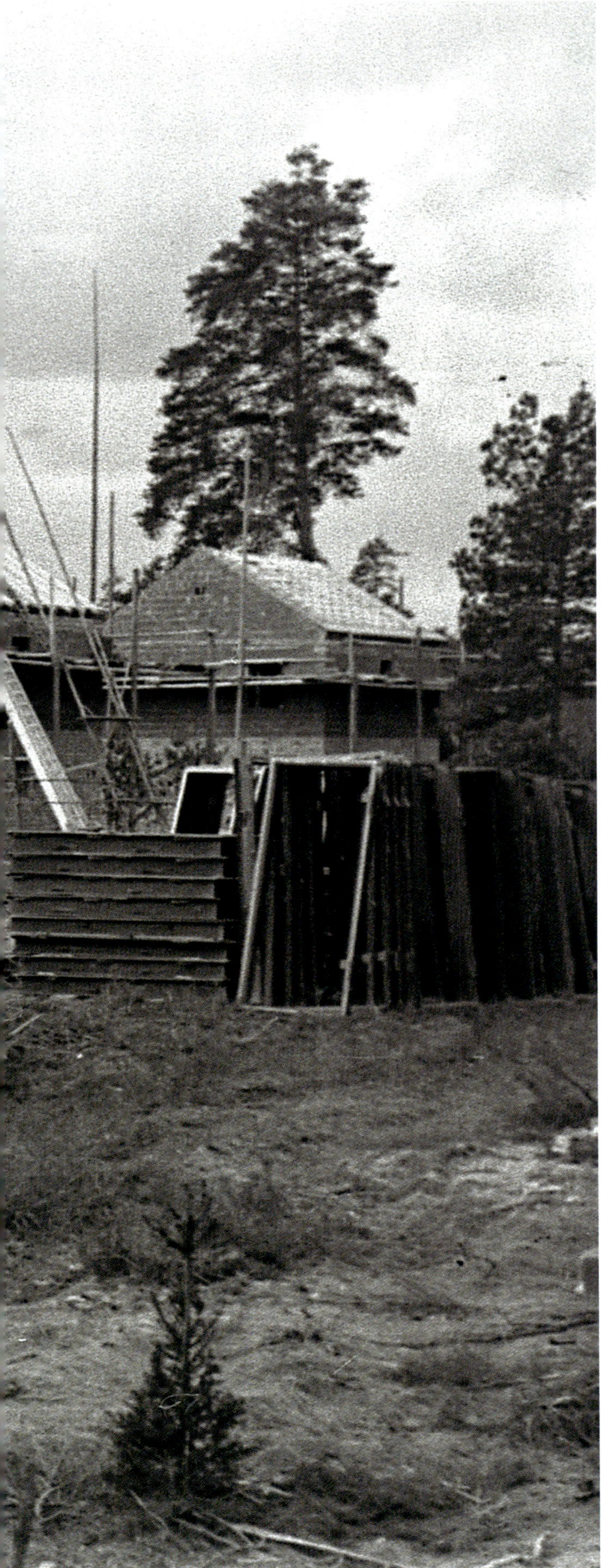

III.
Die Siedlung Zeppelinheim

Für die Angestellten der Zeppelin-Reederei, die von Friedrichshafen ins Rhein-Main-Gebiet umziehen mussten, wurde östlich der neuen Reichsautobahn eine eigenständige Siedlung gebaut, die den naheliegenden Namen „Zeppelinheim" erhielt. Die Stadt Frankfurt a.M. beauftragte die Gemeinnützige Eigenheim-Spar- und Wohnungsbau AG (Gewobag), ein Siedlungsunternehmen der Deutschen Arbeitsfront, mit der Ausführung. Die von dem Architekten Hans Söder, Professor an der TH Darmstadt, entworfenen Häuser orientierten sich in bewusster Abkehr vom Bauhausstil an traditionellen Bauformen. Statt auf die von vielen abgelehnten Flachdächer setzte Söder auf Satteldächer.

1936 begannen die Rodungsarbeiten, und im August 1937 konnten die ersten 78 Häuser in der Siedlung von 90 Familien bezogen werden. Insgesamt entstanden 93 Wohneinheiten mit 3,5 bis fünf Zimmern, zum Teil als Mehrfamilien-, zum Teil als Reihenhäuser.

Am 1. Januar 1938 wurde Zeppelinheim offiziell zur selbstständigen Gemeinde erhoben. Bürgermeister wurde auf Erlass des Berliner Innenministeriums Luftschiffkapitän Hans von Schiller, Kommandant des Luftschiffes LZ 127 „Graf Zeppelin". Die Station „Mitteldick" an der Reichsbahnstrecke Frankfurt a.M.–Mannheim (Riedbahn), benannt nach dem historischen Forsthaus und dem späteren Ausflugslokal „Mitteldick", wurde in „Lufthafen Rhein-Main" umbenannt. 1939 zählte Zeppelinheim 318 Einwohner. Seit dem 1. Januar 1977 ist es Stadtteil von Neu-Isenburg.

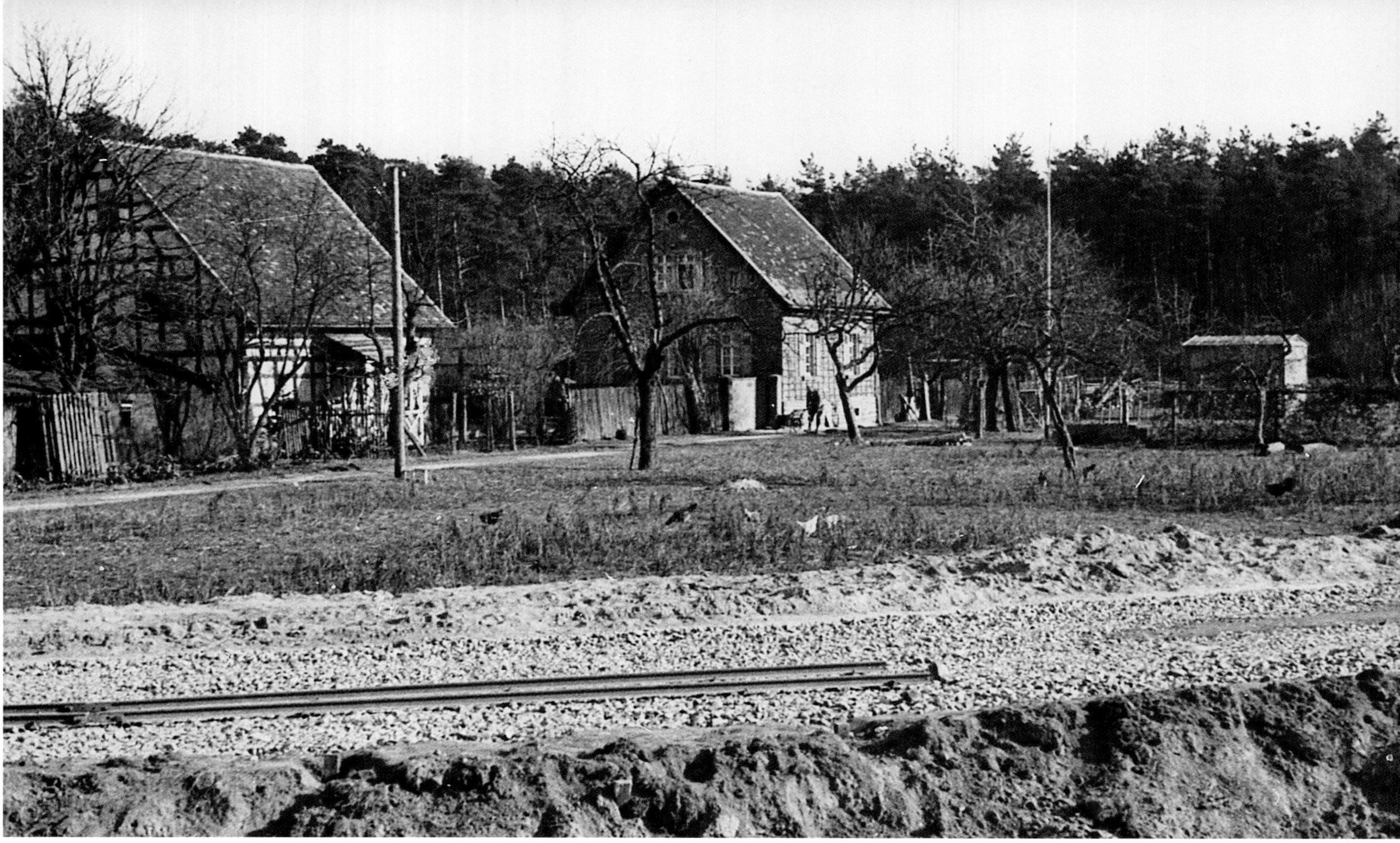

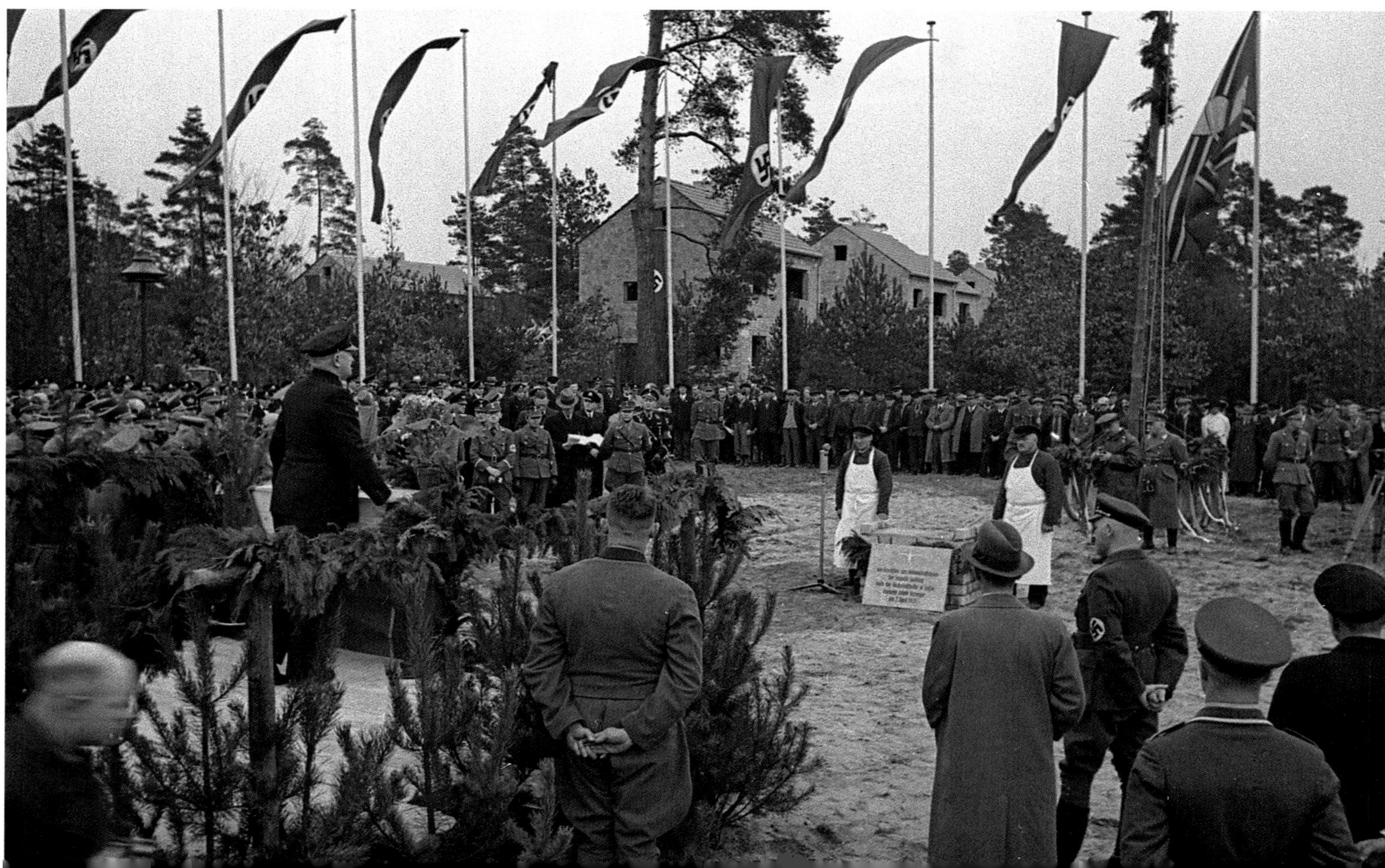

Die Oberförsterei Mitteldick zu Beginn der Rodungs- und Erdarbeiten für die Siedlung Zeppelinheim Anfang 1936.

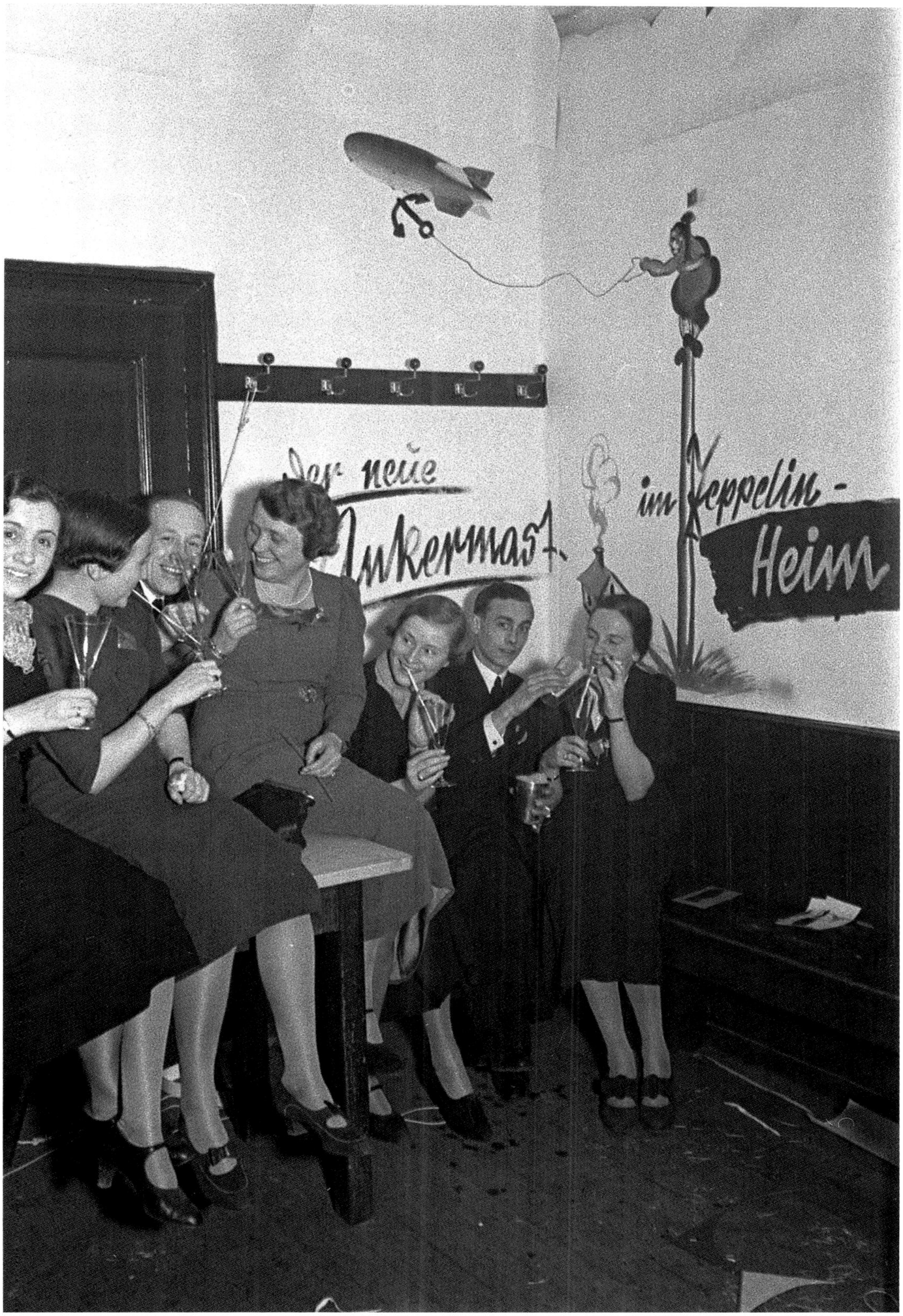

Feier im Gemeinschaftsraum des Mehrfamilienhauses in Zeppelinheim, der anstelle des nicht ausgeführten Gemeinschaftshauses für Veranstaltungen genutzt wurde, 1938. Neben diesem Veranstaltungsraum beherbergte es auch die Schule und das Bürgermeisteramt.

Feierliche Grundsteinlegung für das Gemeinschaftshaus von Zeppelinheim am 2. April 1937, das im Übrigen – wohl um Kosten zu sparen – nie gebaut wurde.

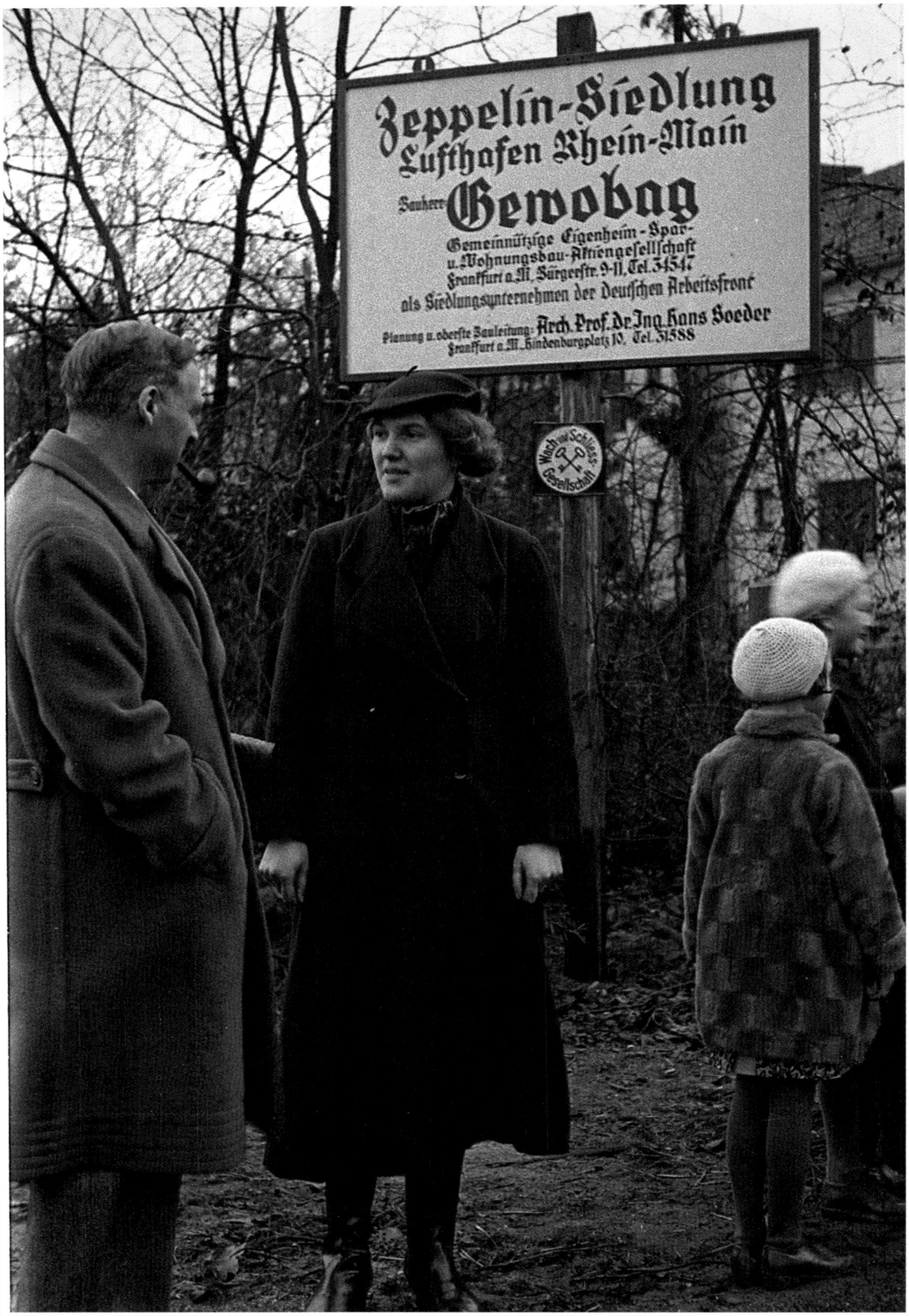

Der Luftschiffkapitän und spätere Bürgermeister von Zeppelinheim, Hans von Schiller, mit der Lehrerin der Grundschule, Frau Vollrath, im Winter 1937/38 vor dem Bauschild der Gewobag.

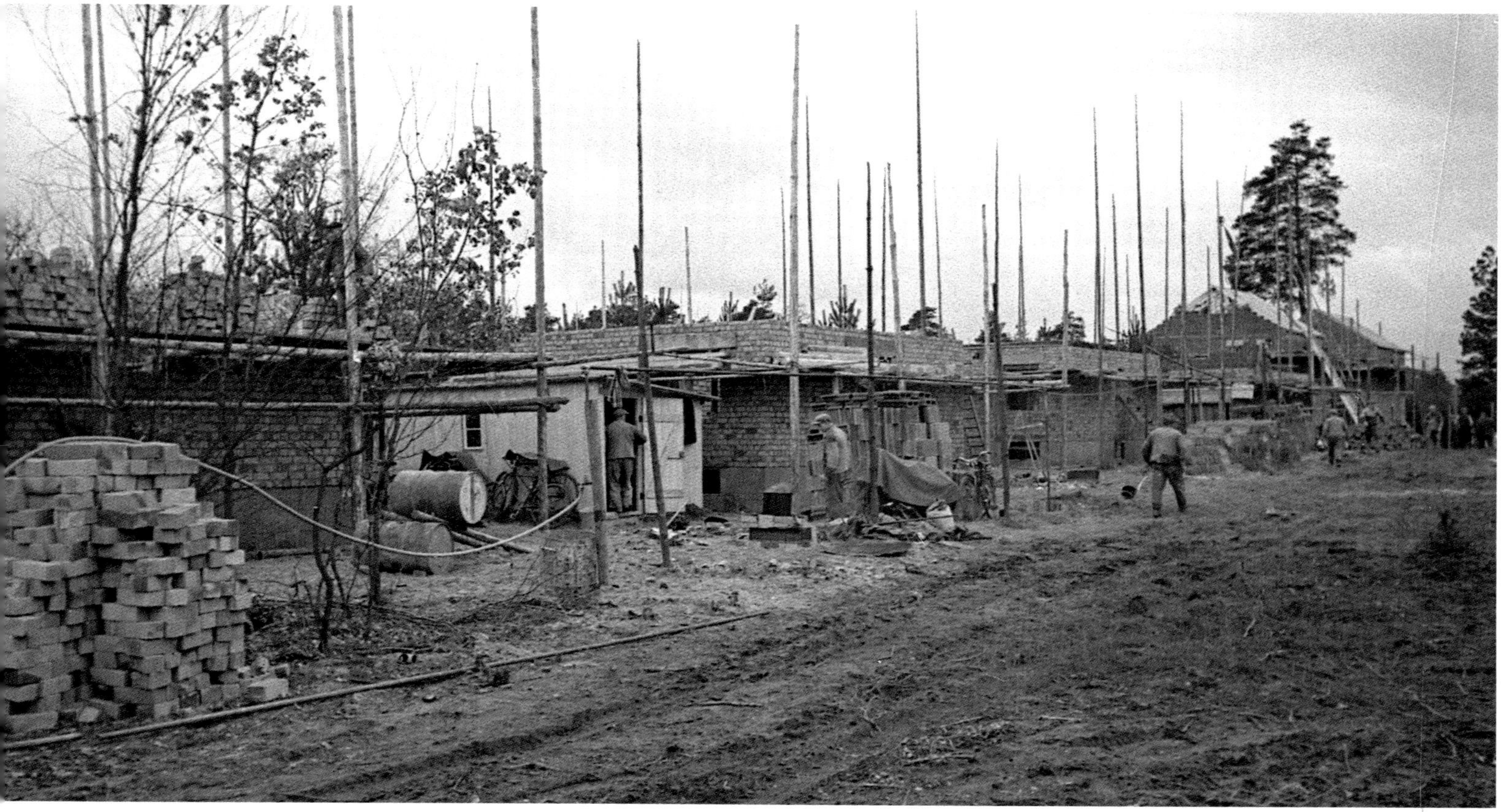

Anfang April 1937 standen bereits einige Häuser im Rohbau.

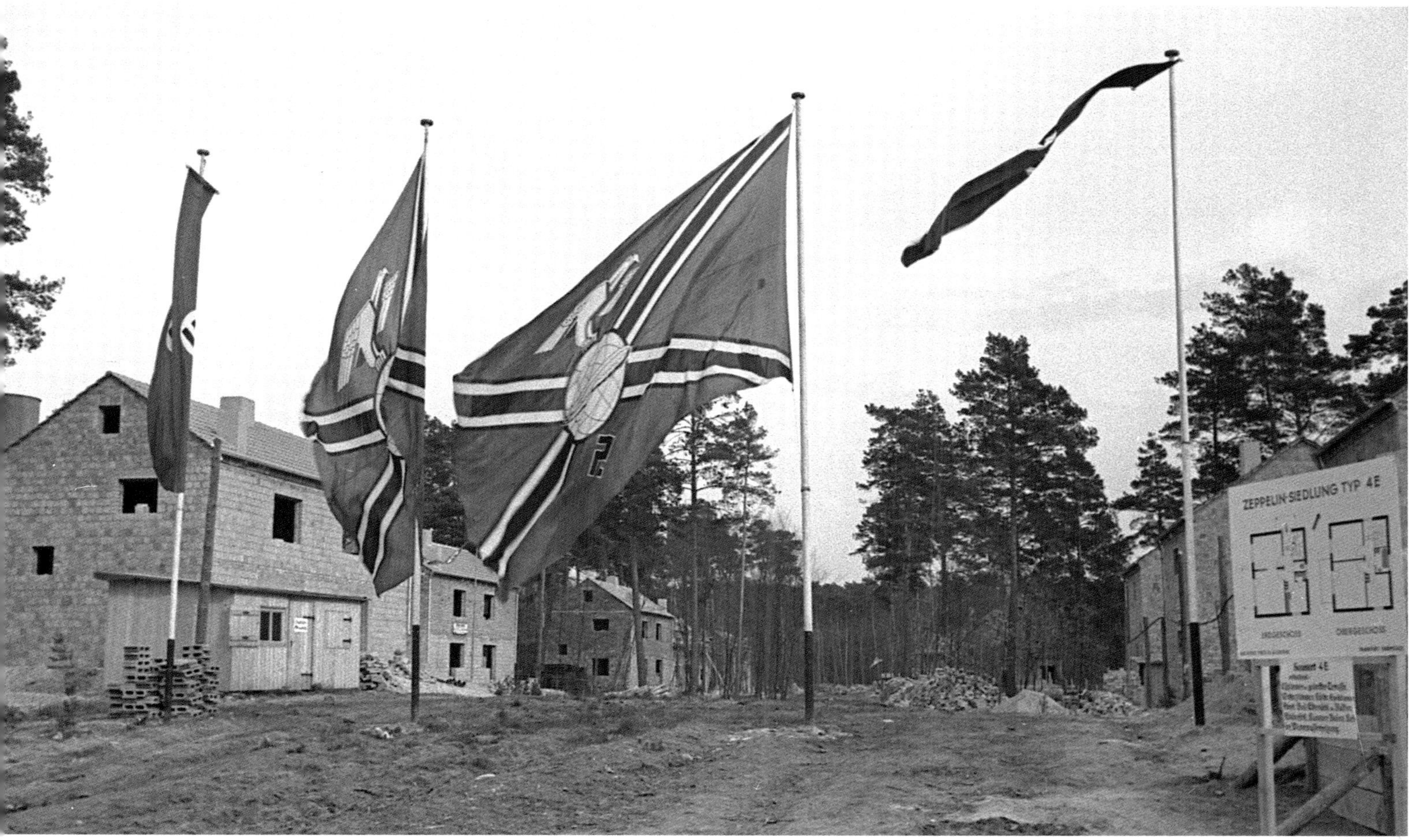

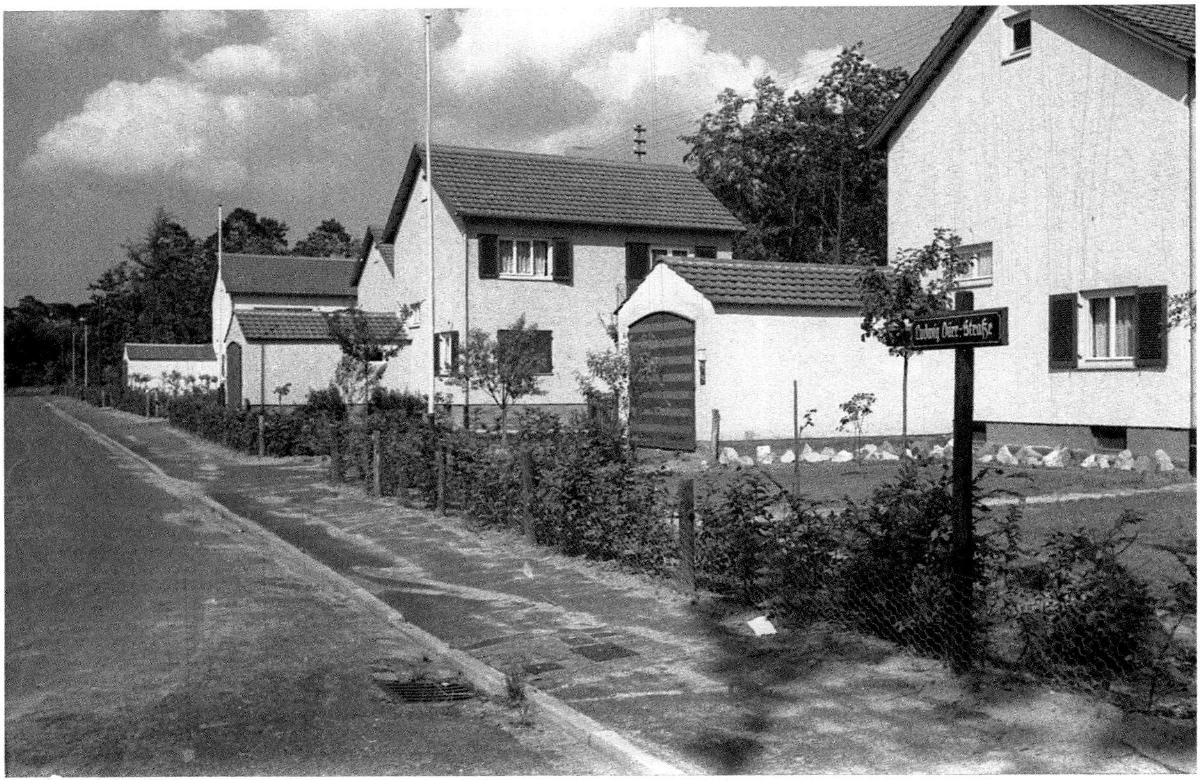

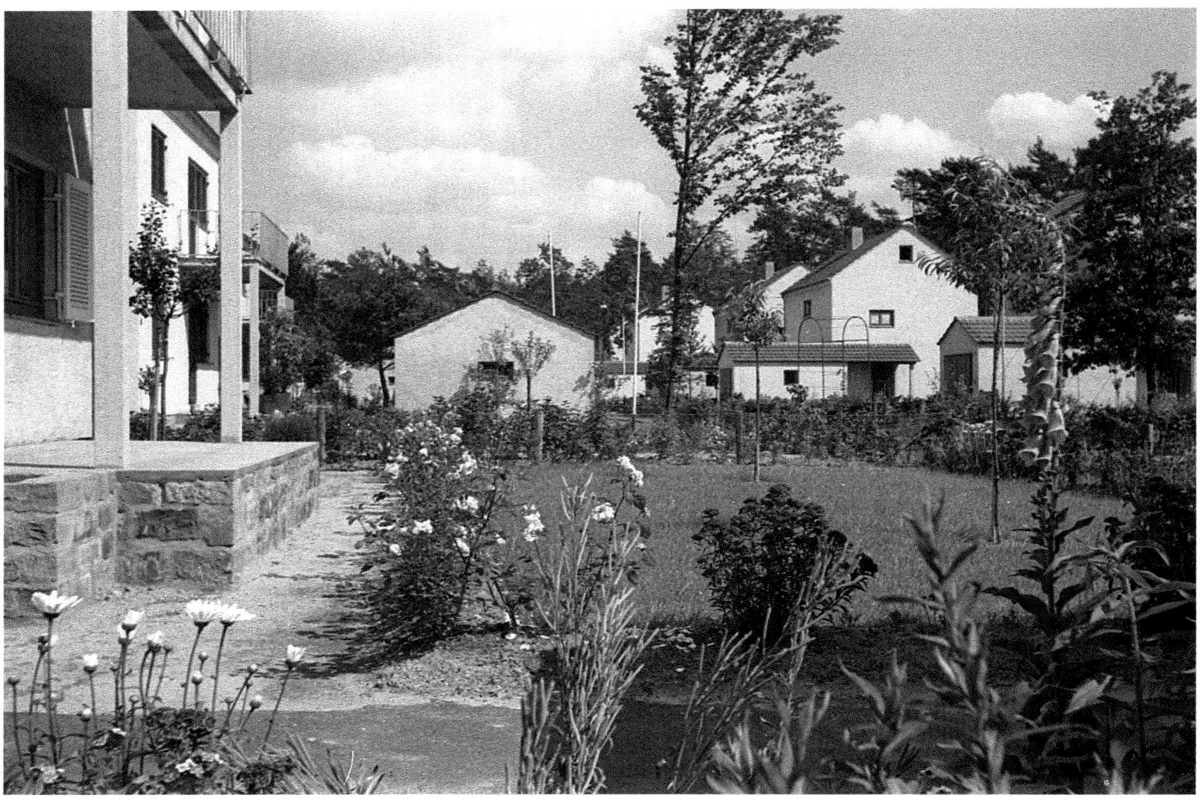

Nur wenige Kilometer von der Großstadt Frankfurt a.M. entfernt vermittelte Zeppelinheim im Sommer 1938 den Eindruck einer idyllischen Wohnsiedlung im Grünen. Auf dem Bild oben sind die Häuser Ludwig-Dürr-Straße 2 bis 8 zu sehen. Bewohnt wurden sie (v.l.n.r.) von den Familien des Hauptkaufmanns Heinrich Heck, des Funkers Leo Freund, des Steuermanns Richard Müller und des Navigators Otto Bedau. Das Bild unten zeigt Häuser in der Kapitän-Strasser-Straße.

Diese großzügige Villa wurde für Ernst A. Lehmann gebaut, ein Mitglied der Geschäftsführung der Zeppelin-Reederei. Da er bei dem Unglück des Luftschiffs „Hindenburg" ums Leben kam, zogen die Familien von Kapitän Hans von Schiller und Ing. Karl Rösch dort ein. Karl Rösch war nach dem Krieg Technischer Betriebsleiter des Rhein-Main-Flughafens.

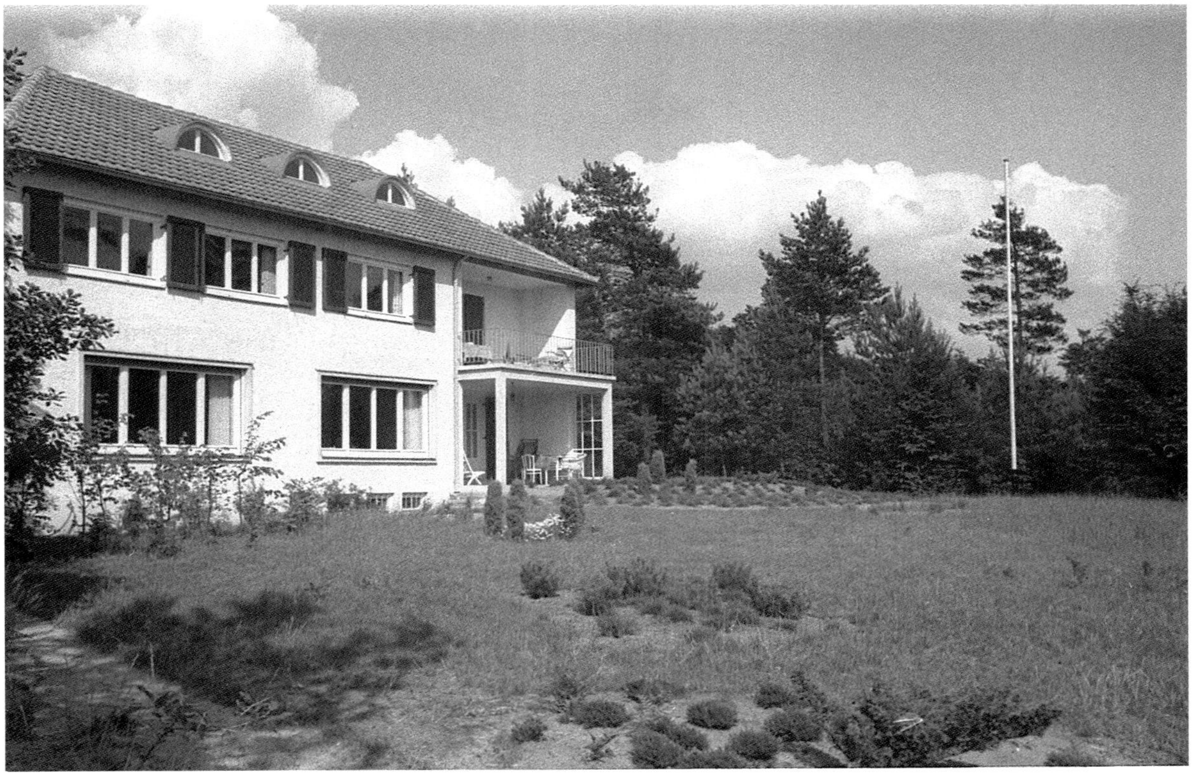

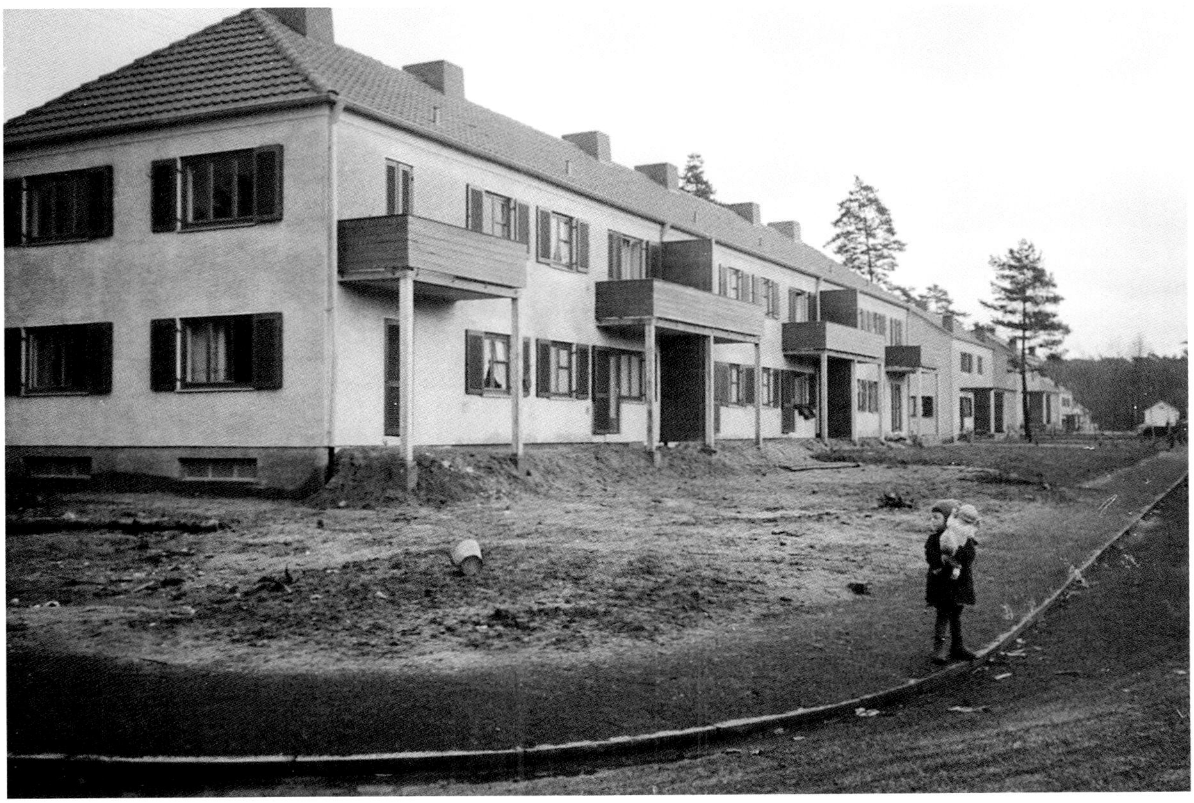

Um einen Raum für den Unterricht der Grundschüler zu erhalten, wurde im einzigen Mehrfamilienhaus eine Zwischenwand beseitigt und so wurden zwei Wohnräume in ein Klassenzimmer umgewandelt. Daneben befanden sich dort auch das Bürgermeisteramt und ein Gemeinschaftsraum. In den Wohnungen lebten ledige Mitarbeiter.

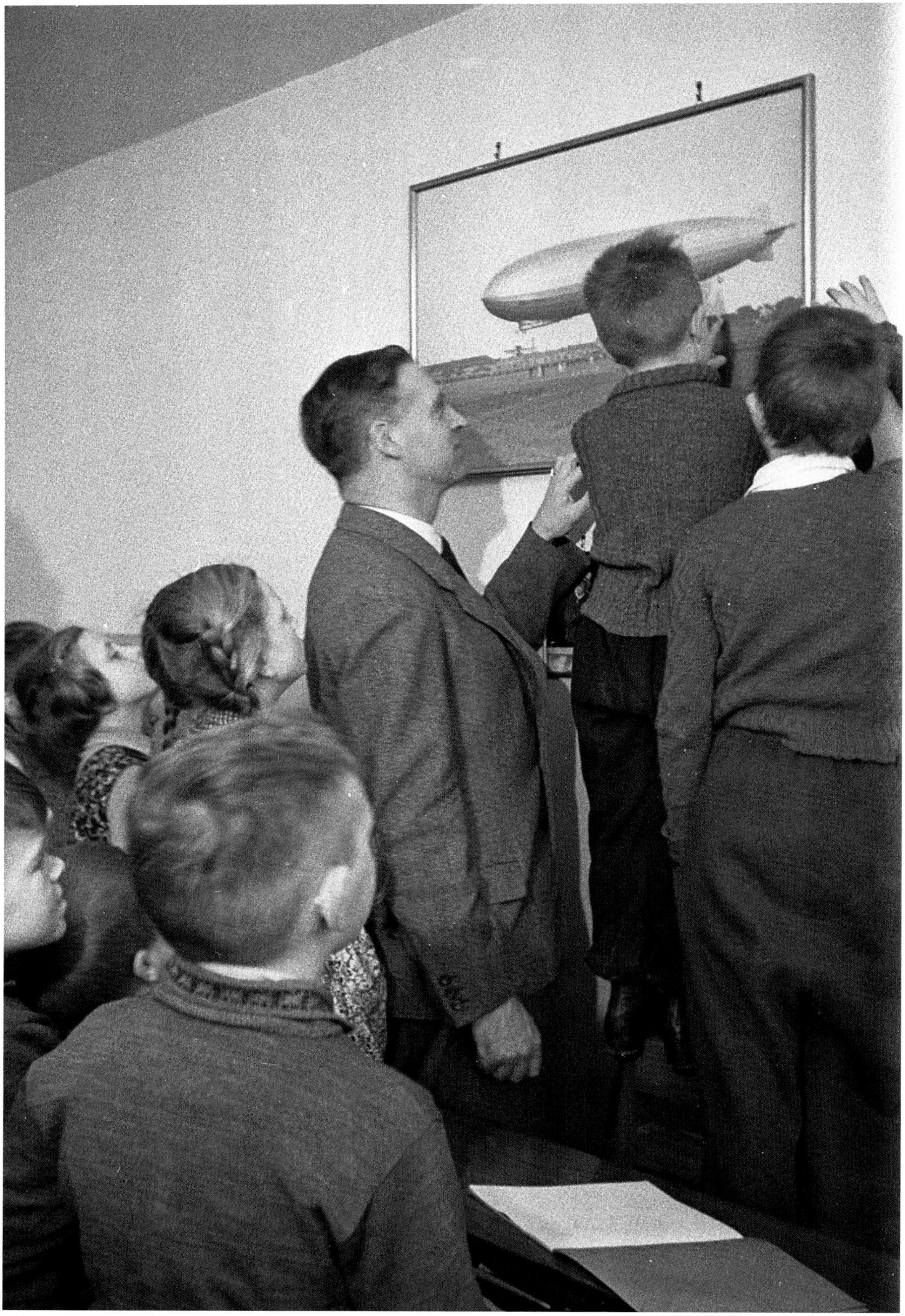

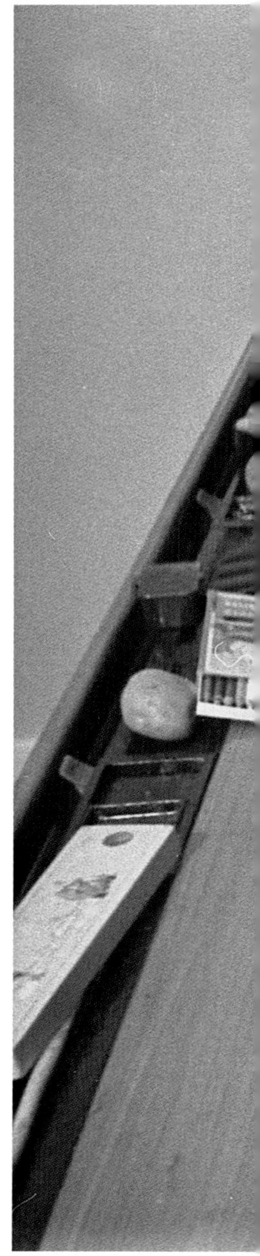

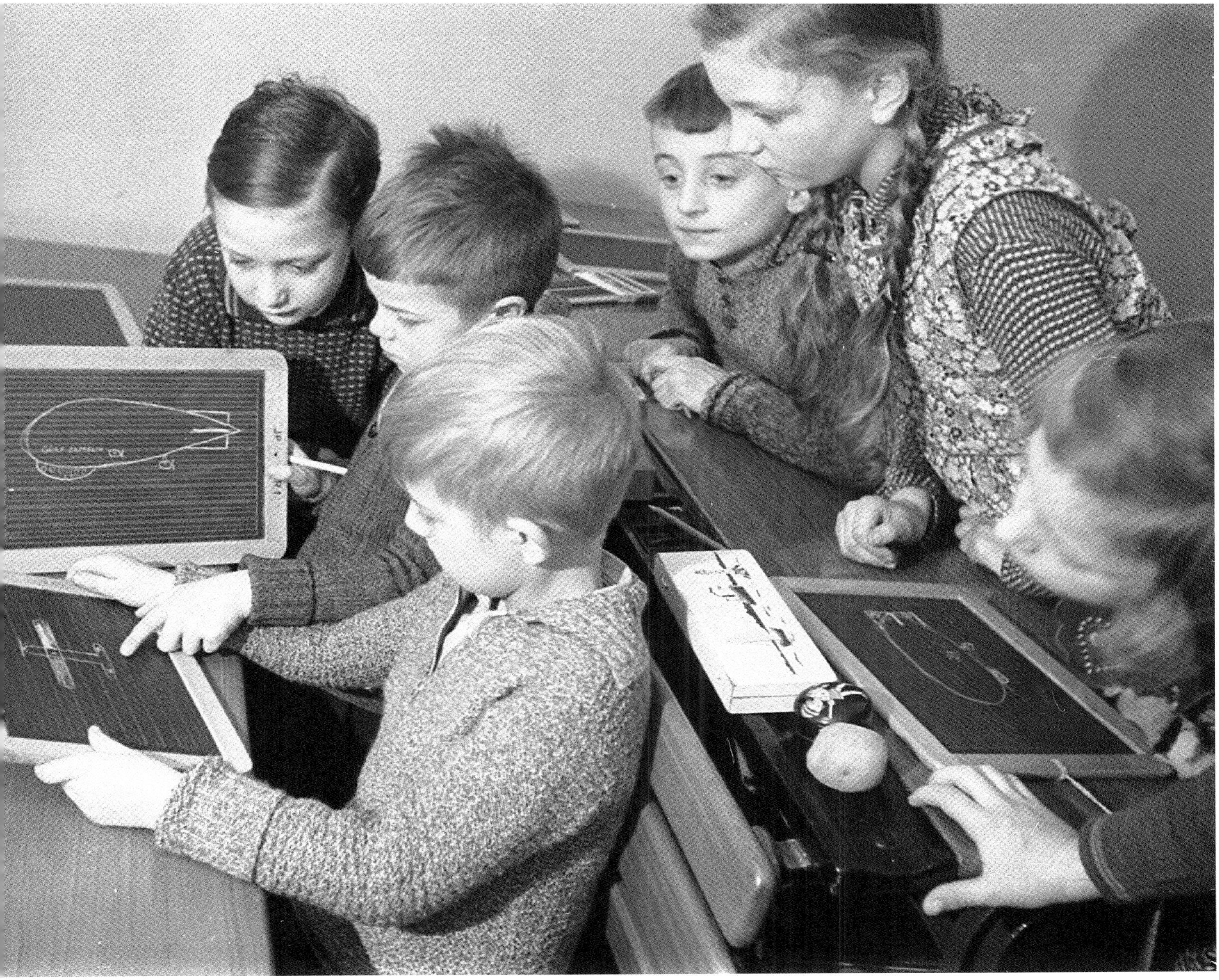

◄ Hans von Schiller, inzwischen Bürgermeister von Zeppelinheim, besucht die Grundschule und spricht mit den Kindern über Zeppeline.

In der Grundschule von Zeppelinheim drehte sich alles um Zeppeline und Flugzeuge – wenigstens scheint der Fotograf dies suggerieren zu wollen.

Die Lehrerin
Frau Vollrath beim
Unterricht.

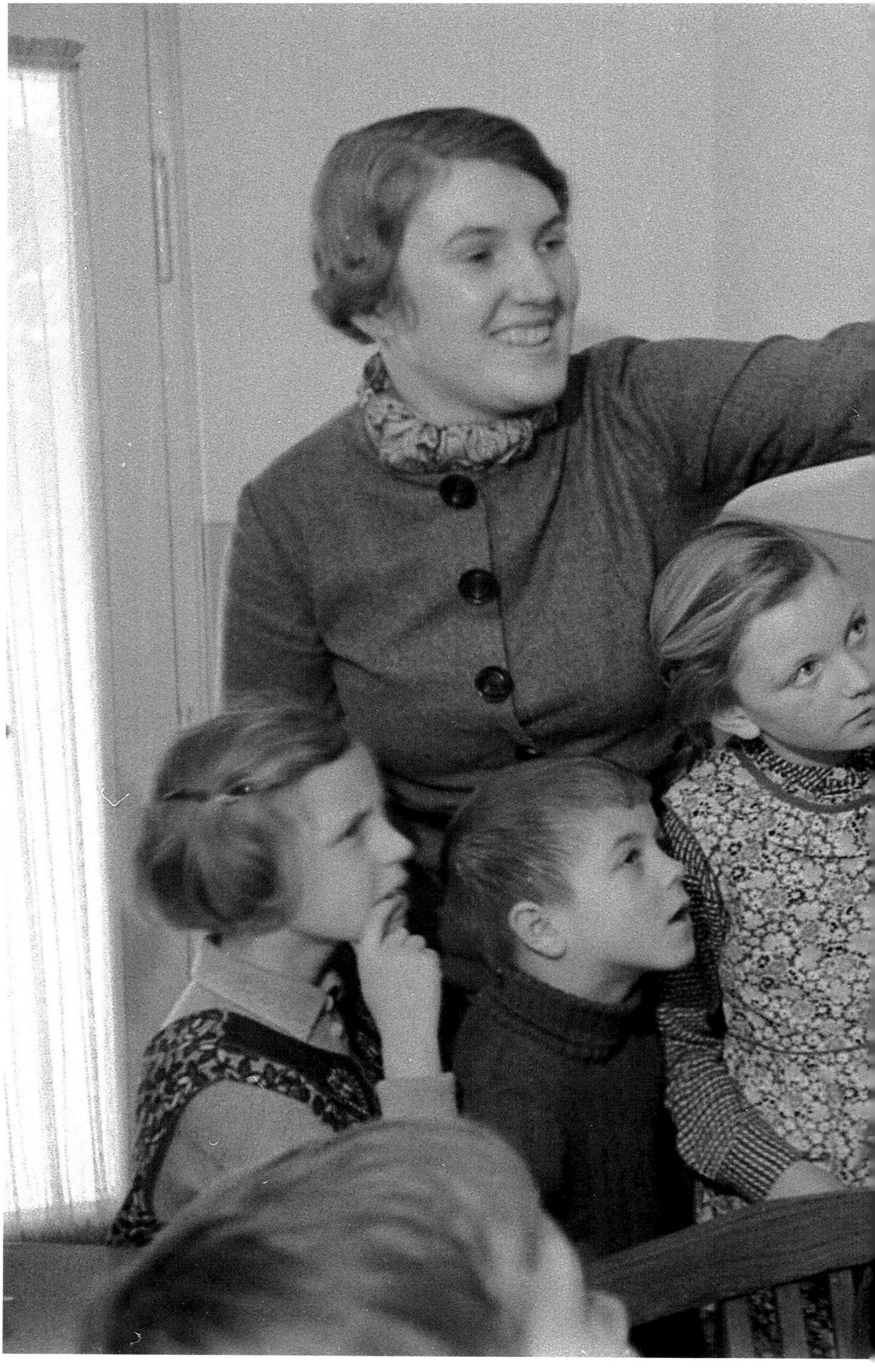

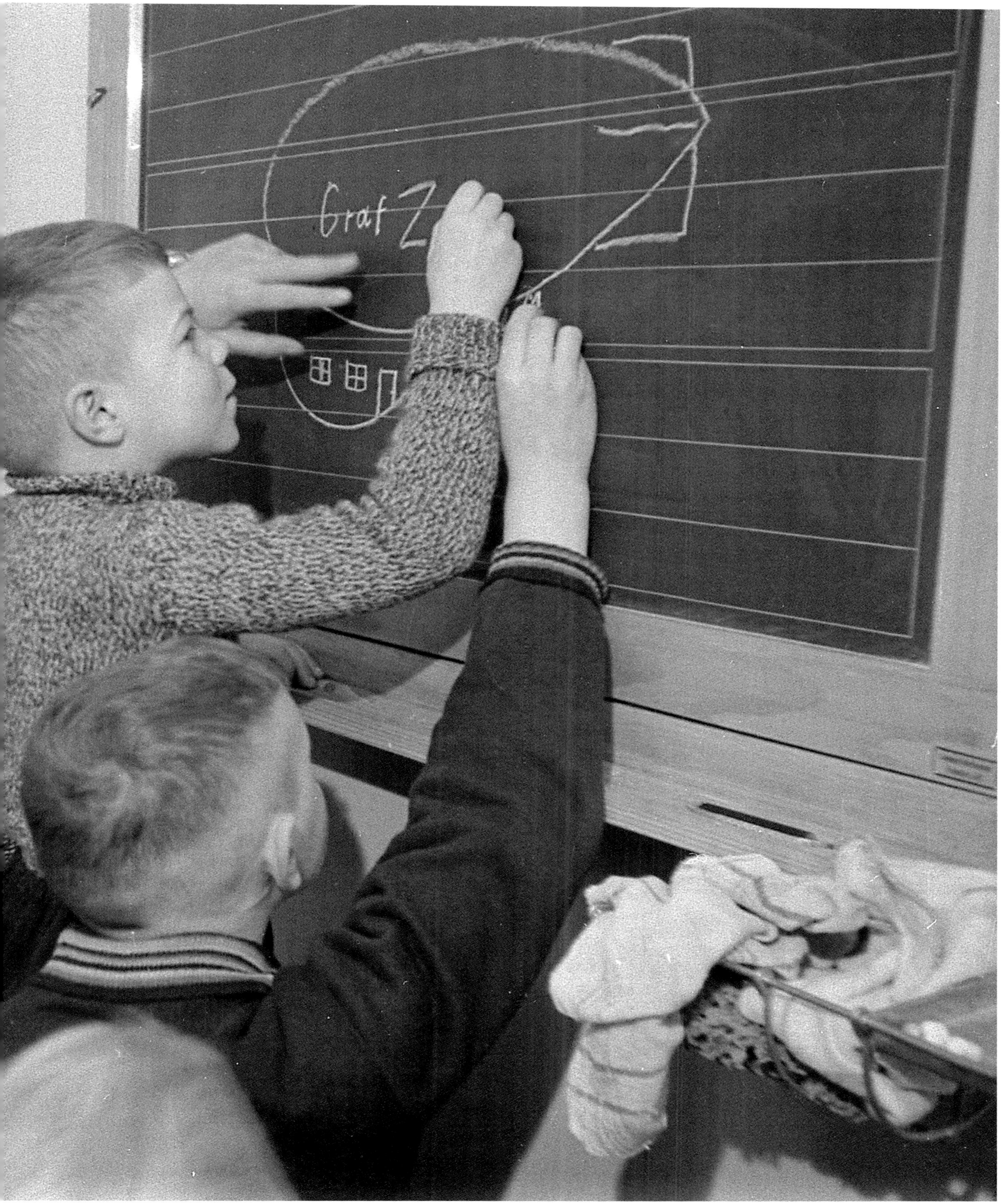
Graf Z

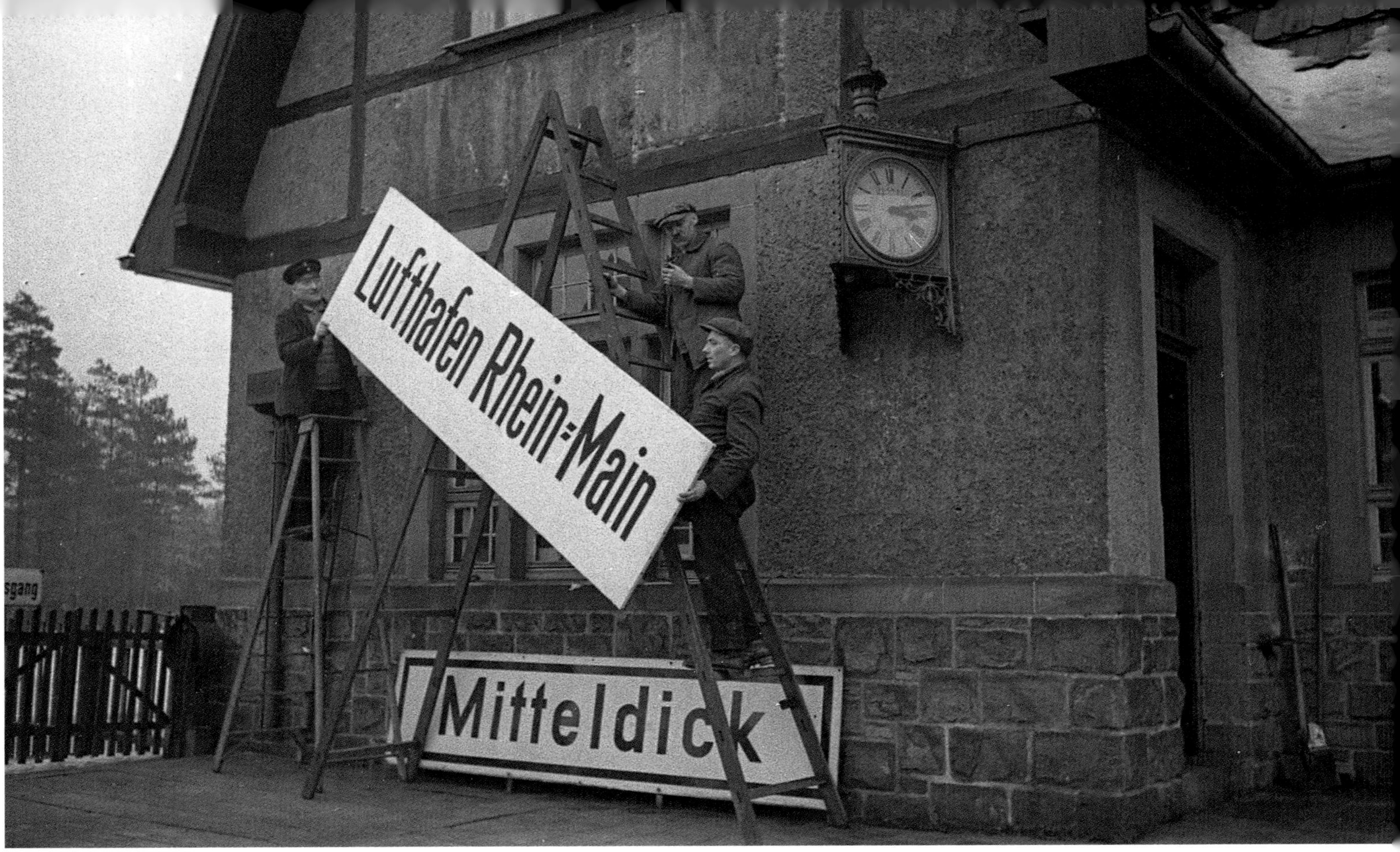

Lufthafen Rhein-Main
Mitteldick

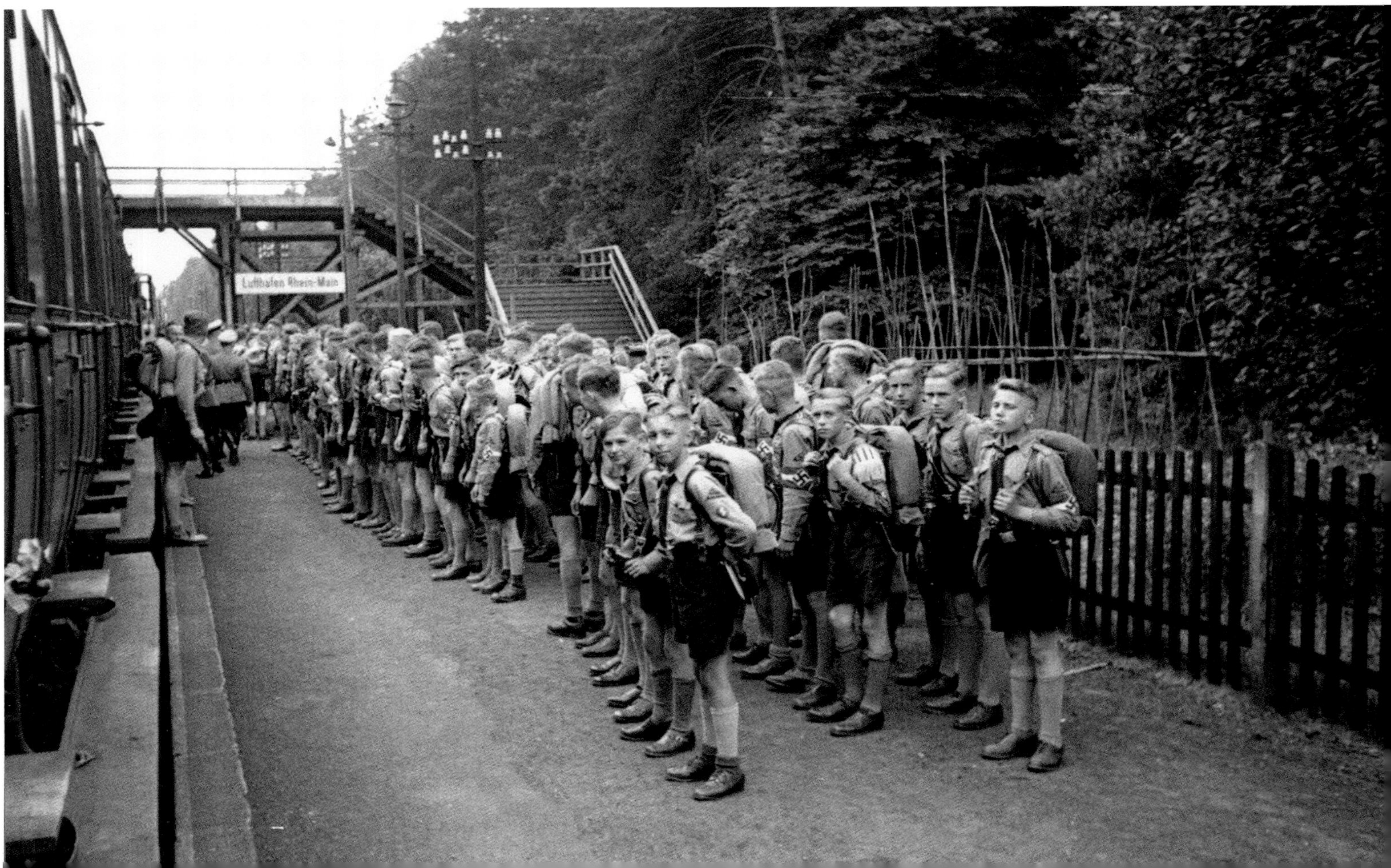

Lufthafen Rhein-Main

◄ 1937 wurde der Bahnhof „Mitteldick" umbenannt in „Lufthafen Rhein-Main". Er war 1907 als Haltepunkt der gleichnamigen Waldgaststätte an der Riedbahn für Erholungssuchende aus Frankfurt a.M. eröffnet worden.

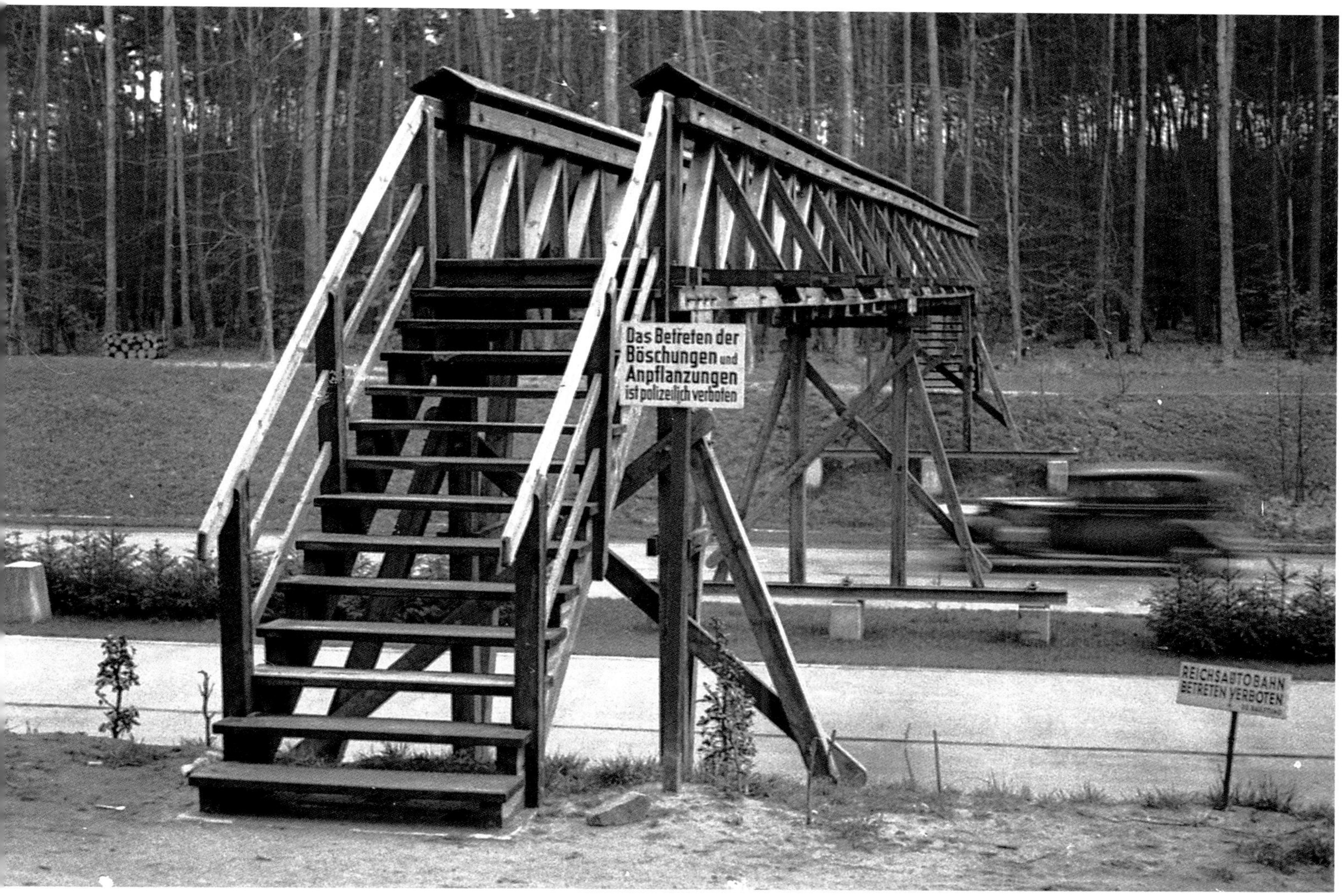

1937 wurde ein Holzsteg über die Reichsautobahn errichtet, damit die Bewohner von Zeppelinheim sicher zu ihrem Arbeitsplatz auf dem Luftschiffhafen gelangen konnten. Der Blick geht vom Luftschiffhafen in Richtung Zeppelinheim. Das Auto fährt in nördlicher Richtung.

◄ Vor allem an Wochenenden trafen 1938 am Bahnhof „Lufthafen Rhein-Main" in kurzen Abständen Gruppen ein, die von dort zum Luftschiffhafen pilgerten, um das Luftschiff LZ 127 „Graf Zeppelin" zu besichtigen. Zu den regelmäßigen Besuchern gehörten Gruppen der Hitlerjugend.

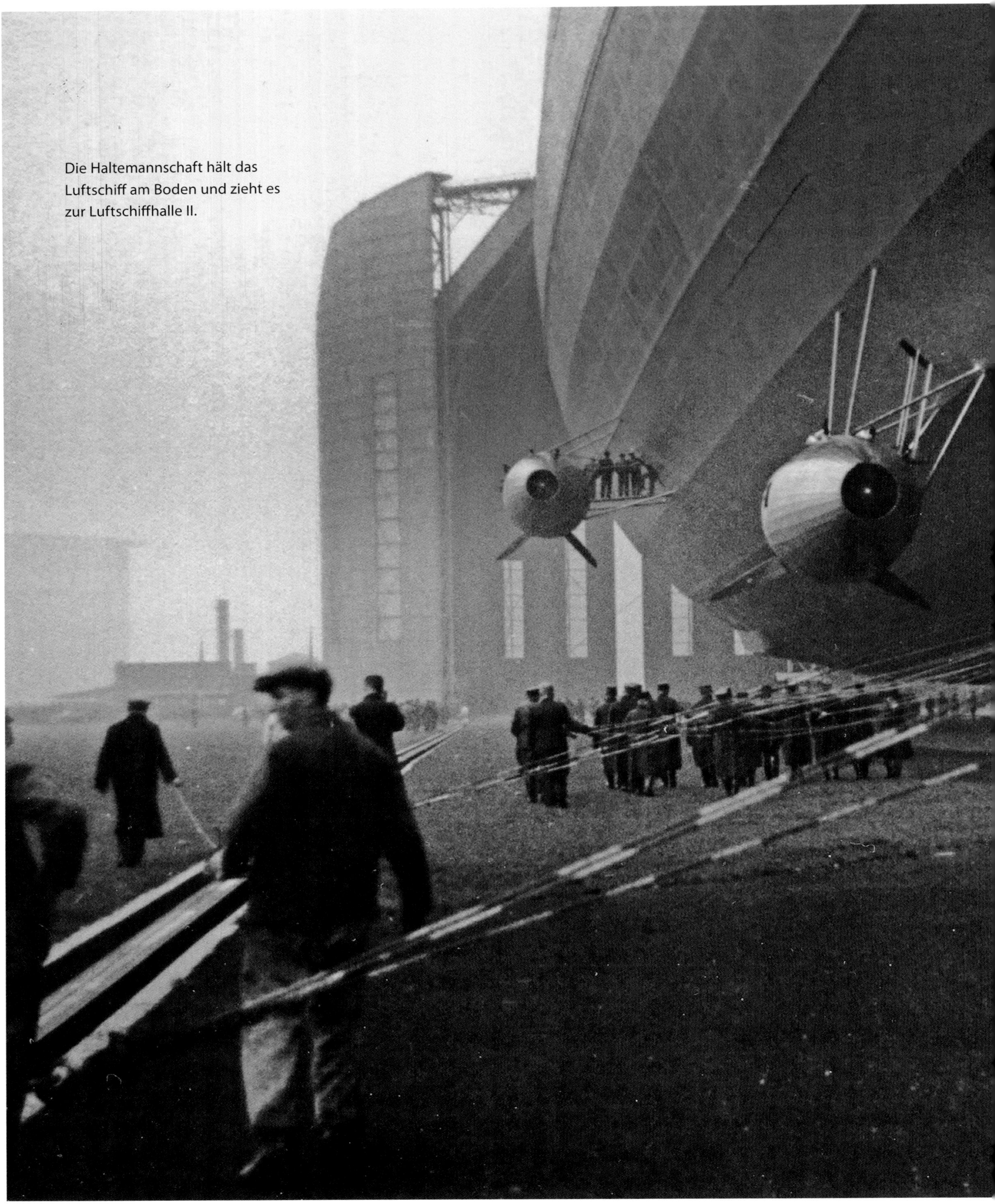

Die Haltemannschaft hält das Luftschiff am Boden und zieht es zur Luftschiffhalle II.

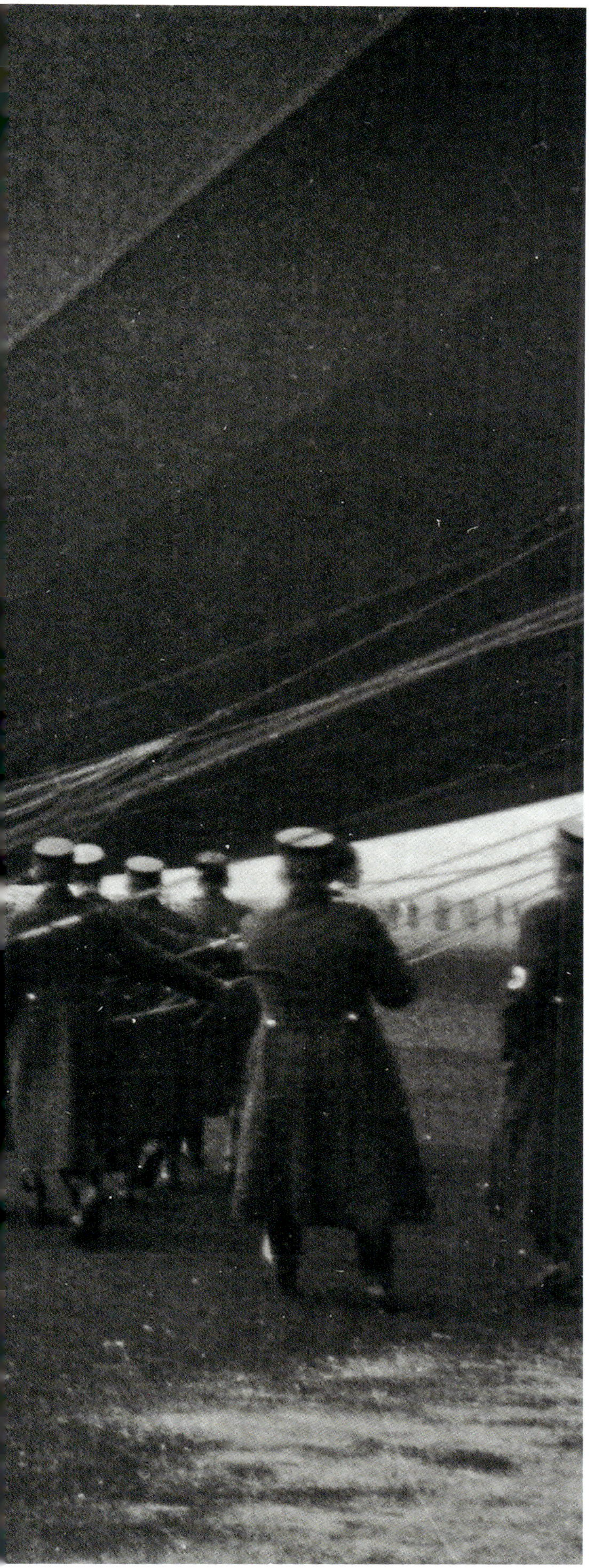

IV.

Die Luftschiffe LZ 127 „Graf Zeppelin" und 129 „Hindenburg"

Am 6. Mai 1936, noch vor der offiziellen Eröffnung, landete, von Friedrichshafen kommend, als erstes Luftschiff die LZ 129 „Hindenburg" auf dem Luftschiffhafen. Noch am gleichen Abend, um 21.30 Uhr, hob sie wieder in Richtung USA ab und nahm damit offiziell den Atlantikdienst auf. Fünf Tage später, am 11. Mai 1936, legte auch das Luftschiff LZ 127 „Graf Zeppelin" in Frankfurt a.M. an, um von dort den planmäßigen Überseeverkehr nach Rio de Janeiro aufzunehmen.

Die 1928 von der Luftschiffbau Zeppelin GmbH gebaute „Graf Zeppelin" war 236,6 Meter lang und hatte einen maximalen Durchmesser von 30,5 Metern. Ihre fünf Benzinmotoren leisteten zusammen 2.000 kW. Damit erreichte das Luftschiff eine Höchstgeschwindigkeit von 130 km/h. Ausgelegt war die „Graf Zeppelin" bei den Transatlantikflügen für 20 Passagiere und maximal 45 Besatzungsmitglieder. Die „Hindenburg", die am 4. März 1936 zu ihrer ersten Probefahrt gestartet war, war mit einer Länge von 245 Metern und einem maximalen Durchmesser von 41,2 Metern größer und wirkte gedrungener und – wie viele meinten – weniger elegant als die „Graf Zeppelin". Sie beförderte auf ihren Nordatlantikfahrten 50 bis 70 Passagiere, die sich das luxuriöse Vergnügen bis zu 1.800 RM kosten ließen.

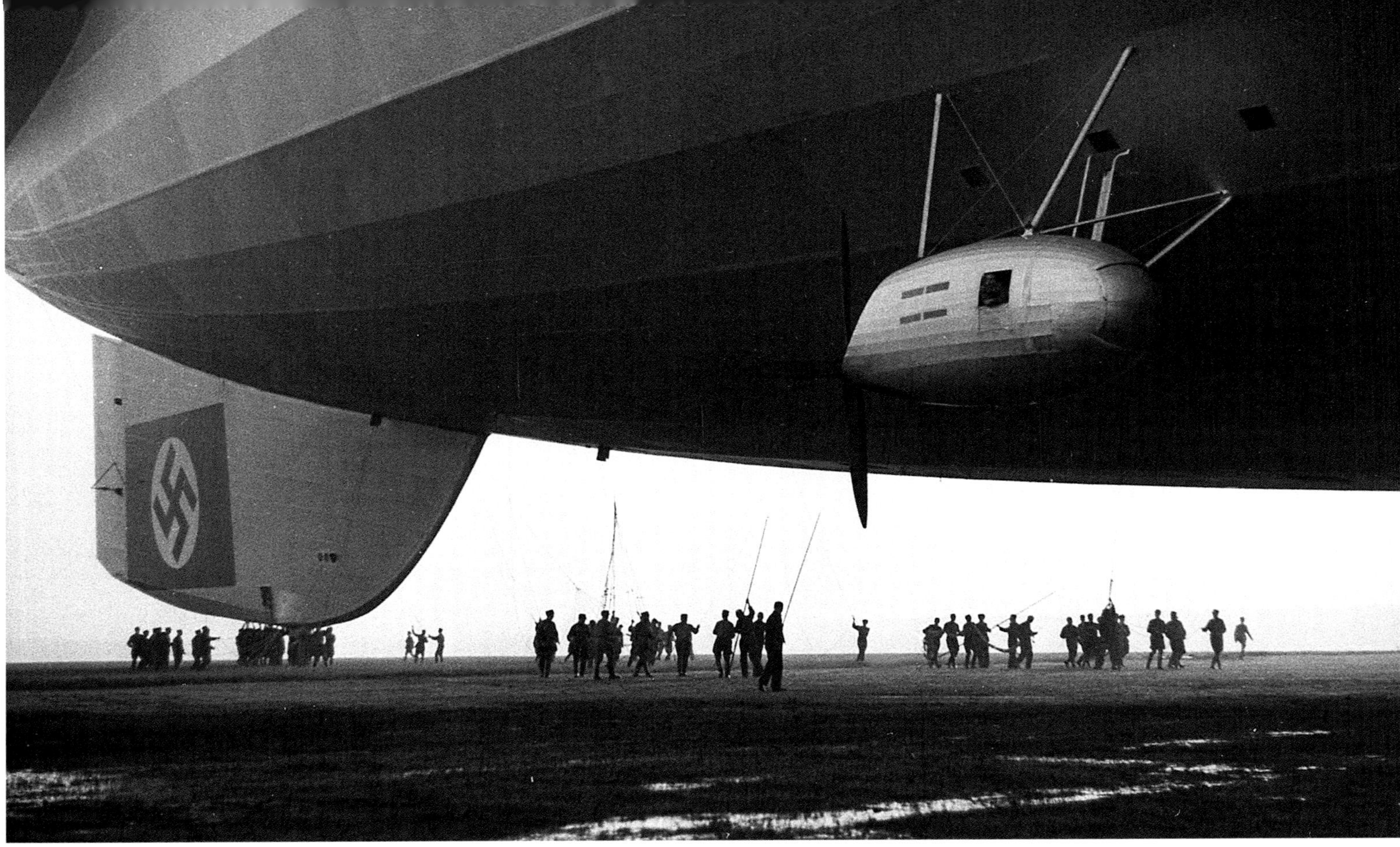

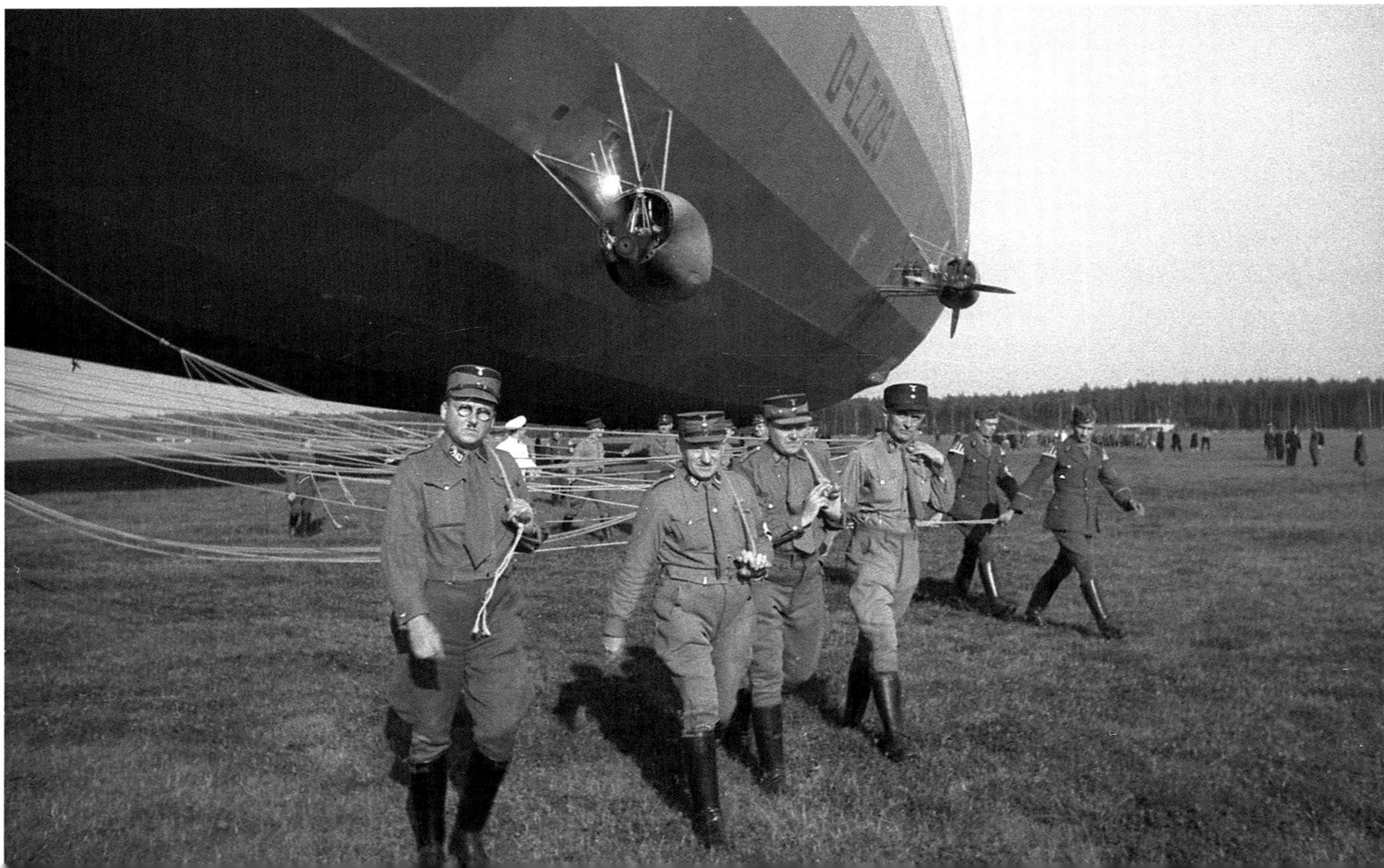

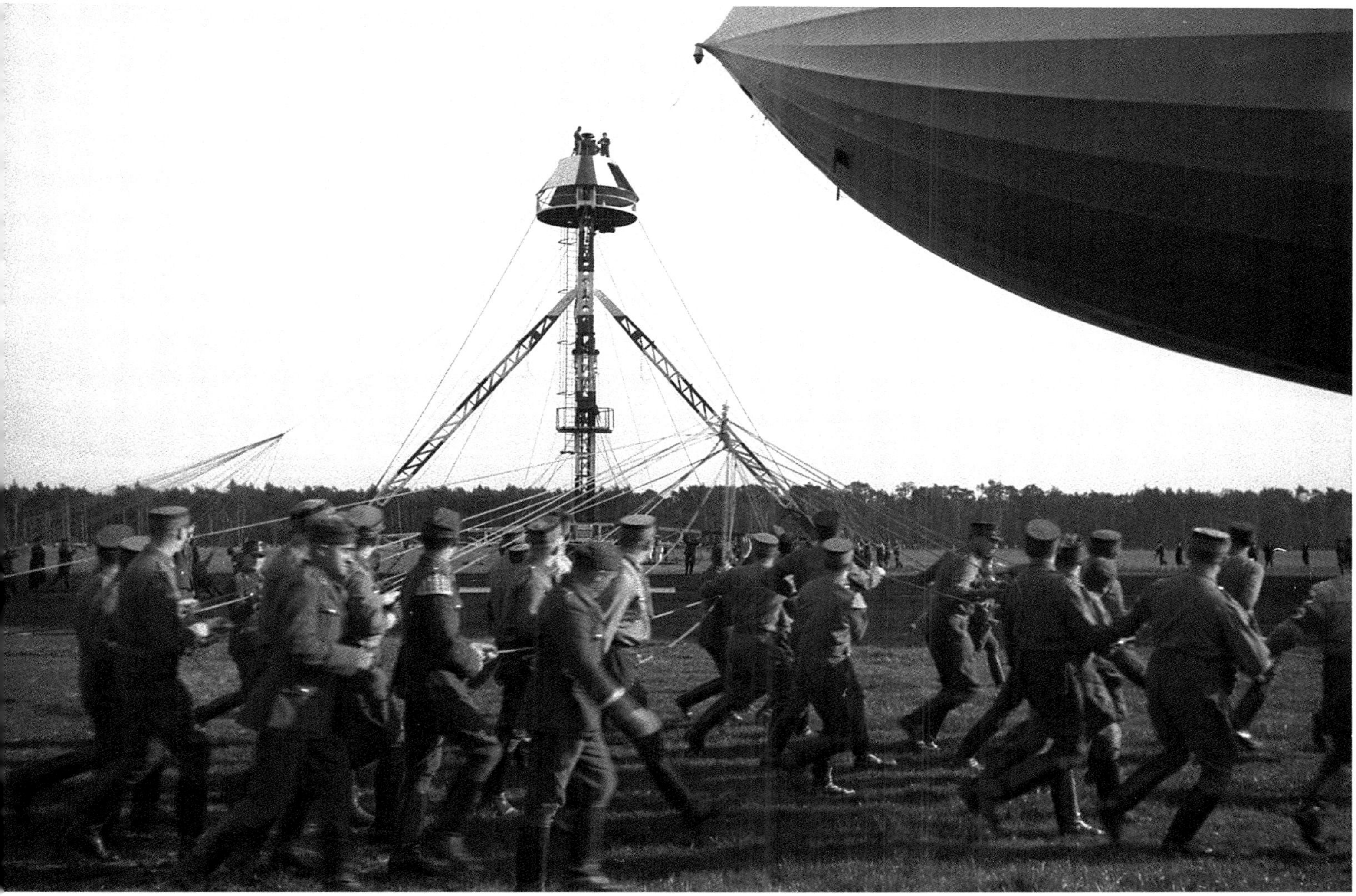

Die erste Landung des Luftschiffes LZ 129 „Hindenburg" am 6. Mai 1936 auf dem Luftschiffhafen Rhein-Main. Die Haltemannschaft zieht es mit Landetauen zu Boden und hält es dort fest, um es dann mit der Bugspitze am Ankermast zu vertäuen.

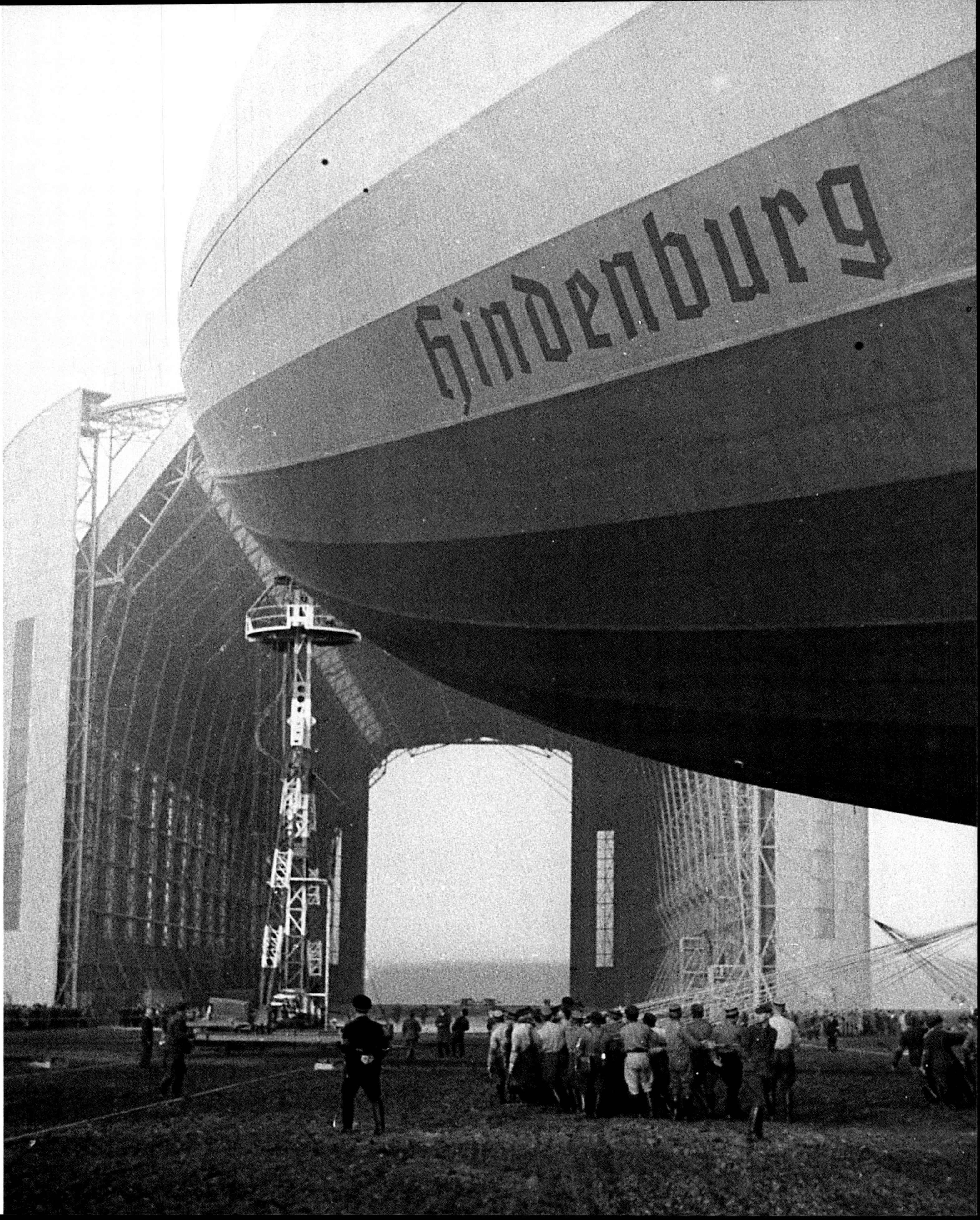
Hindenburg

◂ Mithilfe des fahrbaren Ankermastes wird das Luftschiff „Hindenburg" in Halle I gezogen.

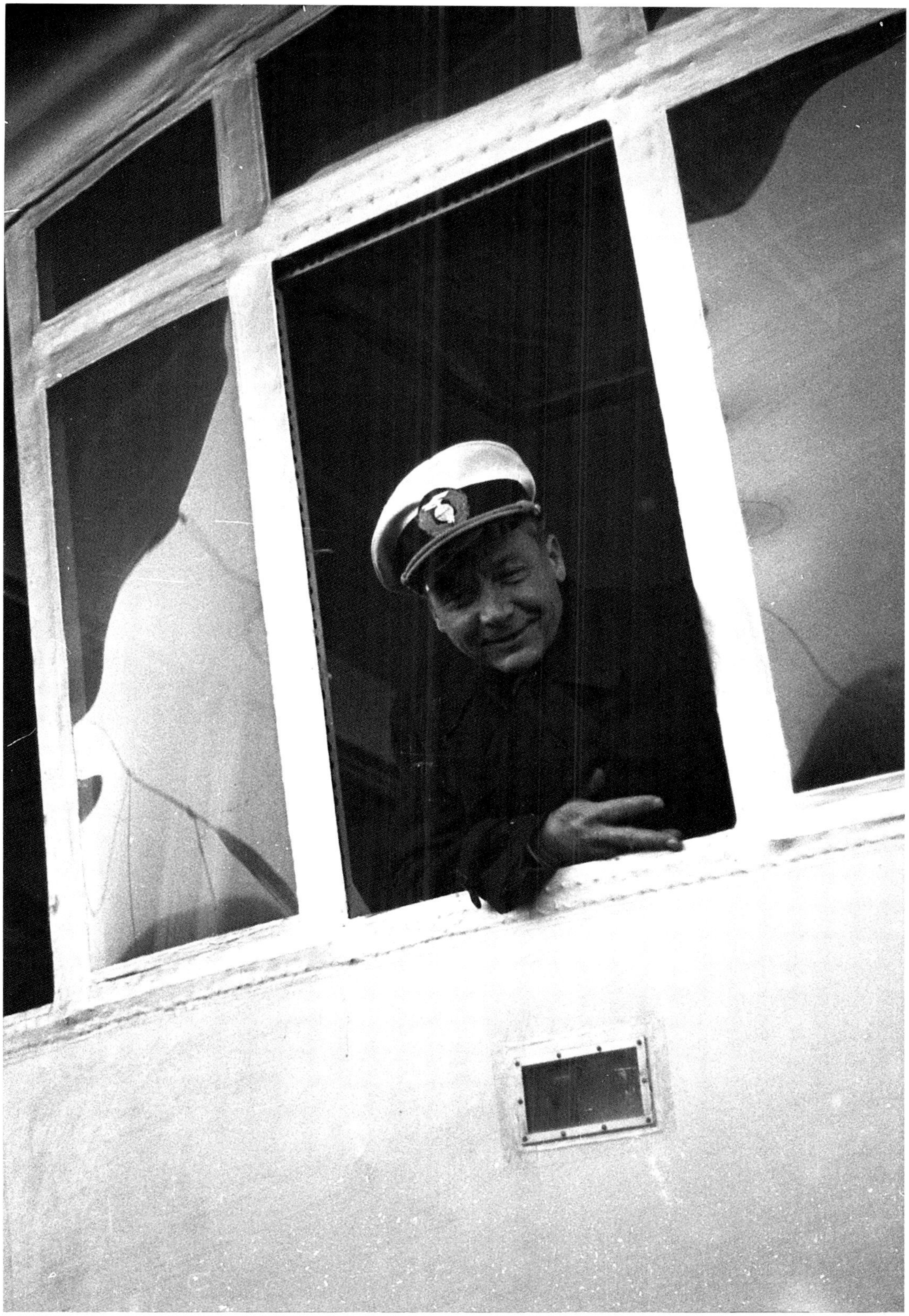

Ernst A. Lehmann, technischer Geschäftsführer der Deutschen Zeppelin-Reederei GmbH, schaut am 6. Mai 1936 nach der Landung des Luftschiffes LZ 129 „Hindenburg" auf dem Luftschiffhafen Rhein-Main zufrieden aus der Führergondel. Lehmann gehörte später zu den Opfern der Lakehurst-Katastrophe, da er sich als Beobachter der Geschäftsführung an Bord der „Hindenburg" befand.

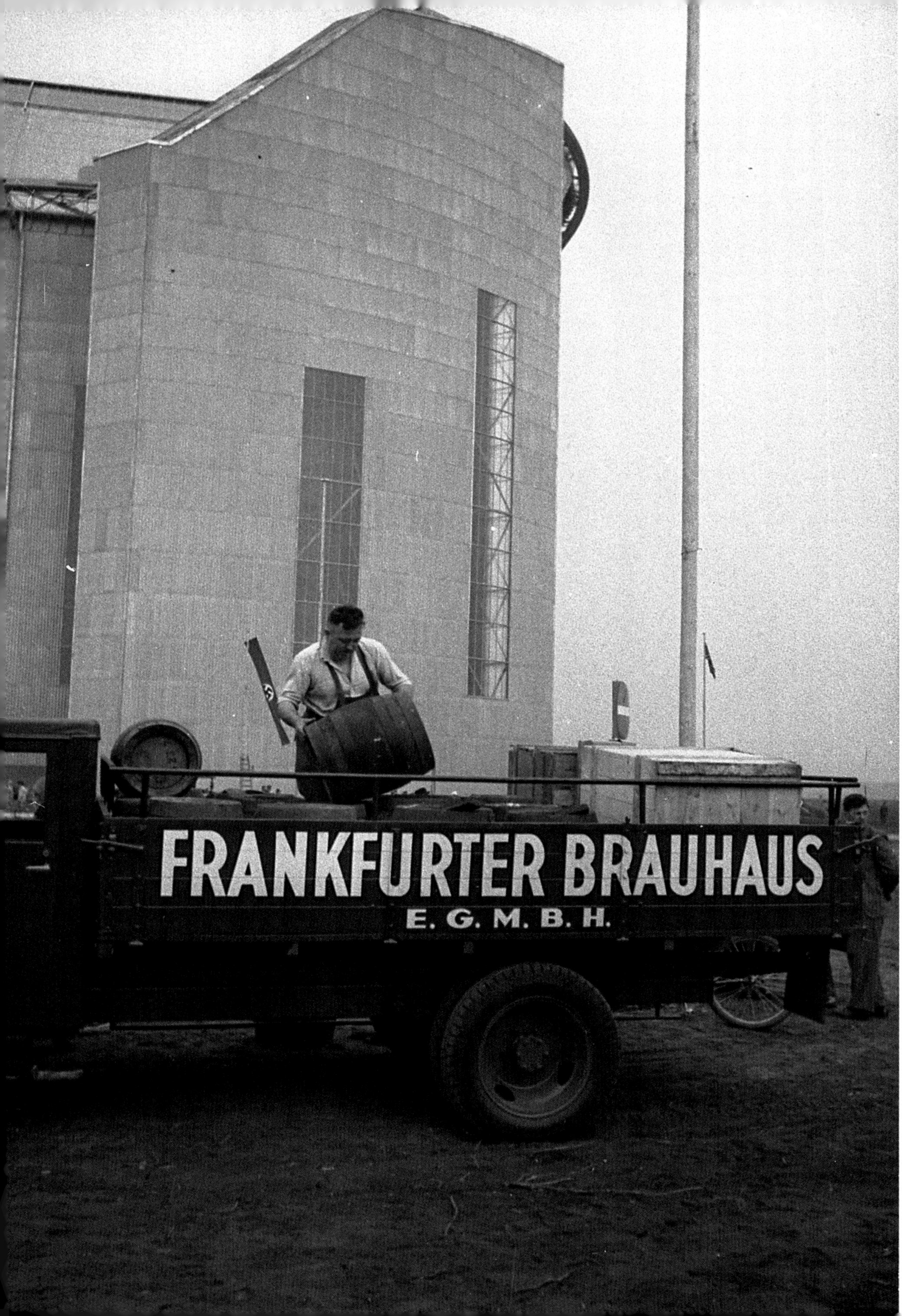
FRANKFURTER BRAUHAUS
E. G. M. B. H.

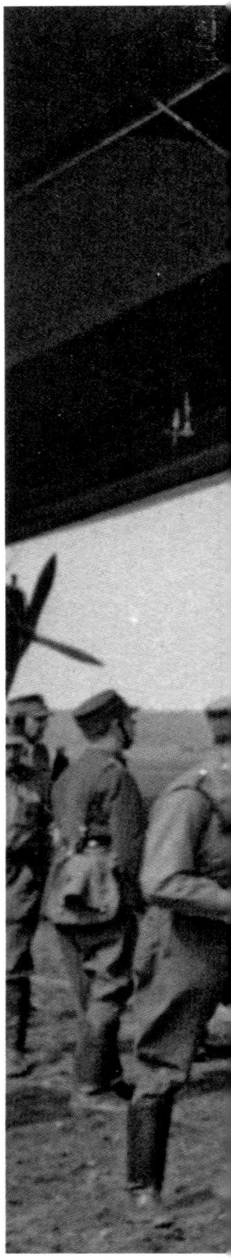

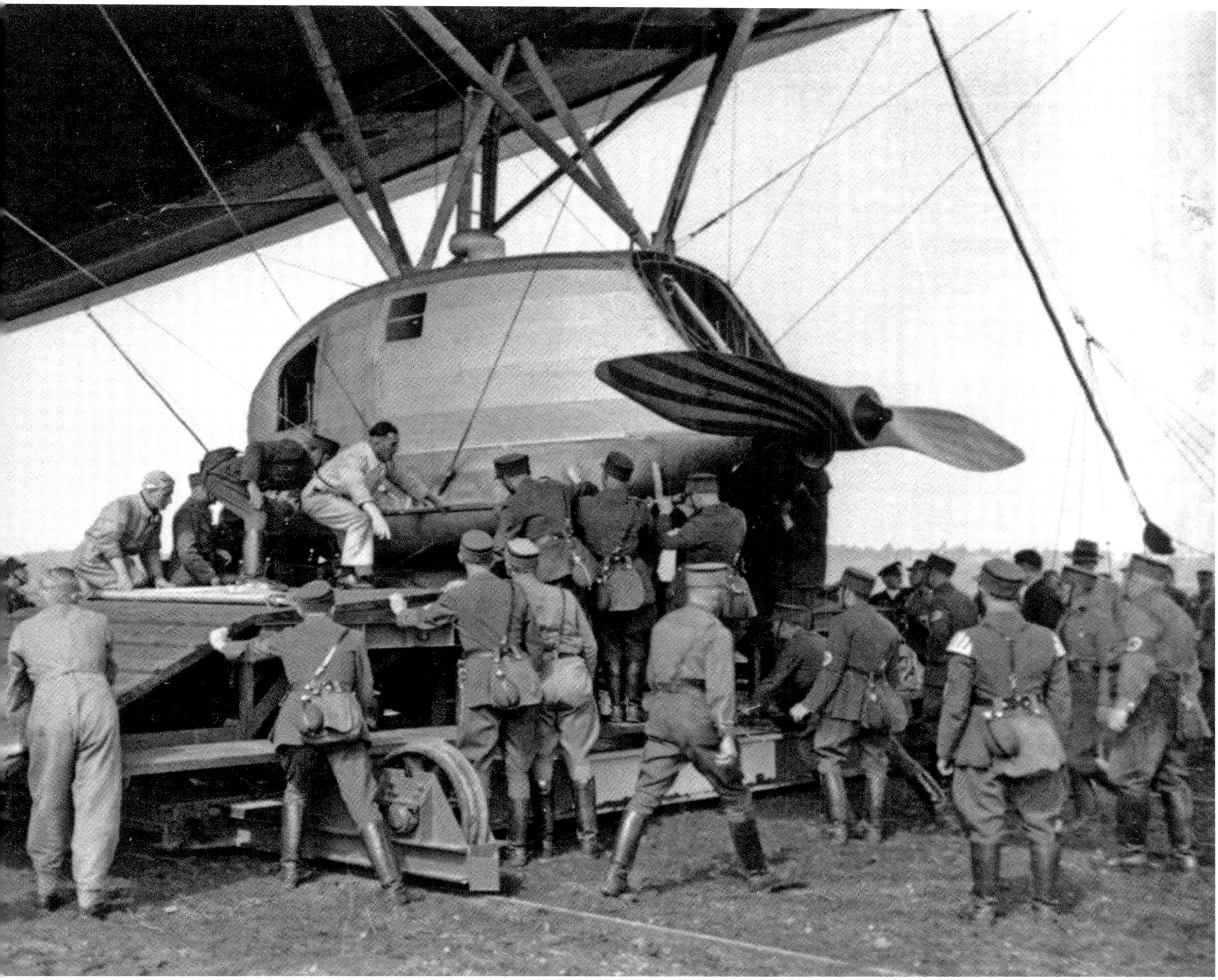

◄ Für eine kleine Feier anlässlich der ersten Landung des Luftschiffes LZ 127 „Graf Zeppelin“ am 11. Mai 1936 lieferte die Frankfurter Brauhaus eGmbH das Bier.

Landung des Luftschiffs LZ 127 „Graf Zeppelin“ am 11. Mai 1936 auf dem Frankfurter Luftschiffhafen Rhein-Main. Während der Bug des Luftschiffes bereits am Ankermast befestigt ist, wird die Heckmotorgondel als tiefster Punkt des Hecks auf einem Schienenwagen befestigt. Dieser bewegt sich auf einem kreisförmigen Gleis mit dem Ankermast als Mittelpunkt, sodass sich das Schiff wie eine Windfahne um den Ankermast dreht und so dem Wind die geringste Angriffsfläche bietet.

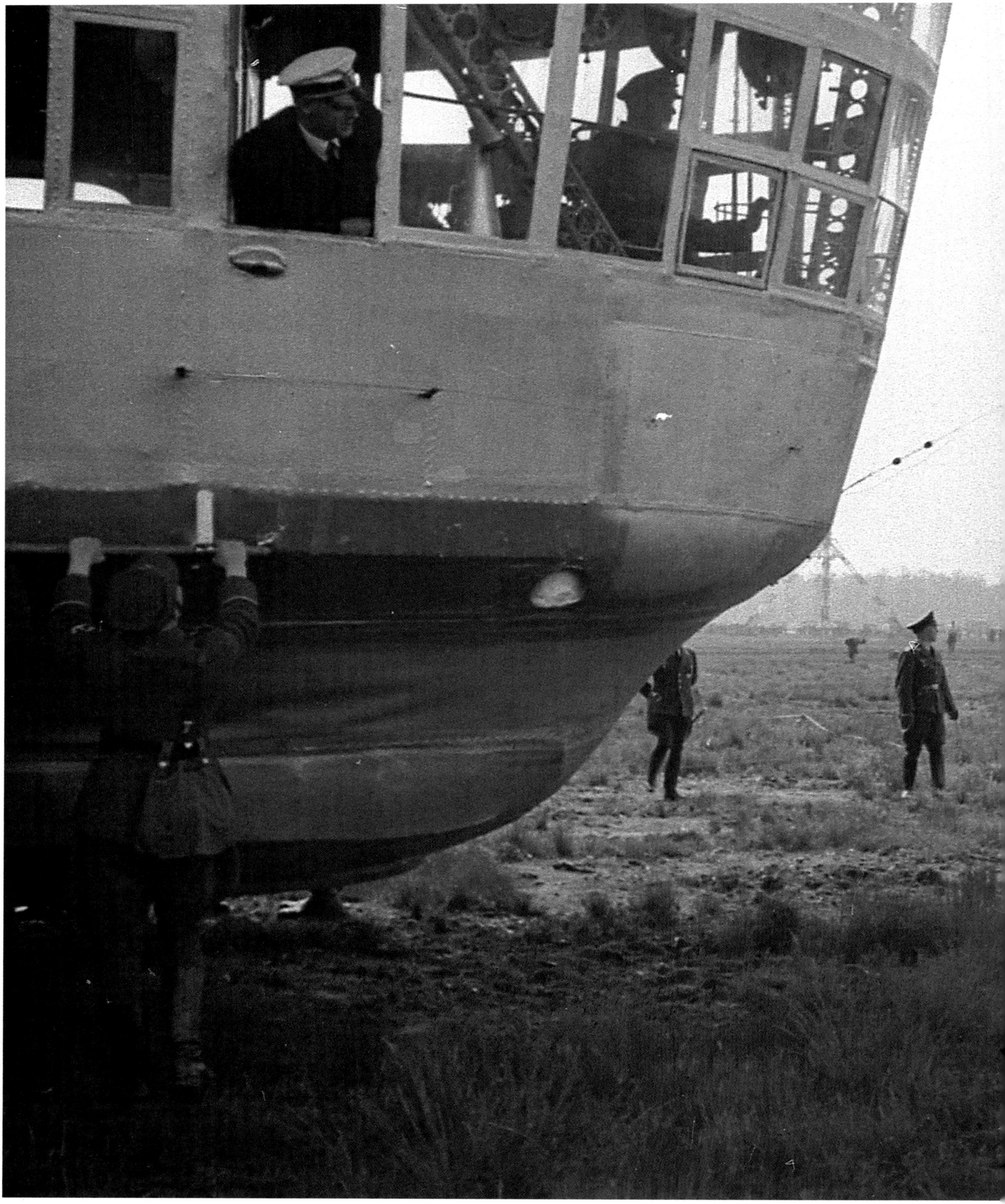

Hans von Schiller, Kapitän des LZ 127 „Graf Zeppelin“, unterhält sich nach seiner ersten Landung auf dem Luftschiffhafen Rhein-Main am 11. Mai 1936 mit einem Mitglied des Bodenpersonals.

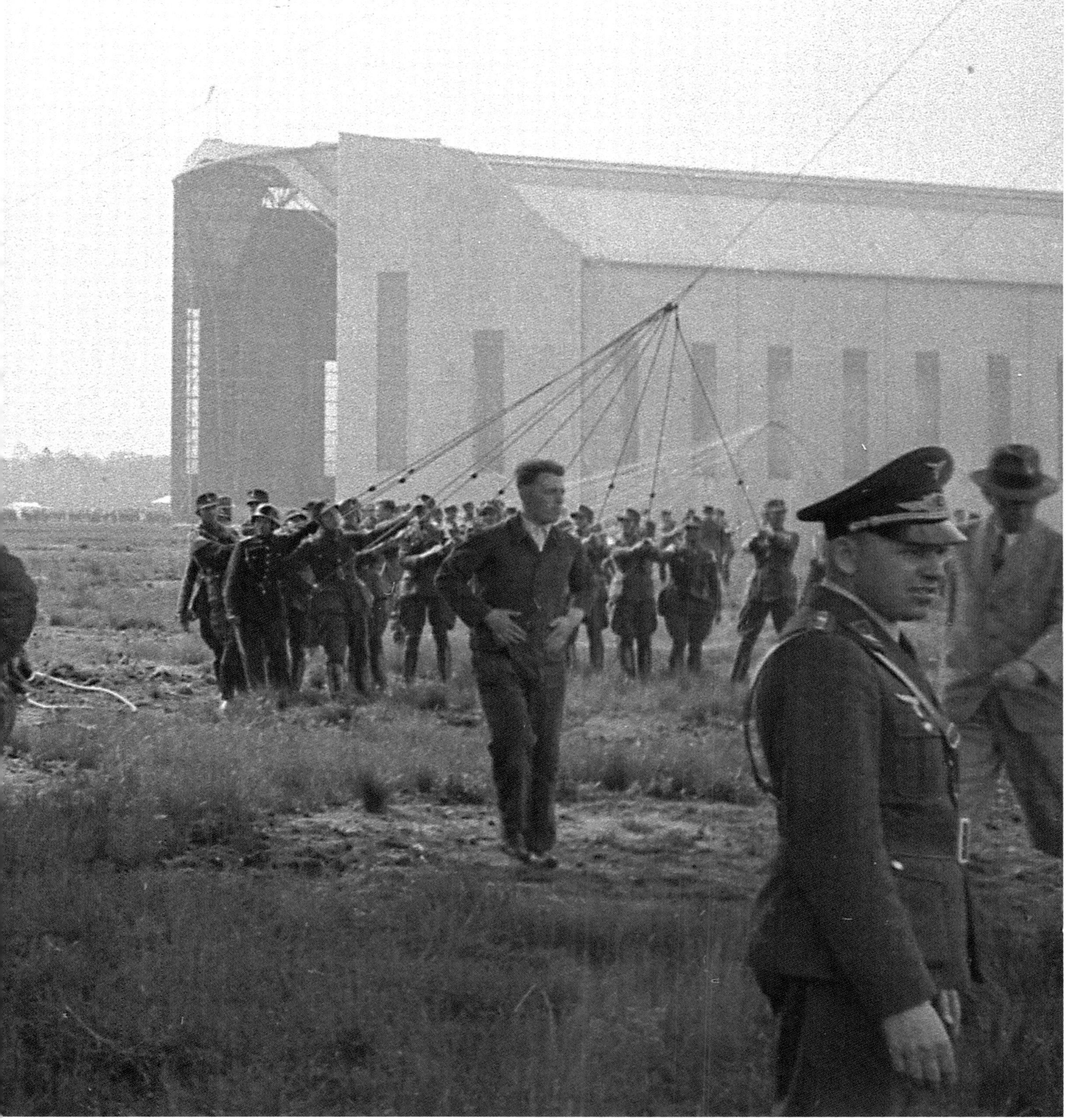

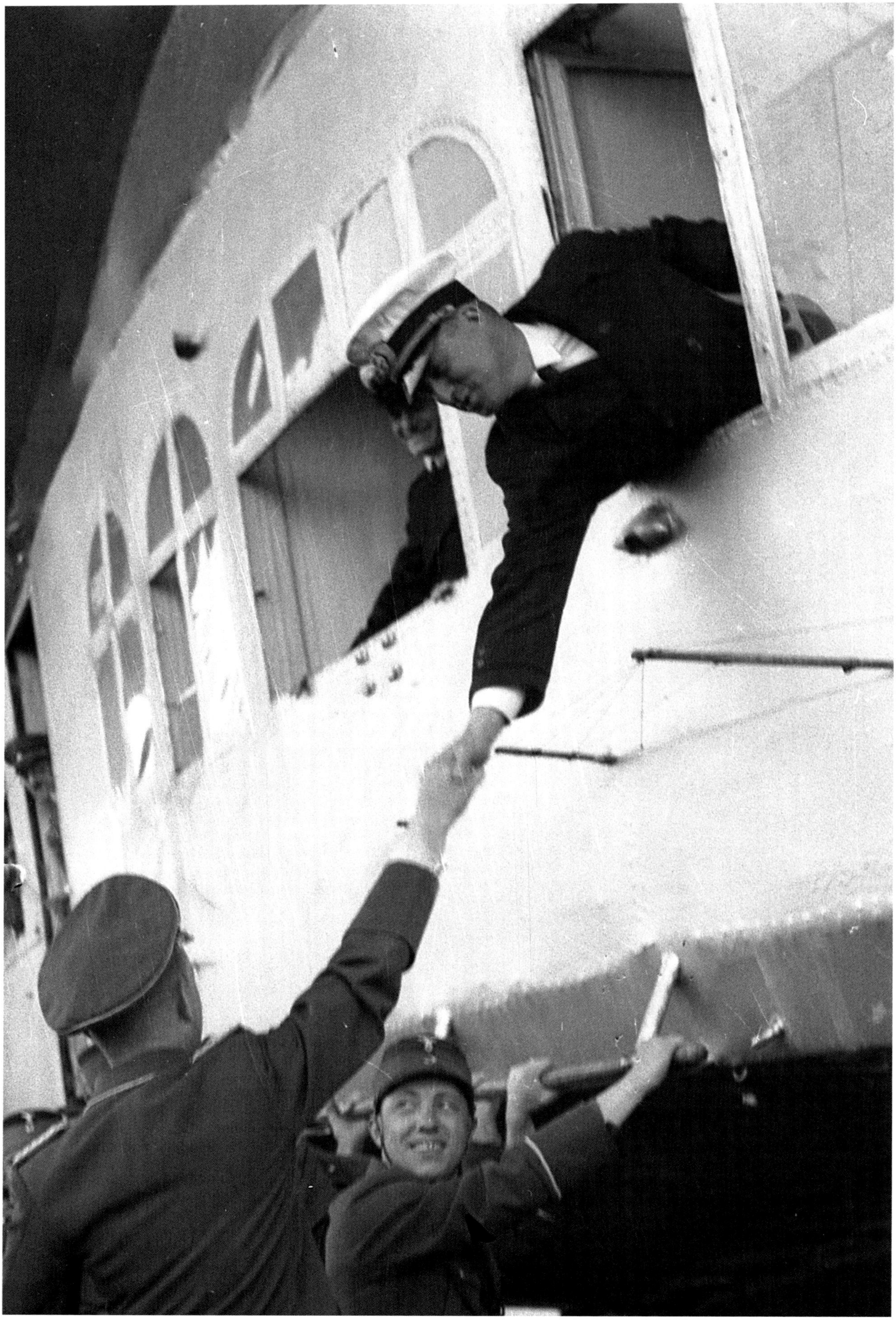

Hans von Schiller wird noch vor Verlassen des Luftschiffs beglückwünscht.

Die Nationalsozialisten wollten mit den Luftschiffen auch die technologische Überlegenheit Deutschlands demonstrieren und setzten sie zwischen den Transatlantikfahrten häufig auch zu Propagandafahrten ein. Das Luftschiff LZ 129 „Hindenburg“ war für die Olympischen Spiele 1936 in Berlin mit den olympischen Ringen verziert. ►

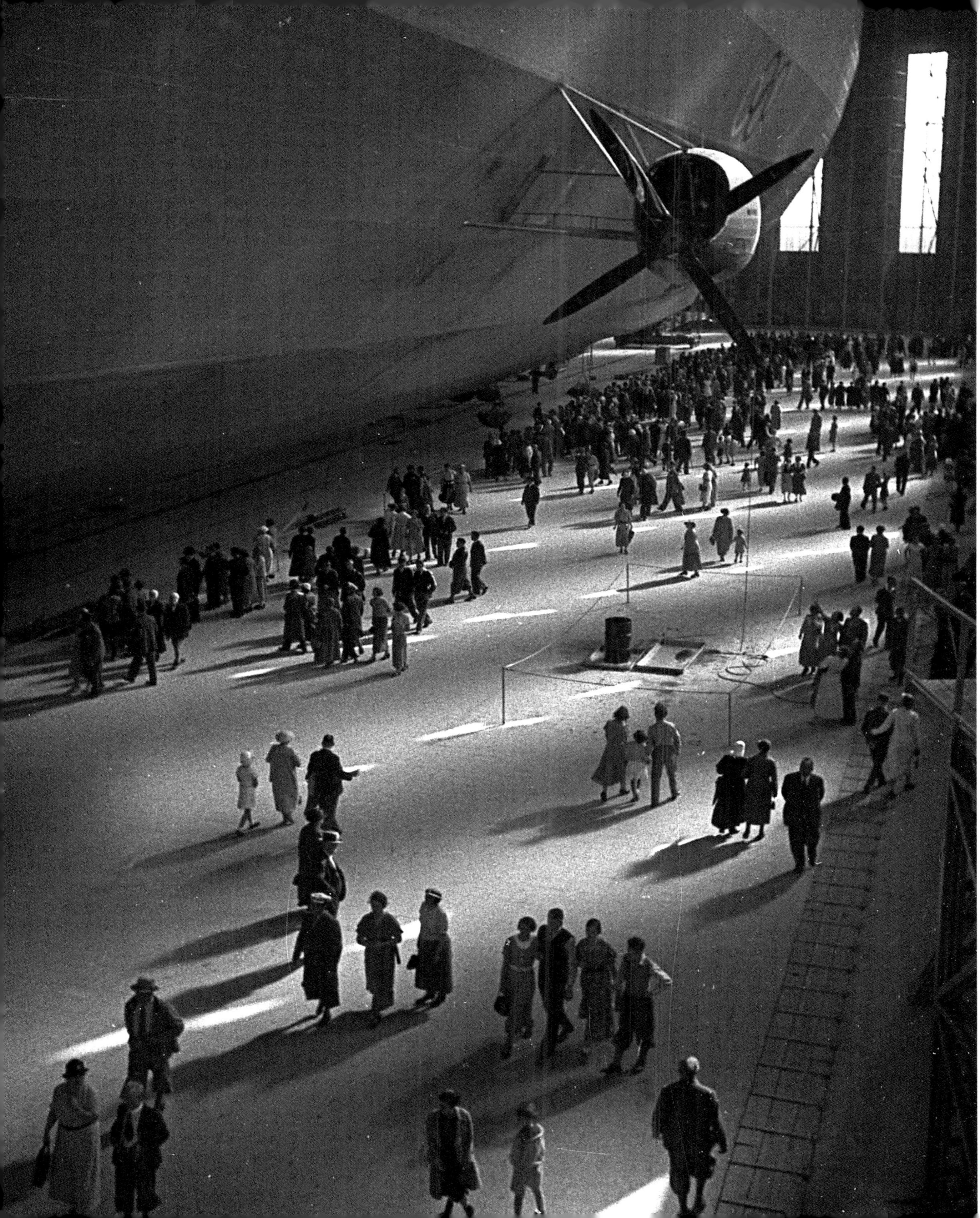

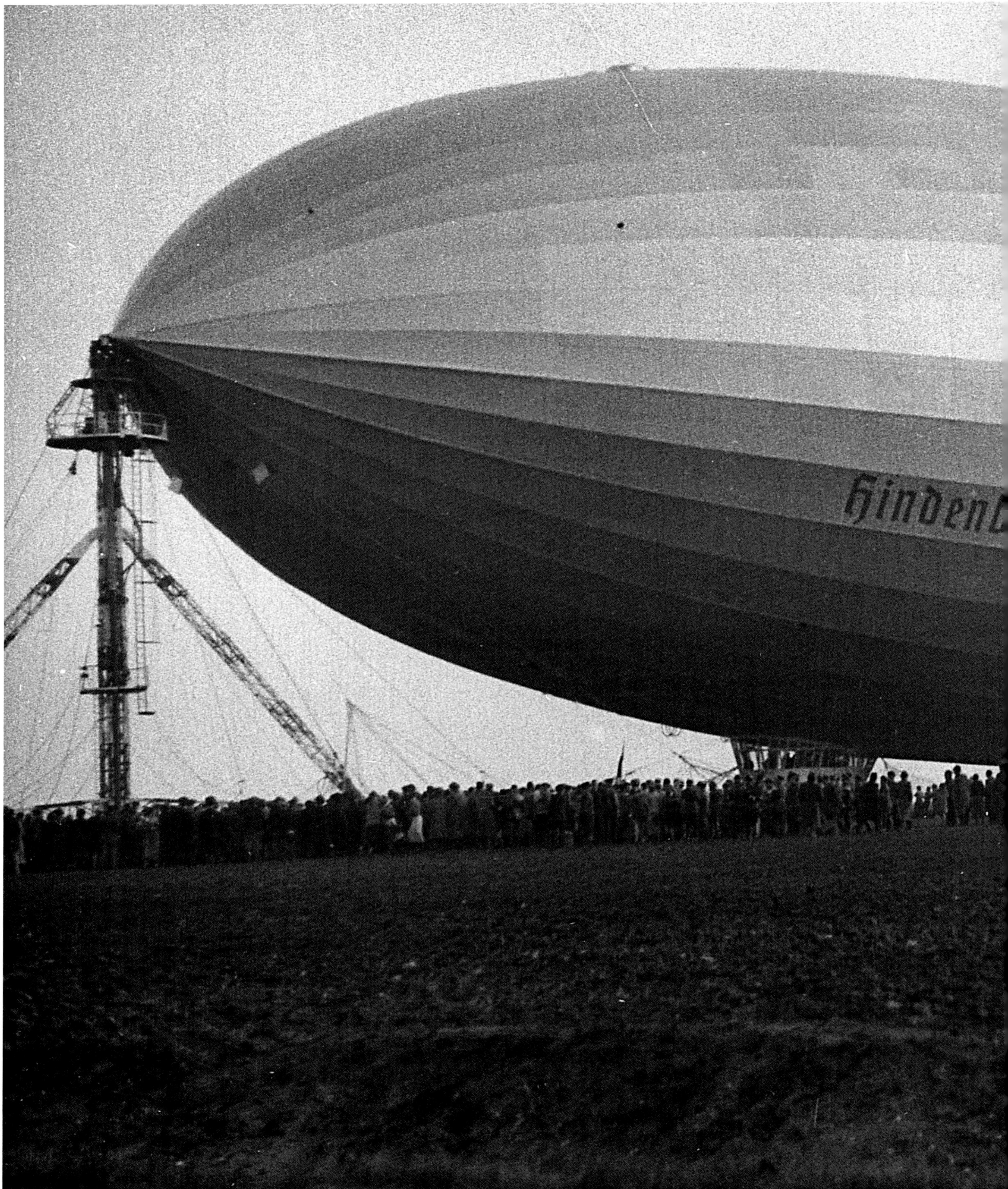
Hinden

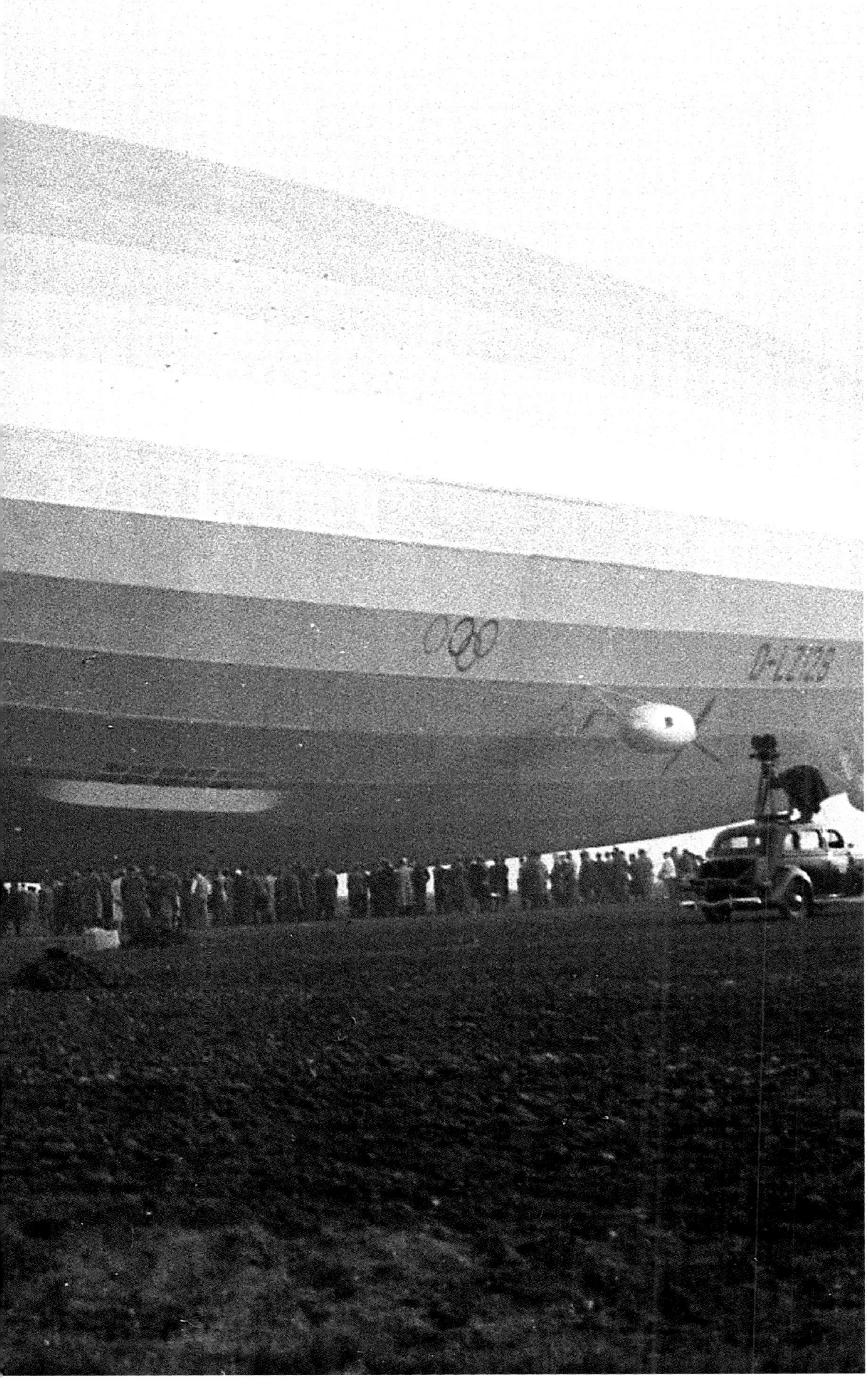

Am 1. August 1936 startet die „Hindenburg" vom Luftschiffhafen Rhein-Main nach Berlin, wo sie über dem vollbesetzten Olympiastadion ihre Runden dreht.

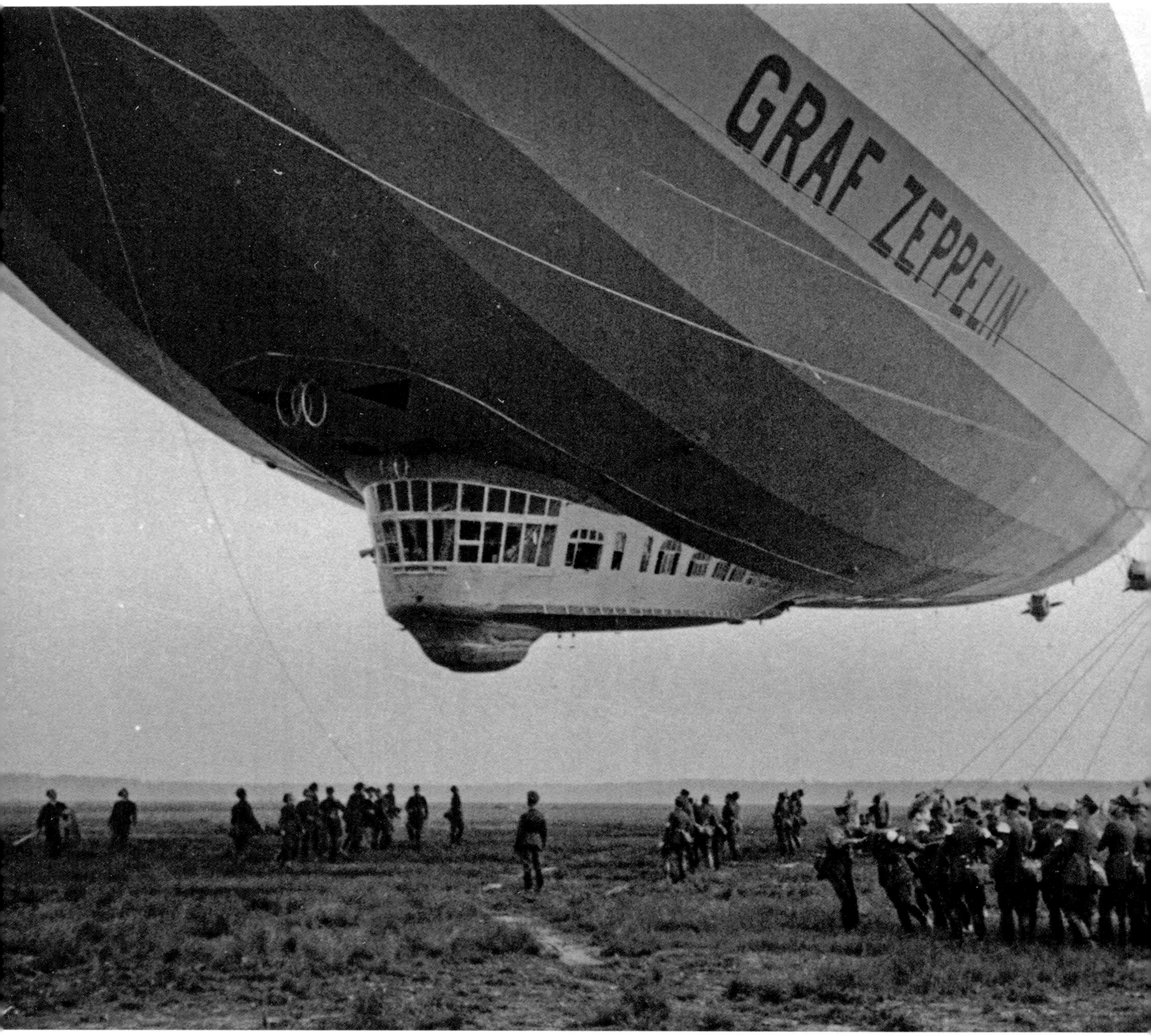

Am 27. März 1937 landet das Luftschiff LZ 127 „Graf Zeppelin“, vom brasilianischen Recife kommend, auf dem Luftschiffhafen Rhein-Main. Die folgenden Aufnahmen dokumentieren das Landemanöver. Die Haltemannschaften haben bereits die Haltetrosse ergriffen und ziehen den Bug zum Ankermast.

Die Haltemannschaften halten die „Graf Zeppelin“ an den Haltegriffen der Gondel am Boden. ►

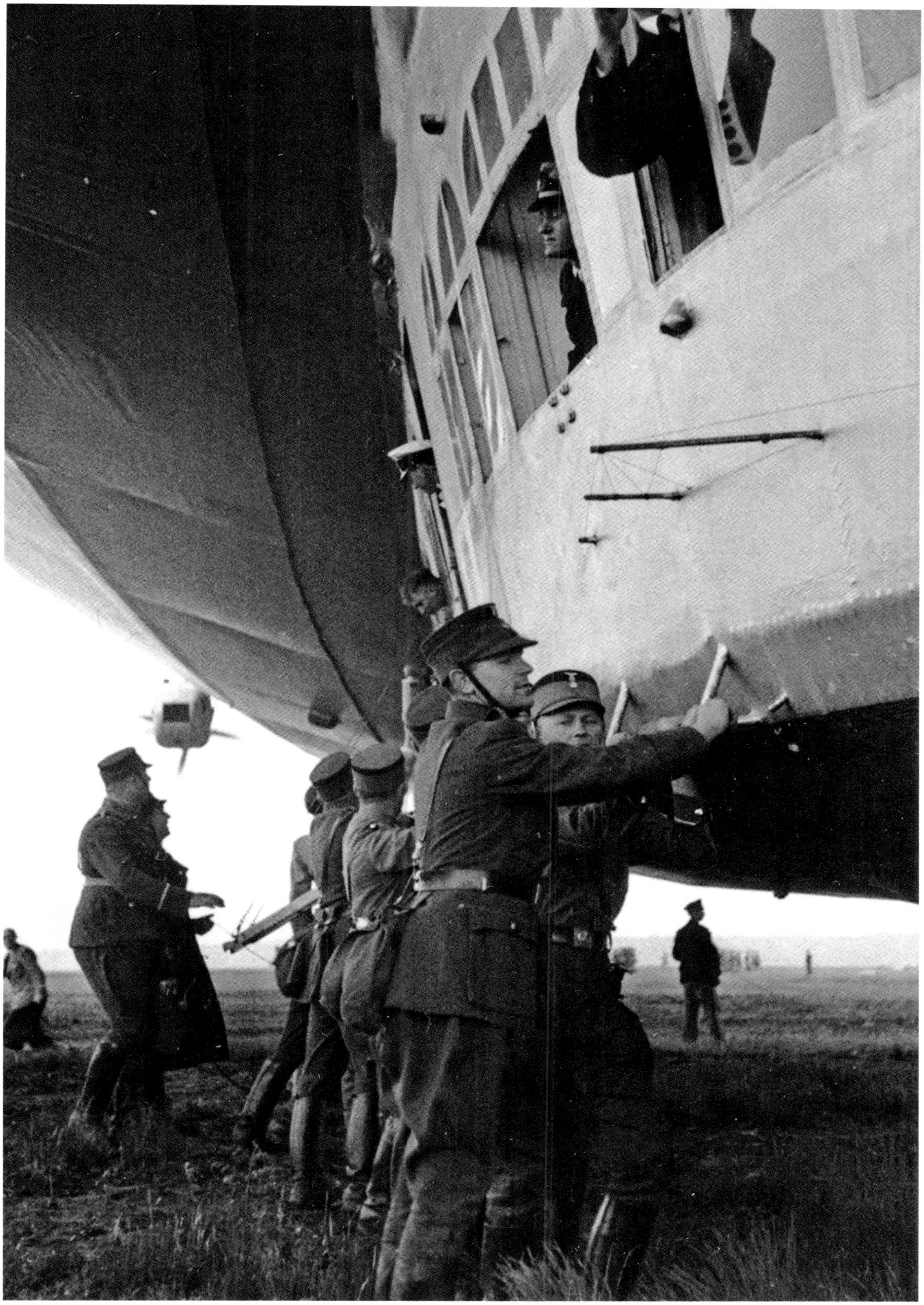

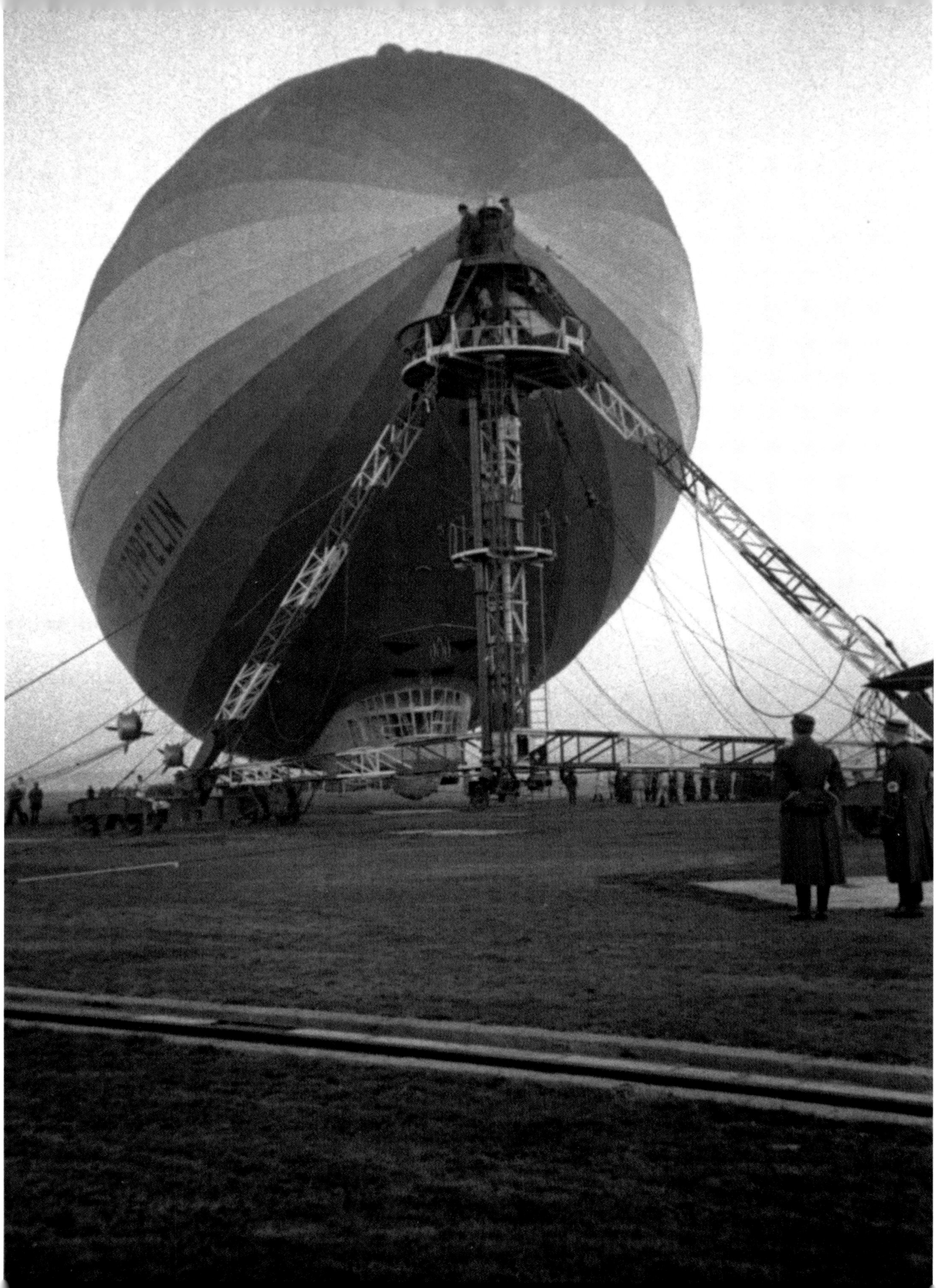

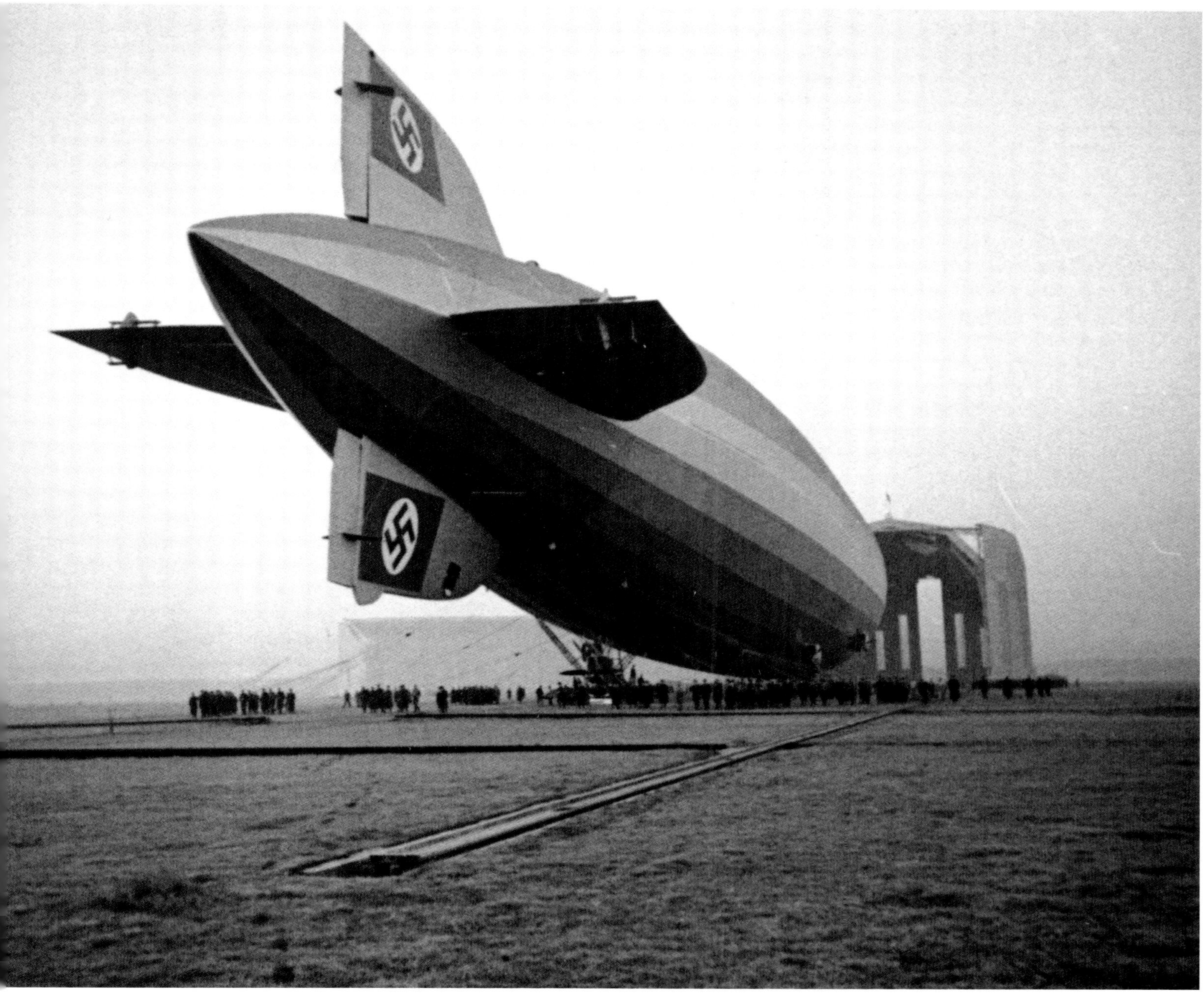

◂ Mit dem Bug am Ankermast befestigt, wird das Luftschiff in die Luftschiffhalle I gezogen.

Einfahren des Luftschiffs in die Luftschiffhalle I.

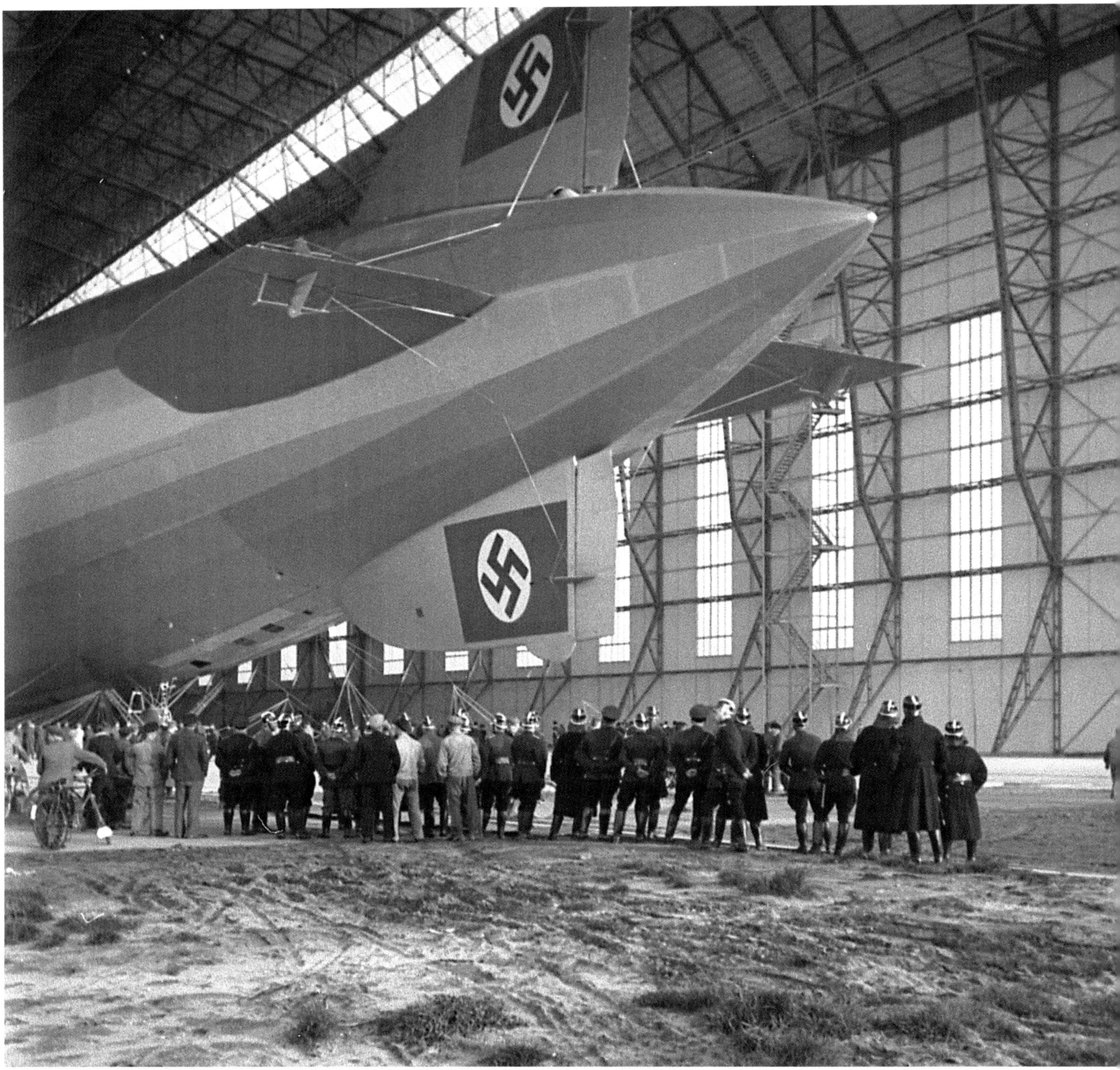

Luftschiff LZ 127 „Graf Zeppelin" in der Luftschiffhalle I, 1937.

In den Luftschiffhallen wurden zwischen den Fahrten notwendige Wartungs- und Reparaturarbeiten durchgeführt. Hier werden Stoffbahnen in den Rumpf eines Luftschiffs befördert. Für die Außenhülle der „Hindenburg" beispielsweise wurden 25.500 Quadratmeter Baumwoll- und Leinenstoff benötigt, was in etwa der Fläche von vier Fußballfeldern entsprach. Für die Beschichtung wurden 22 Tonnen Schutzlack benötigt. Dazu kamen die mit Kautschuk überzogenen Baumwoll- und Leinenstoffe für die mit Wasserstoff gefüllten Gaszellen. ▸

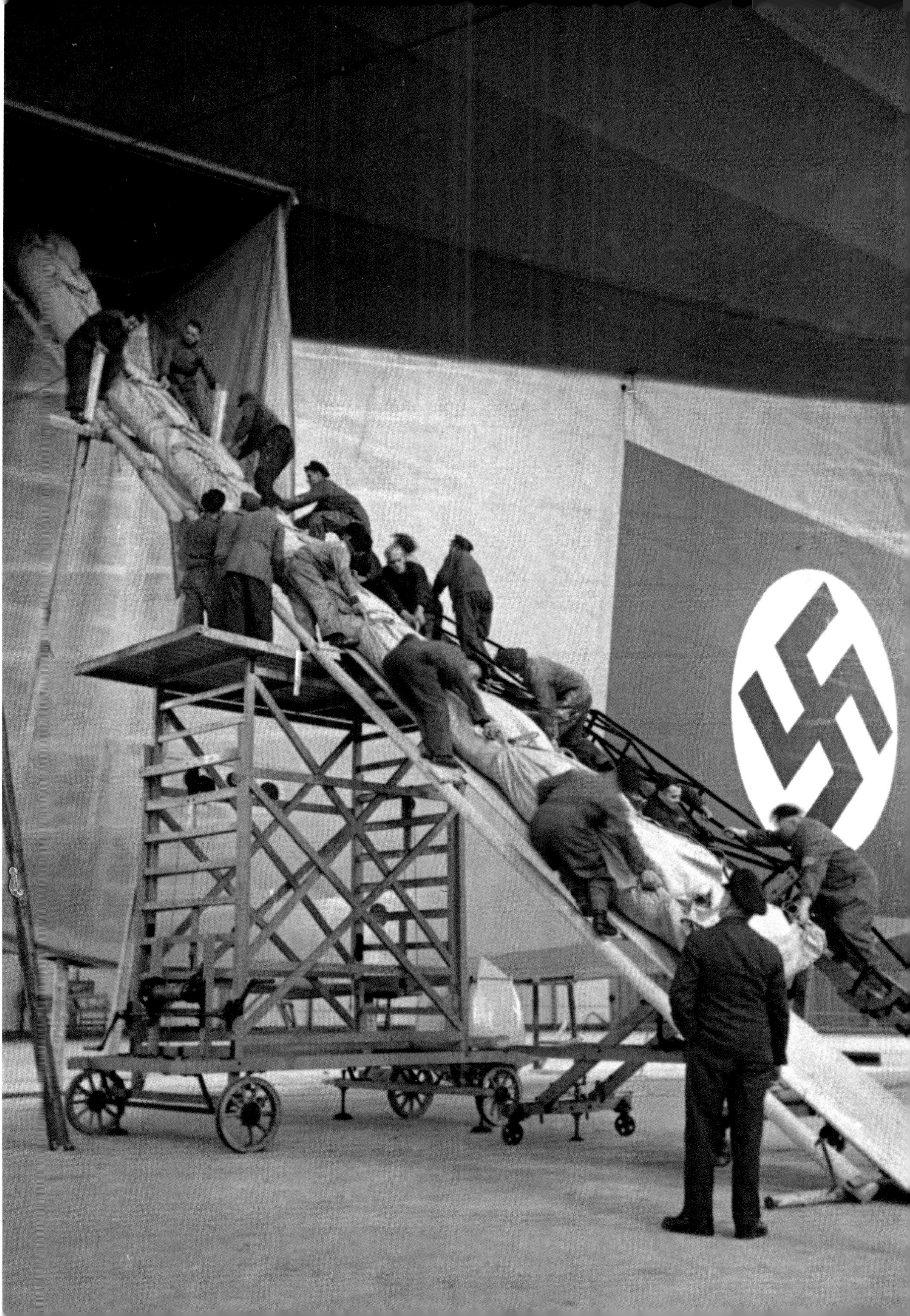

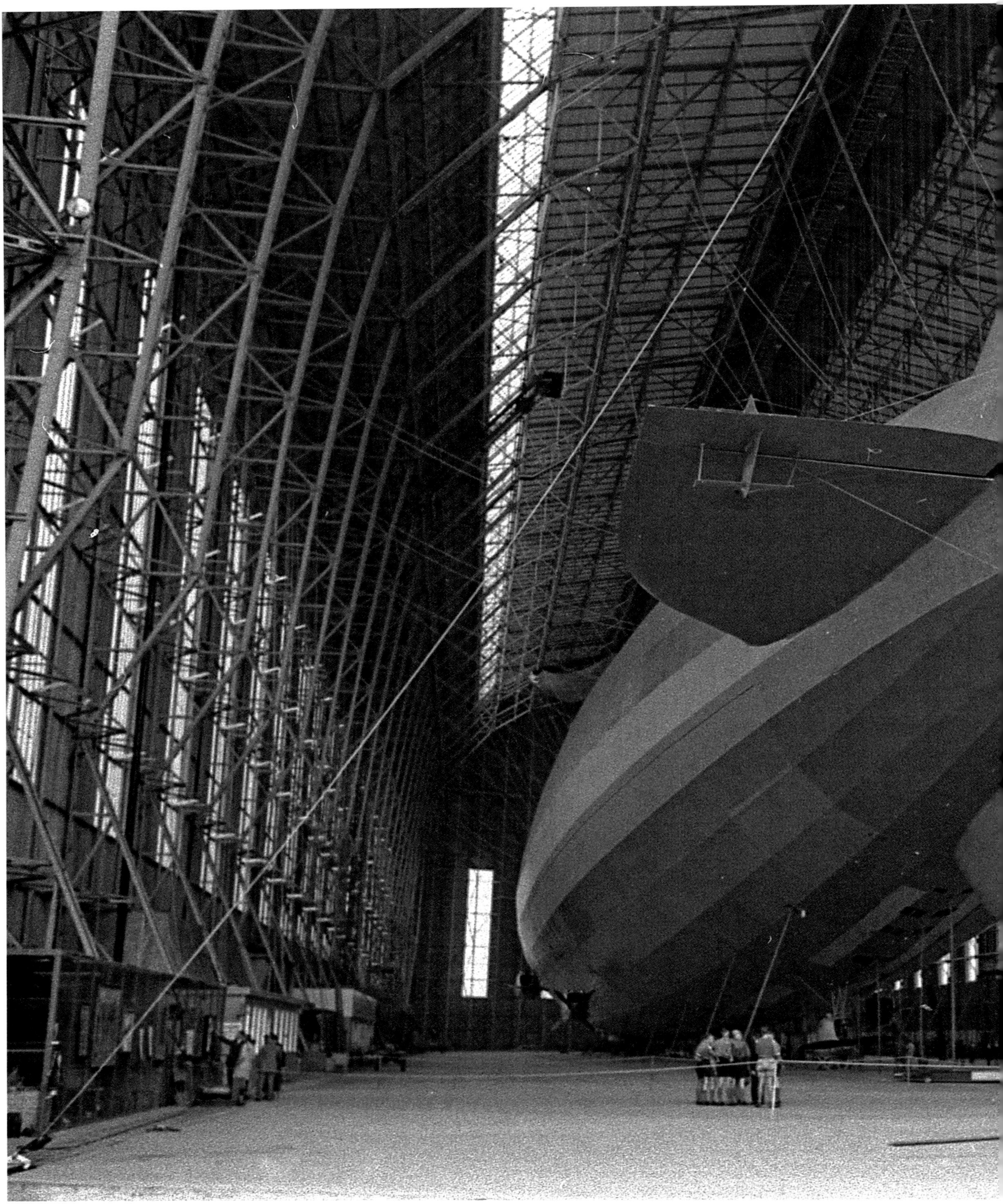

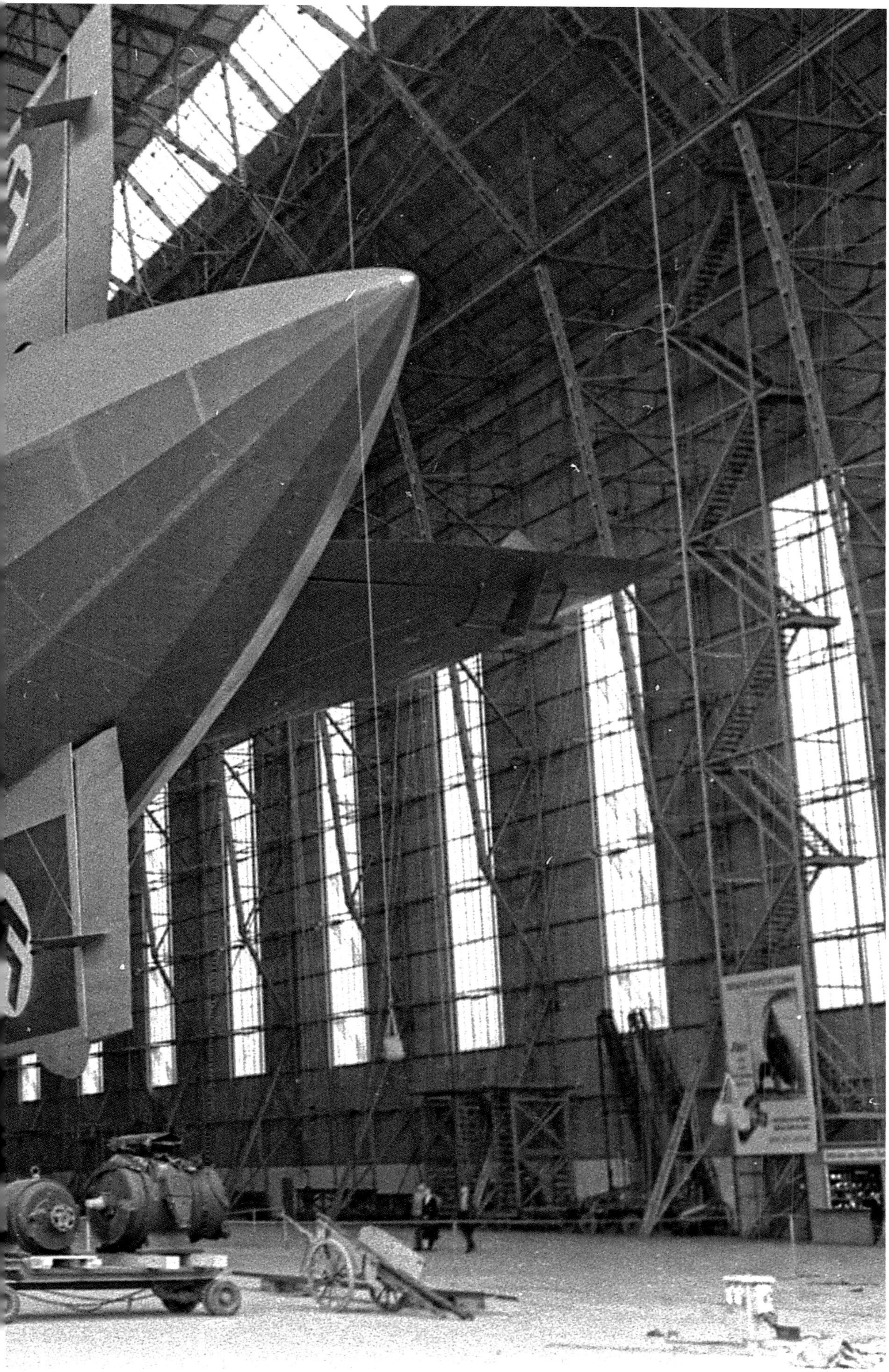

Wartungsarbeiten an der „Hindenburg“ in der Luftschiffhalle I, 1937.

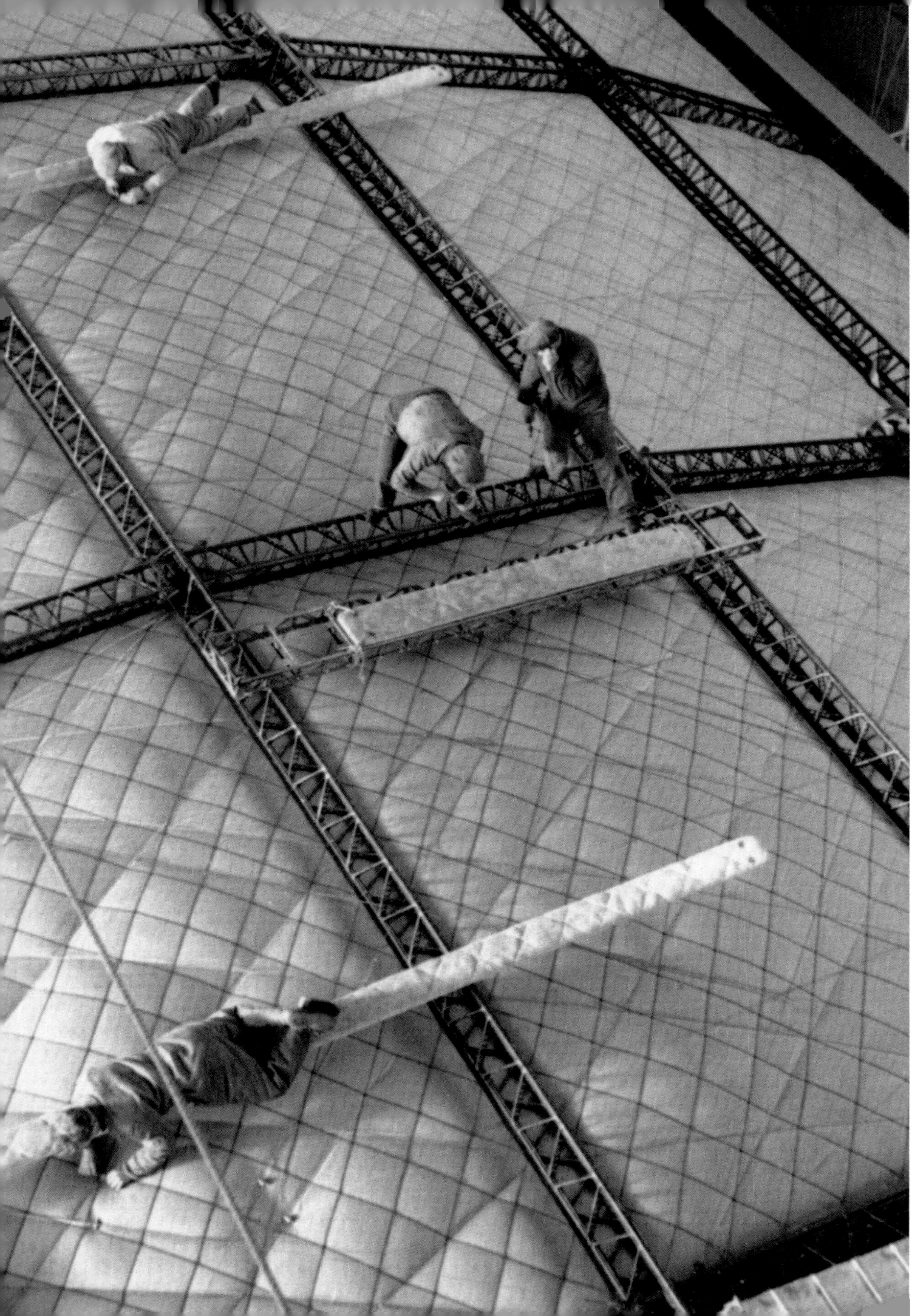
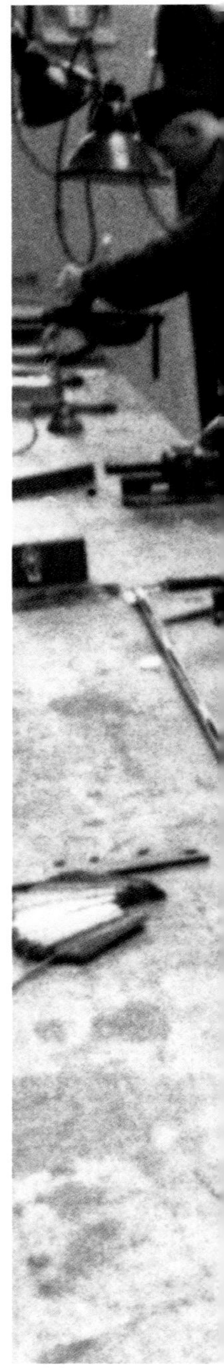

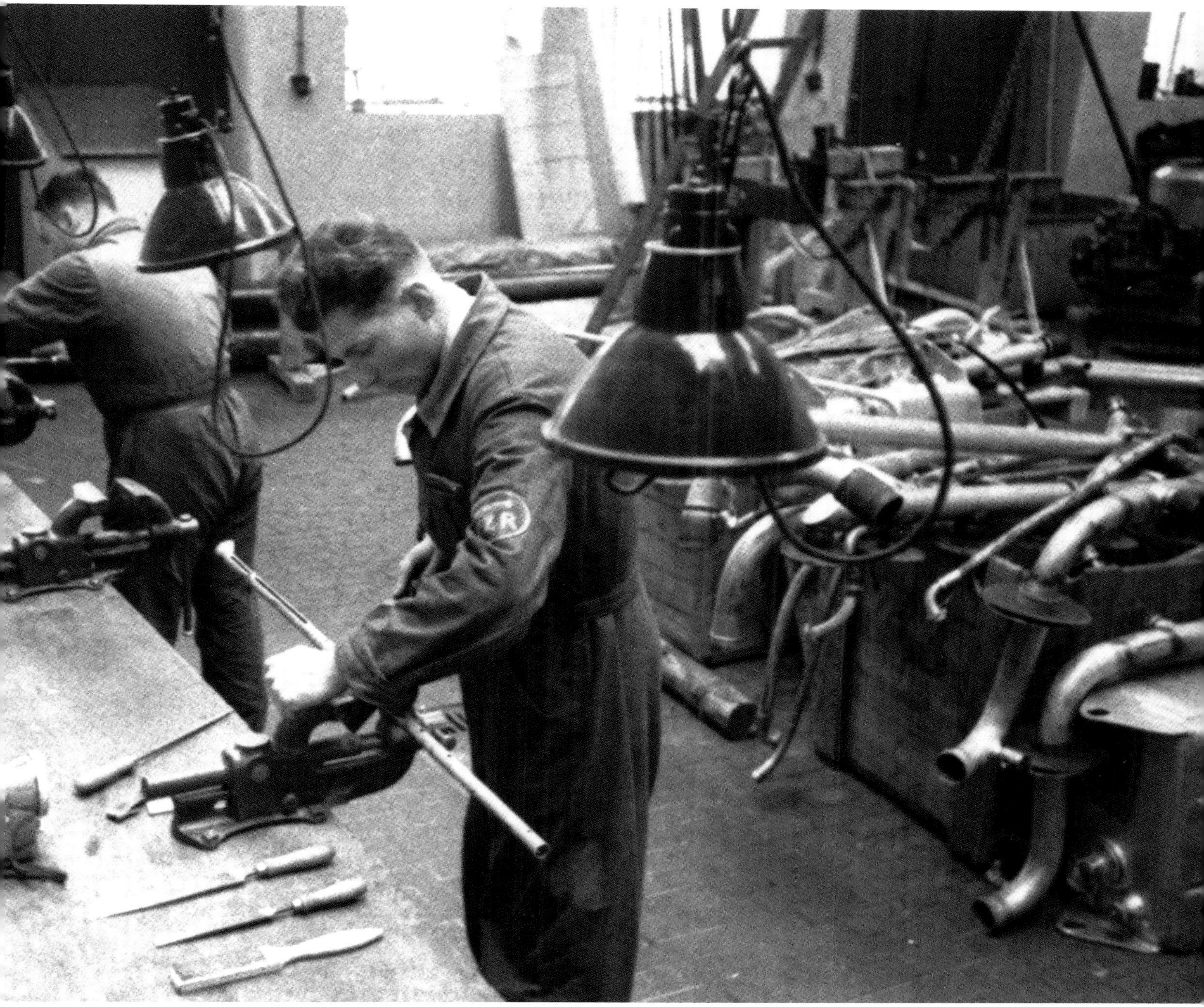

◂ Reparaturarbeiten an den Gaszellen des Luftschiffs.

Neben der Luftschiffhalle I befand sich die Werkstatt der Zeppelin-Reederei GmbH.

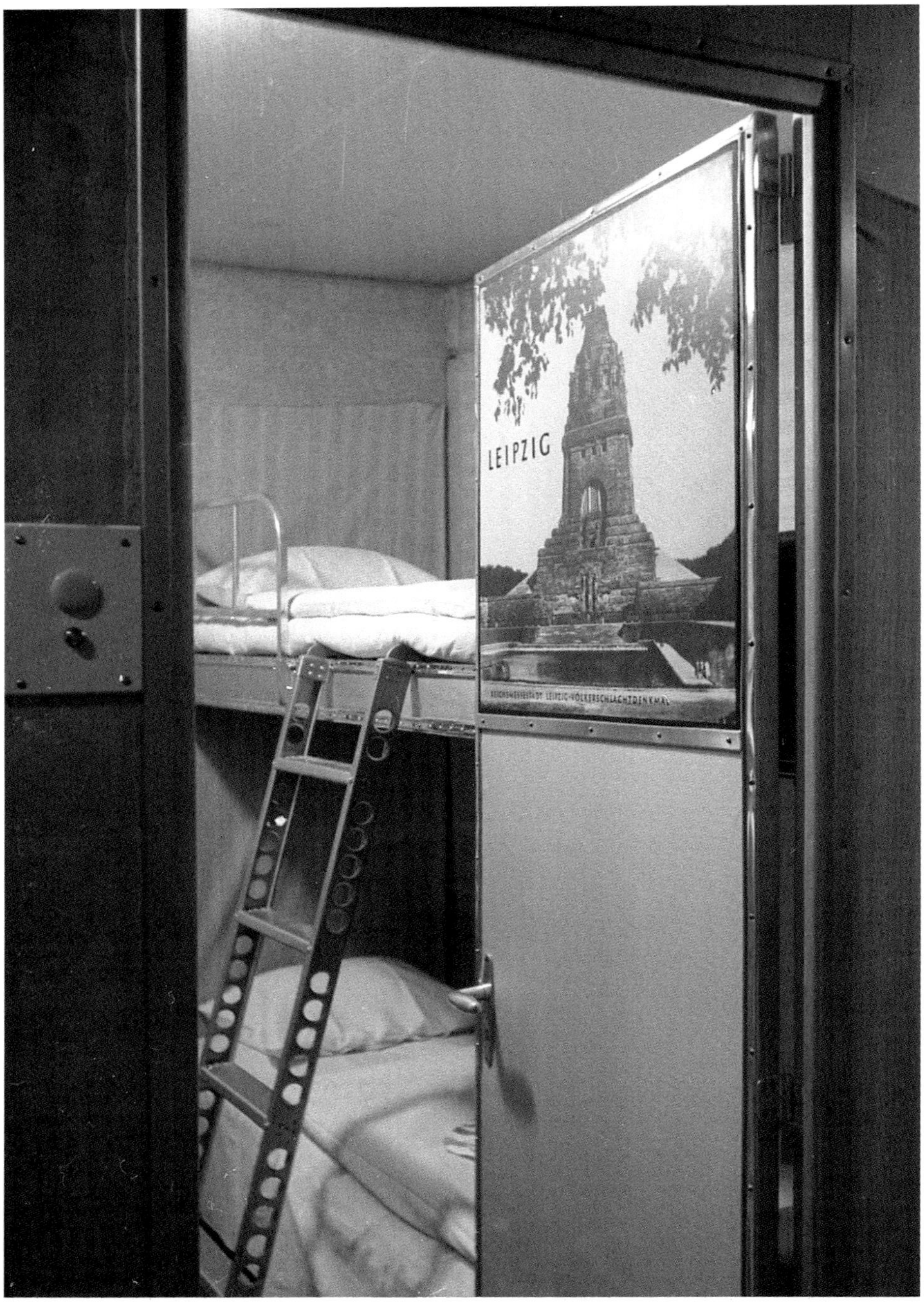

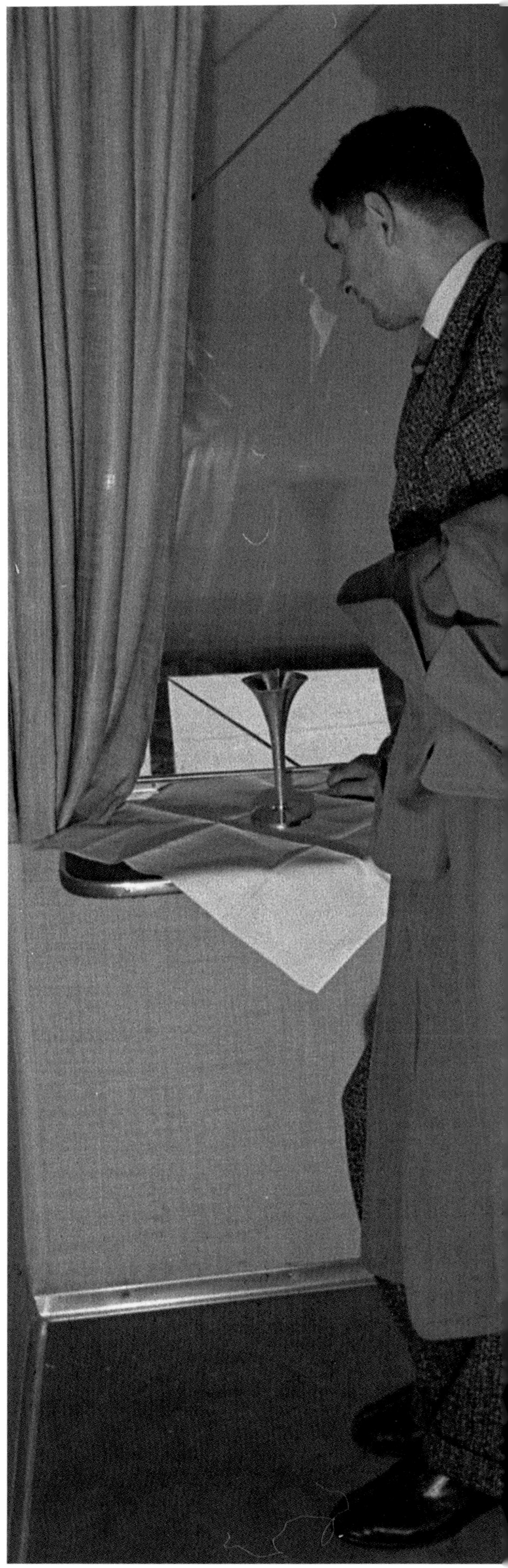

Im Vergleich zum Luftschiff LZ 127 „Graf Zeppelin“ waren die Fahrgastkabinen beim Luftschiff LZ 129 „Hindenburg“ zugunsten einer höheren Kabinenzahl deutlich kleiner bemessen. Alle Fahrgastkabinen – 25 an der Zahl – befanden sich auf dem A-Deck, also dem oberen Deck. Jede verfügte über zwei übereinander angeordnete Betten, einen Waschtisch mit Kalt- und Warmwasserhahn, Spiegel, Schranknische sowie ein Klapptischchen und einen Klapphocker.

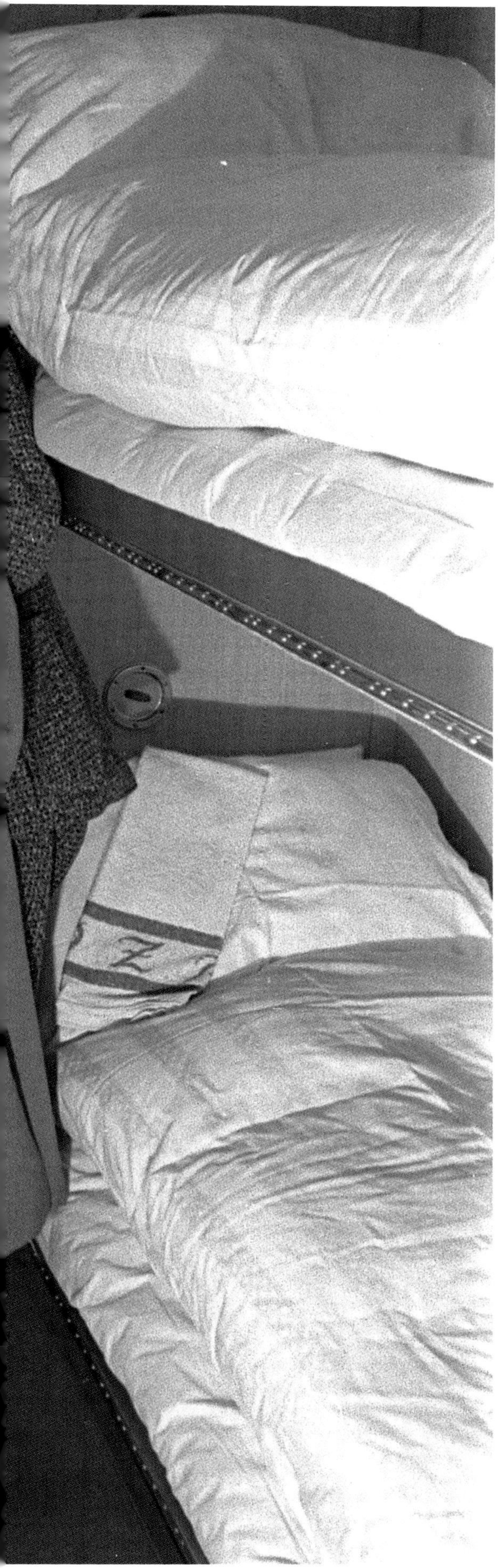

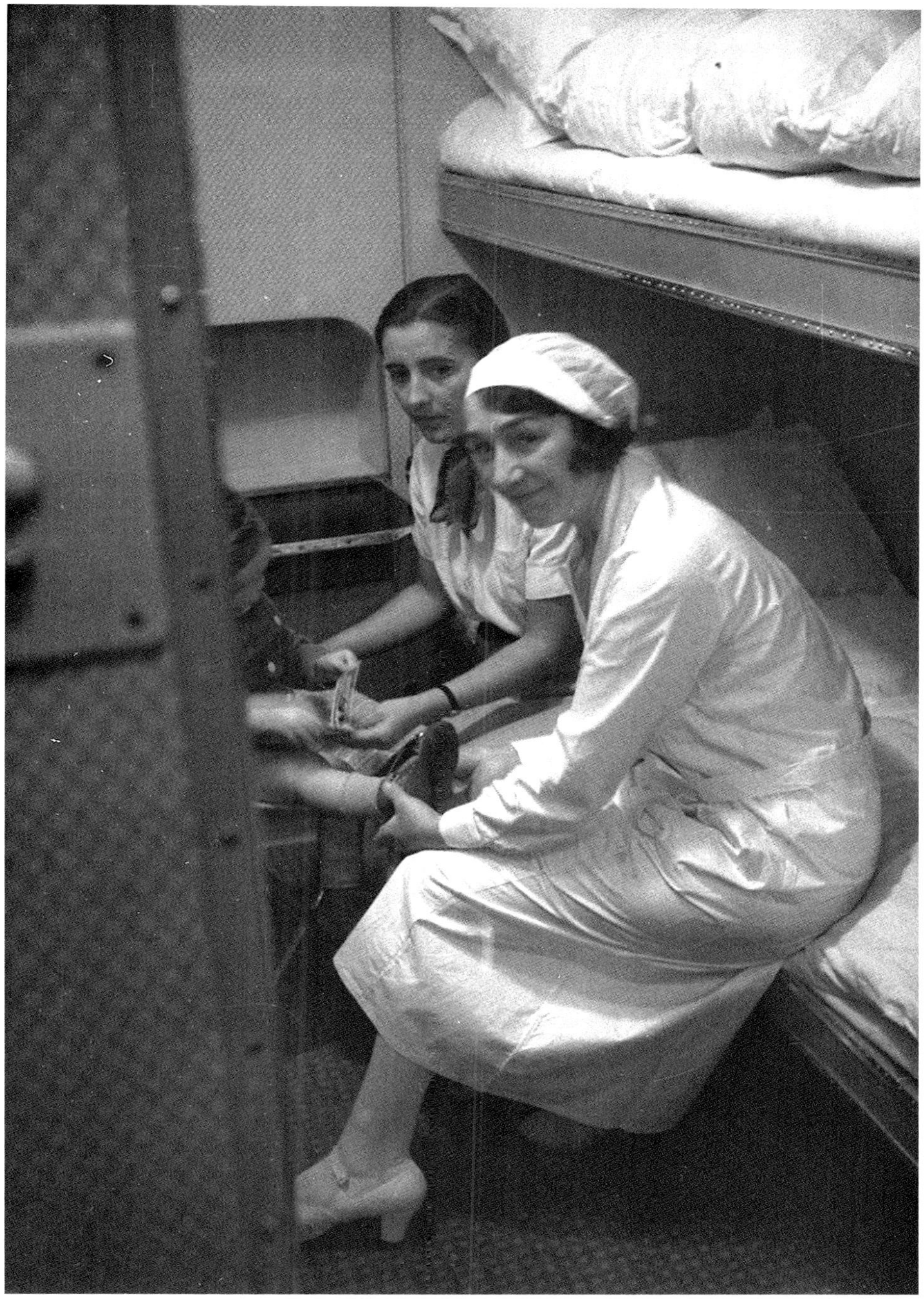

Ein Fahrgast der „Hindenburg" in seiner Kabine, die schon für die Nacht hergerichtet ist.

Die Stewardess Emilie Imhoff, die 1937 bei dem Absturz in Lakehurst ums Leben kam, war auf der „Hindenburg" auch für die Kinderbetreuung zuständig. Hier hilft sie einer Mutter, ein Kind zu Bett zu bringen.

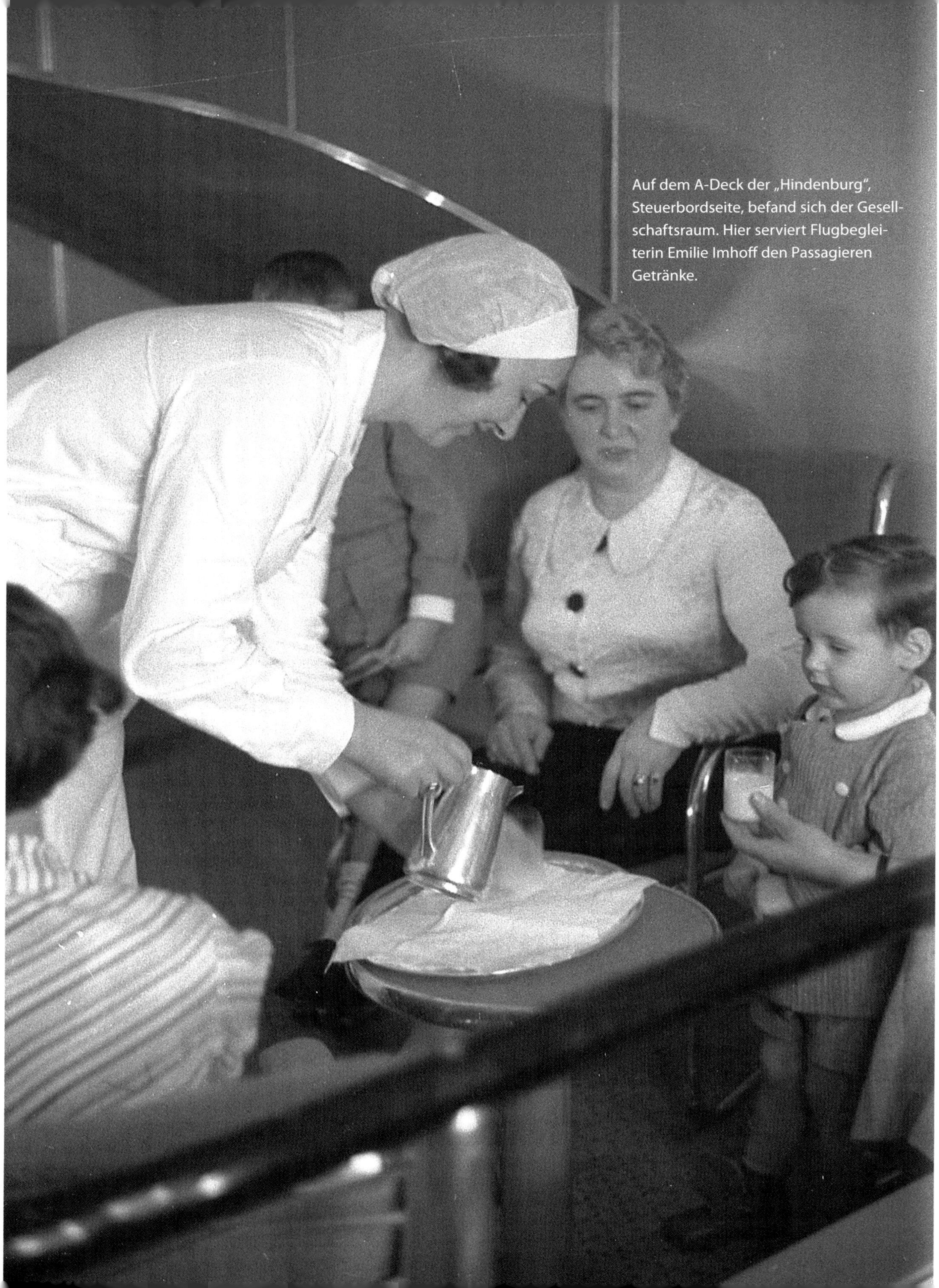

Auf dem A-Deck der „Hindenburg“, Steuerbordseite, befand sich der Gesellschaftsraum. Hier serviert Flugbegleiterin Emilie Imhoff den Passagieren Getränke.

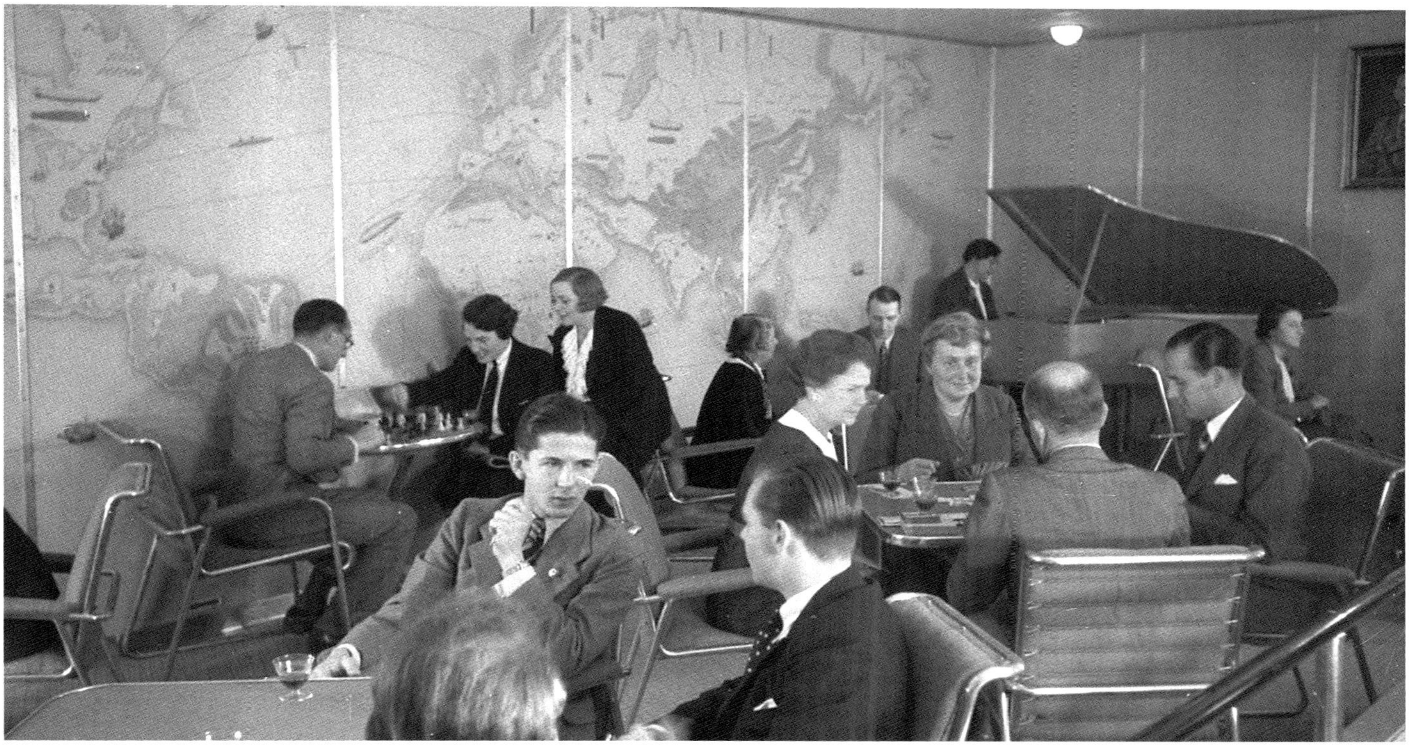

Der Gesellschaftsraum diente dem Tagesaufenthalt der Passagiere. Hier gab es bei Klaviermusik Wein, Kuchen, Kaffee, Tee oder andere Erfrischungen – alles war im Fahrpreis inbegriffen.

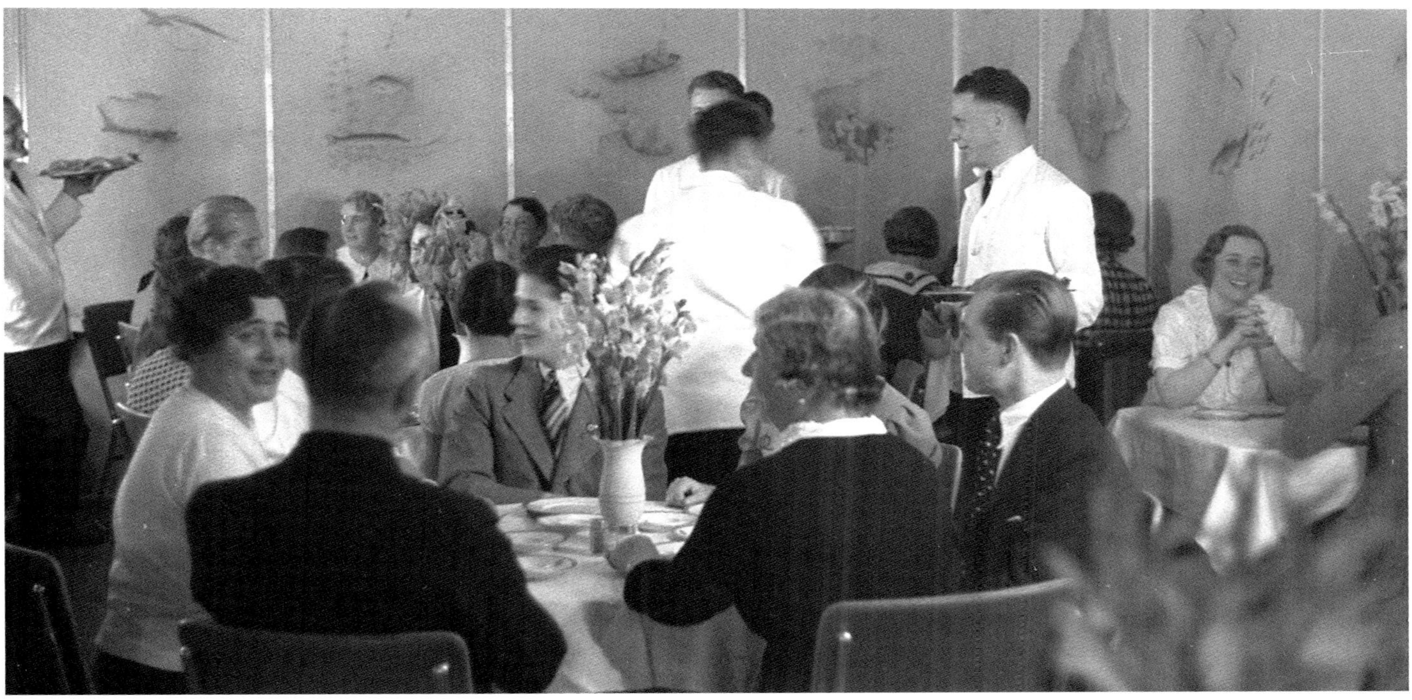

Passagiere im Speisesaal der „Hindenburg". Der Speisesaal befand sich auf der Backbordseite des A-Decks und war mit einem Speiseaufzug mit der darunterliegenden Küche auf dem B-Deck verbunden.

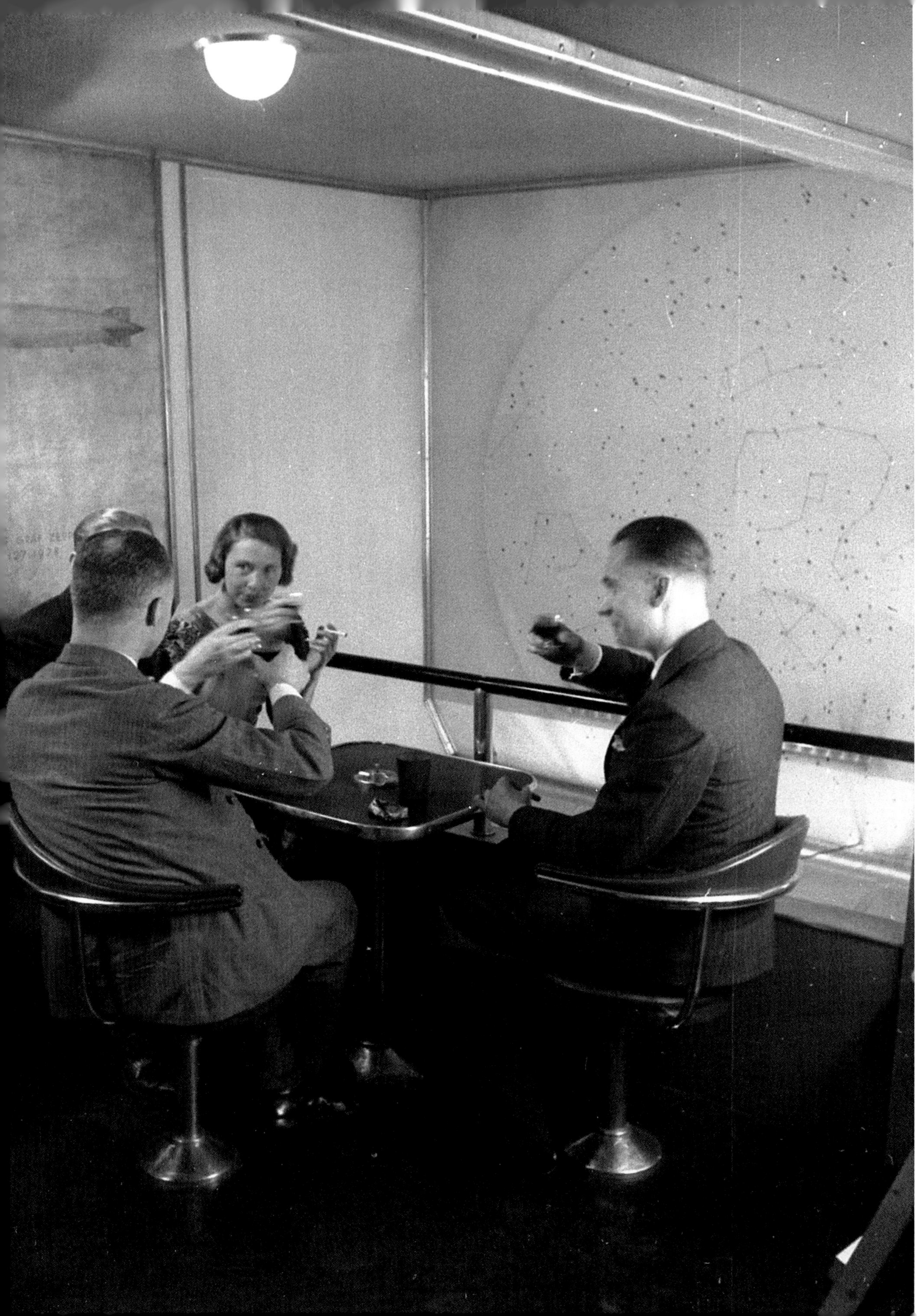

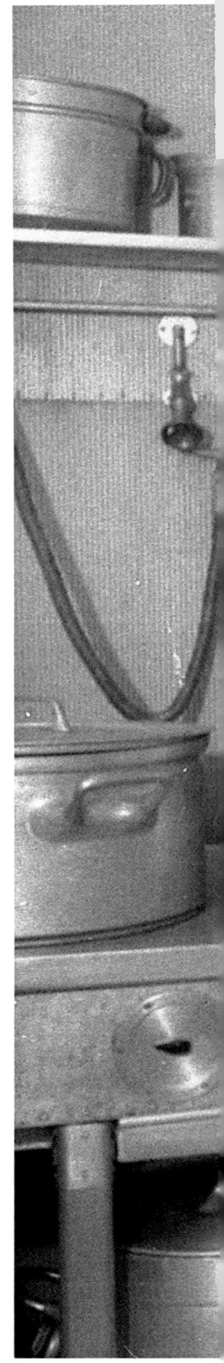

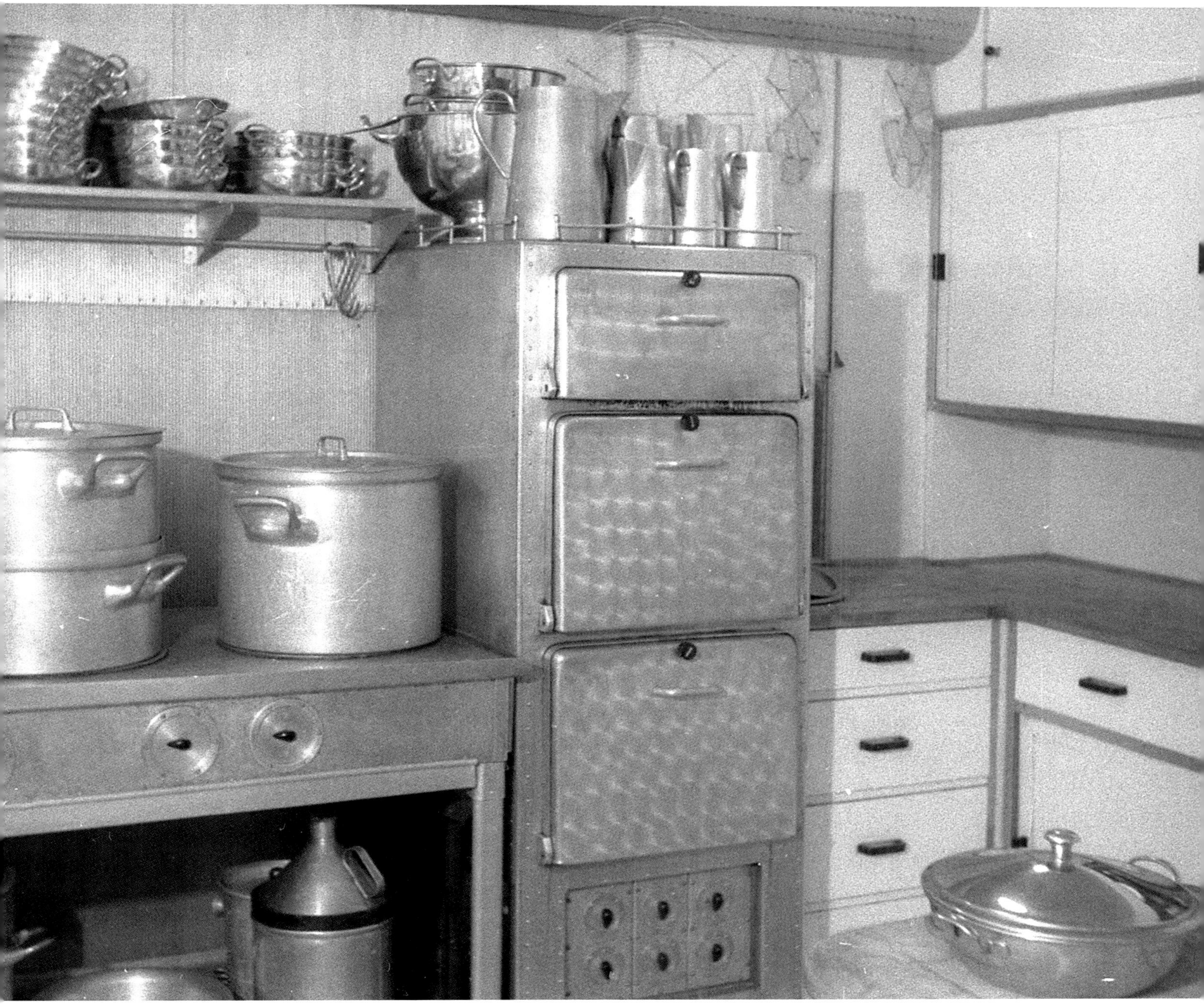

◂ Obwohl die „Hindenburg“ 200.000 Kubikmeter hochentzündlichen Wasserstoff mit sich führte, gab es auf dem B-Deck einen Rauchersalon. Er war nur über einen als Bar genutzten Vorraum und eine Schleuse zu erreichen. Der Barkeeper hatte streng darauf zu achten, dass niemand den Raum mit einer brennenden Zigarette, Zigarre oder Pfeife verließ. Er verwaltete auch das Feuerzeug und die persönlichen Rauchutensilien der Passagiere.

Die Küche der „Hindenburg“. Gekocht wurde wegen der Feuergefahr ausschließlich elektrisch.

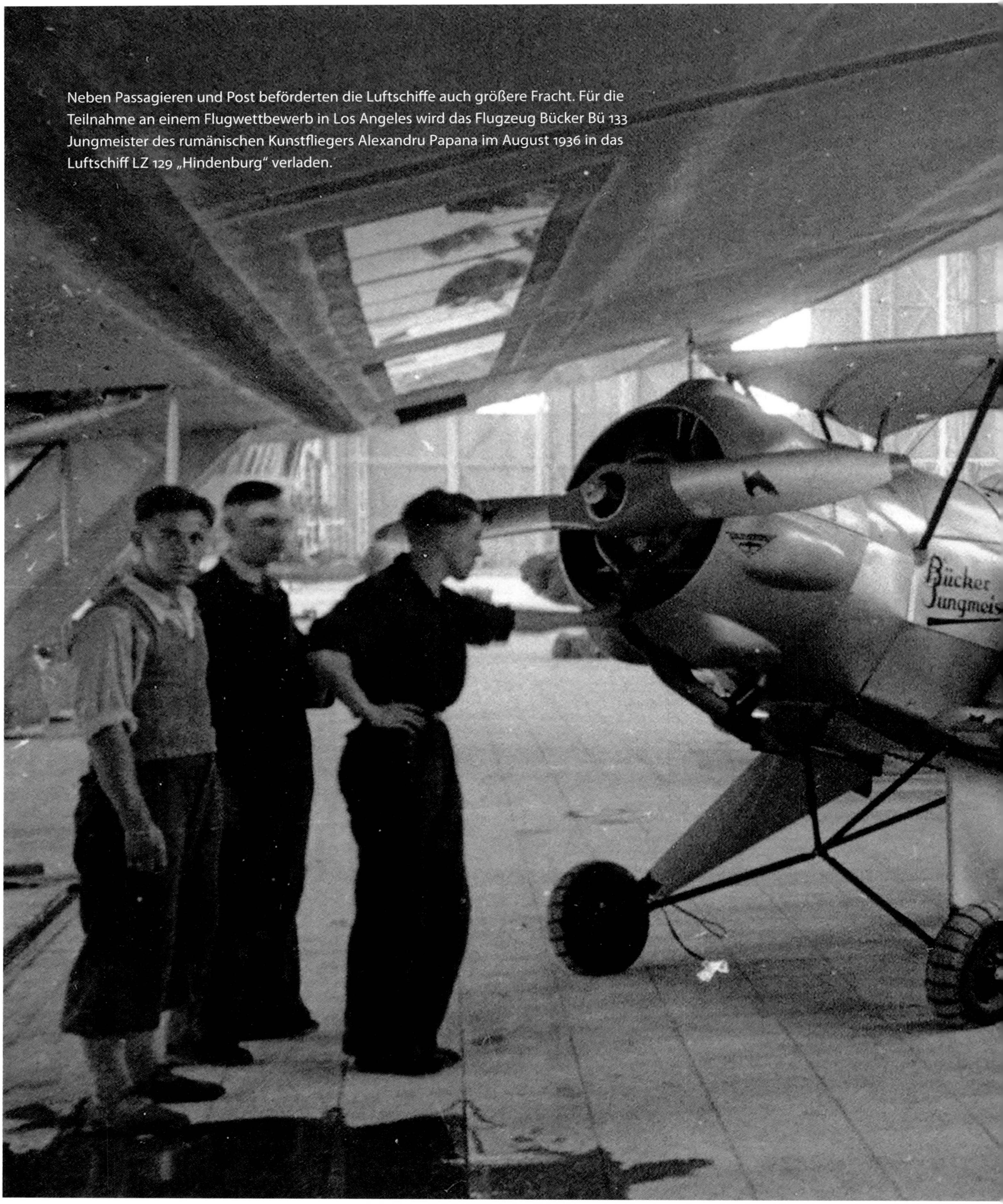

Neben Passagieren und Post beförderten die Luftschiffe auch größere Fracht. Für die Teilnahme an einem Flugwettbewerb in Los Angeles wird das Flugzeug Bücker Bü 133 Jungmeister des rumänischen Kunstfliegers Alexandru Papana im August 1936 in das Luftschiff LZ 129 „Hindenburg" verladen.

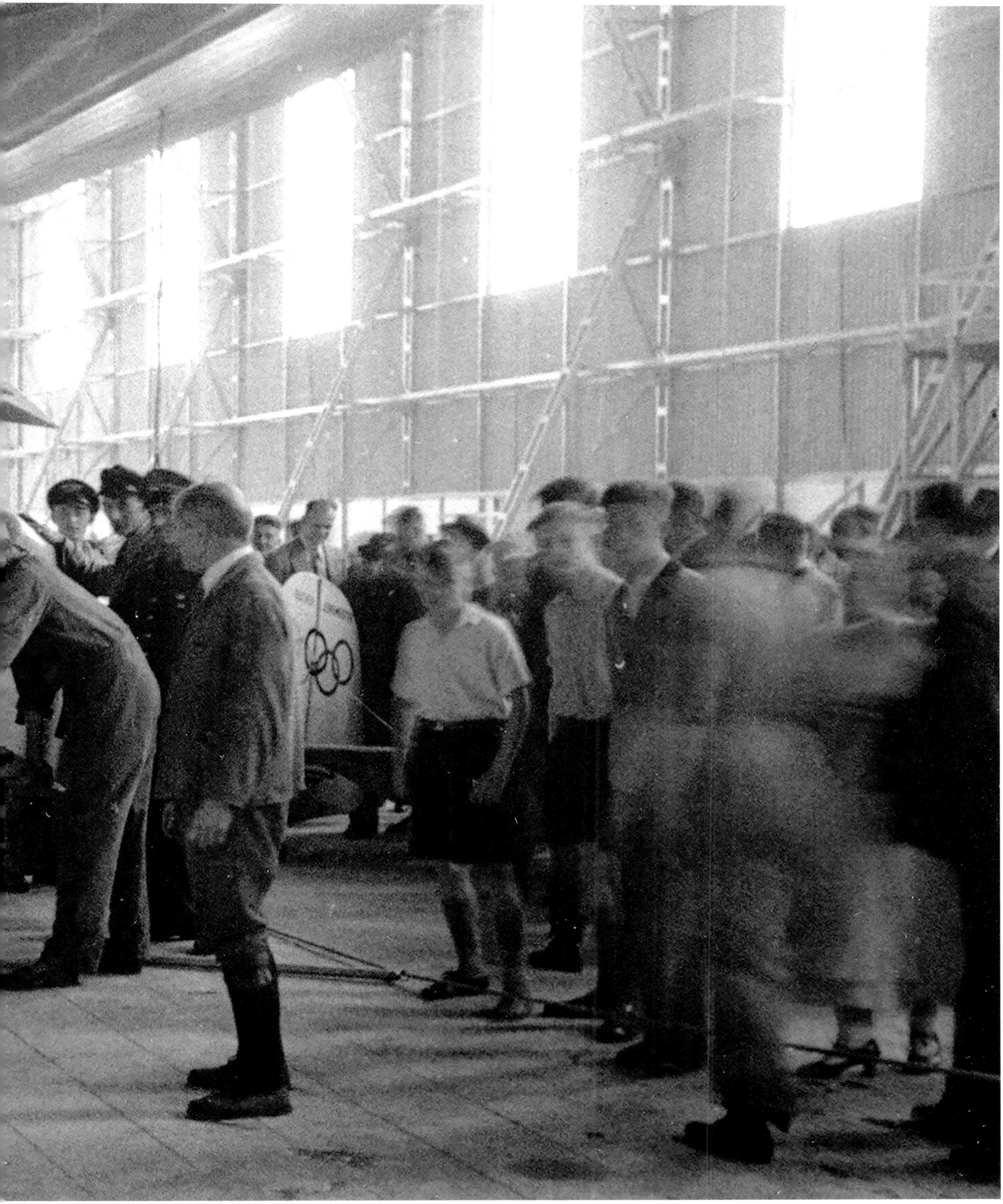

Start des Luftschiffs LZ 129 „Hindenburg" auf dem Luftschiffhafen Rhein-Main, 1936.

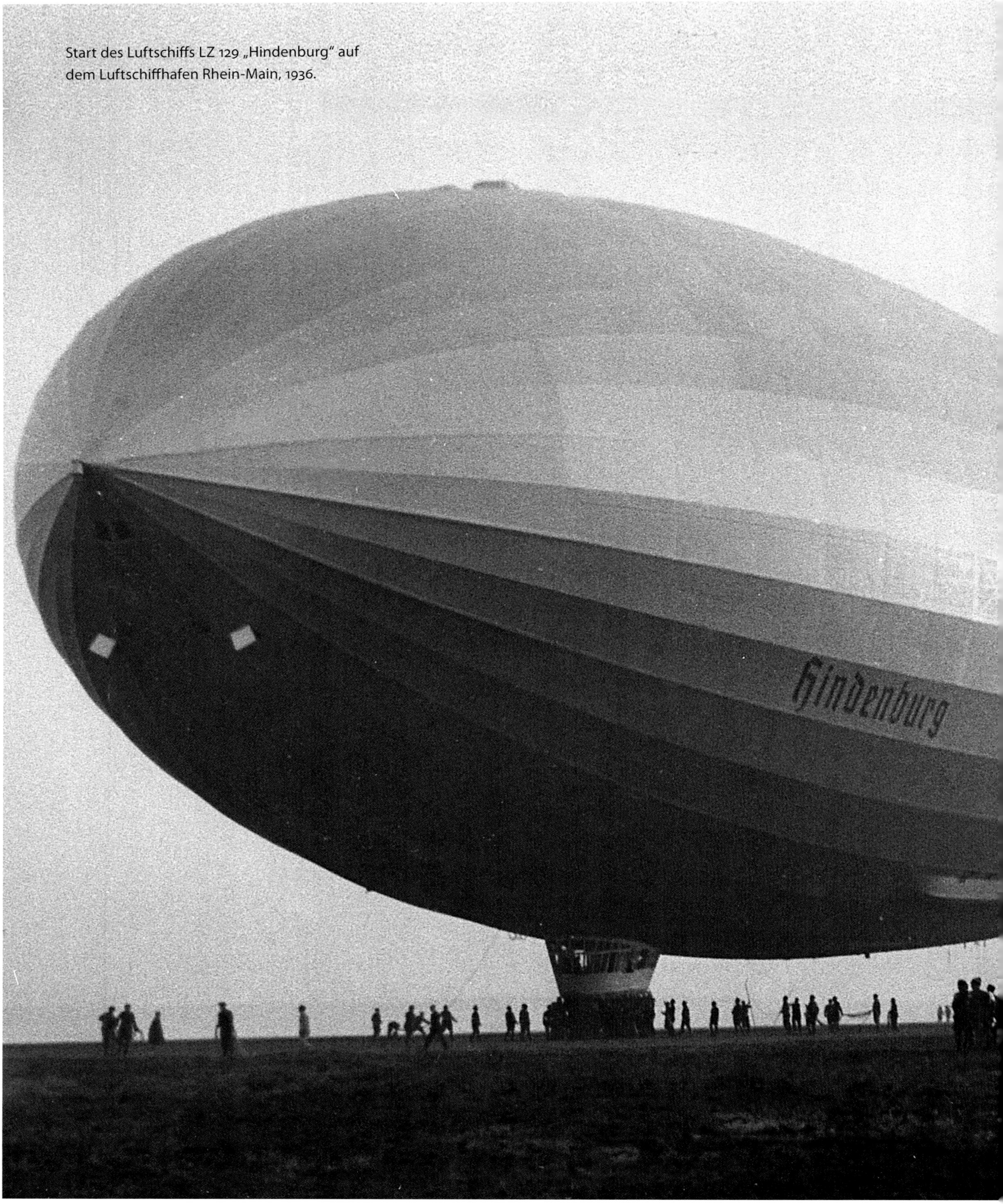

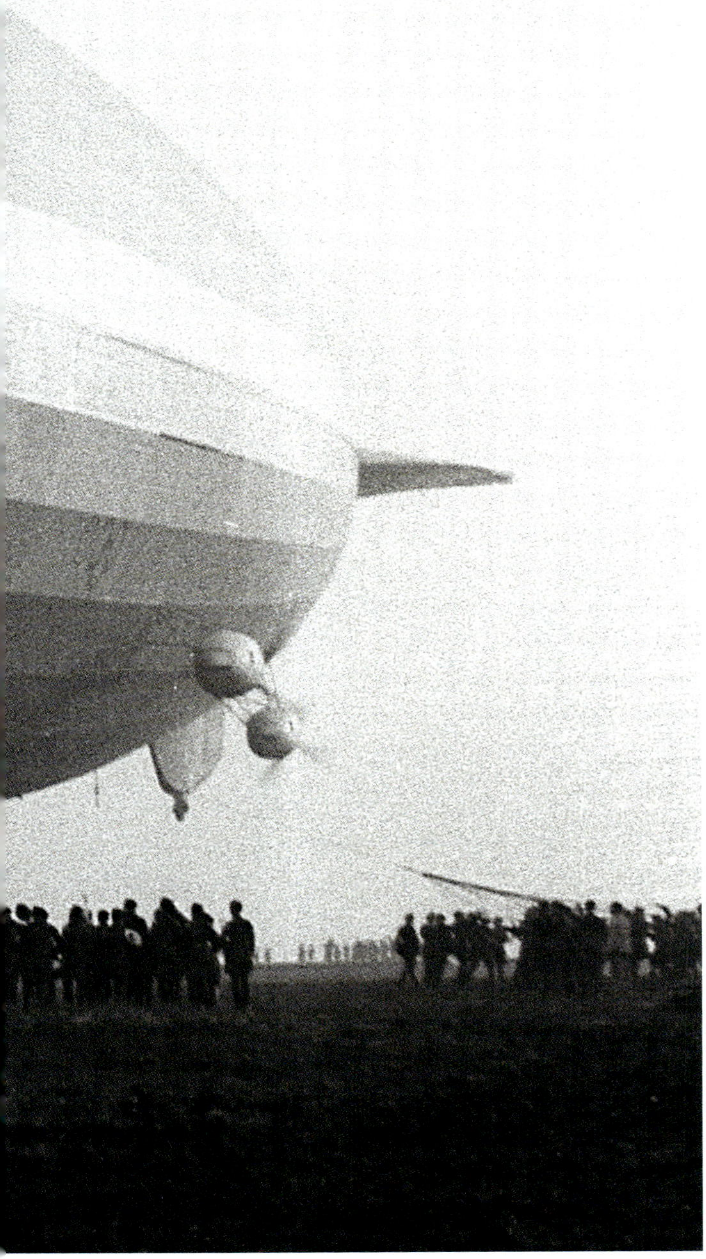

V.

Die Katastrophe von Lakehurst

Am 6. Mai 1937 verunglückte das drei Tage zuvor in Frankfurt a.M. gestartete Luftschiff LZ 129 „Hindenburg" bei der Landung in Lakehurst (New Jersey). Als es um 18.25 Uhr Ortszeit seine Position über dem Landemast erreicht hatte, fing im Heckteil der Wasserstoff Feuer. Innerhalb von 30 Sekunden sank die „Hindenburg" in einem Feuerball zu Boden. 13 der 36 Passagiere und 22 der 61 Besatzungsmitglieder sowie ein Mitglied der Bodenmannschaft von Lakehurst kamen ums Leben. Mit dem HAPAG-Dampfer „Hamburg" kamen die sterblichen Überreste der Besatzungsmitglieder und einiger Passagiere am 21. Mai 1937 in Cuxhaven an, von wo sie mit Sonderzügen in ihre jeweiligen Wohnorte überführt wurden. In Frankfurt a.M. wurden am 23. Mai sieben Besatzungsmitglieder im Rahmen eines Staatsbegräbnisses beigesetzt. Die Nationalsozialisten nutzten die Gelegenheit zu einer propagandistischen Inszenierung. Die Katastrophe von Lakehurst, deren Ursache bis heute umstritten ist, beendete die Ära der Großschiff-Luftfahrt und bedeutete auch perspektivisch das Aus für den Luftschiffhafen Rhein-Main.

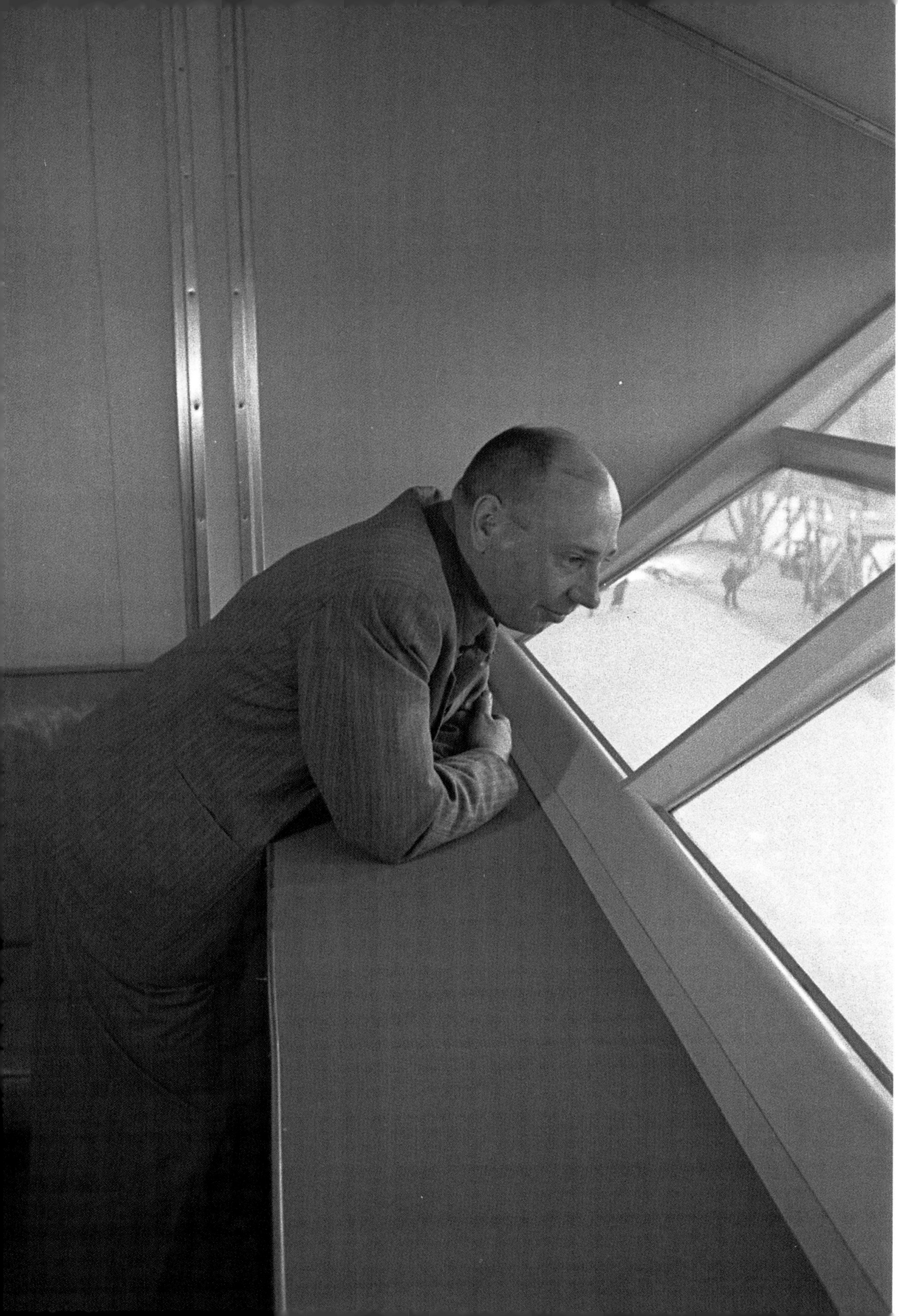

Der schwedische Journalist Birger Brinck gehörte zu den Opfern der Katastrophe von Lakehurst. Am 3. Mai 1937 reiste er im Auftrag der Zeitschrift „Stockholms-Tidningen" mit dem Luftschiff „Hindenburg" in die USA, um den Gouverneur von Pennsylvania zu interviewen. Auf dem Bild links blickt er kurz vor dem Start der „Hindenburg" vom Panoramadeck aus dem Fenster. Das Bild rechts zeigt ihn im Schreibzimmer der „Hindenburg".

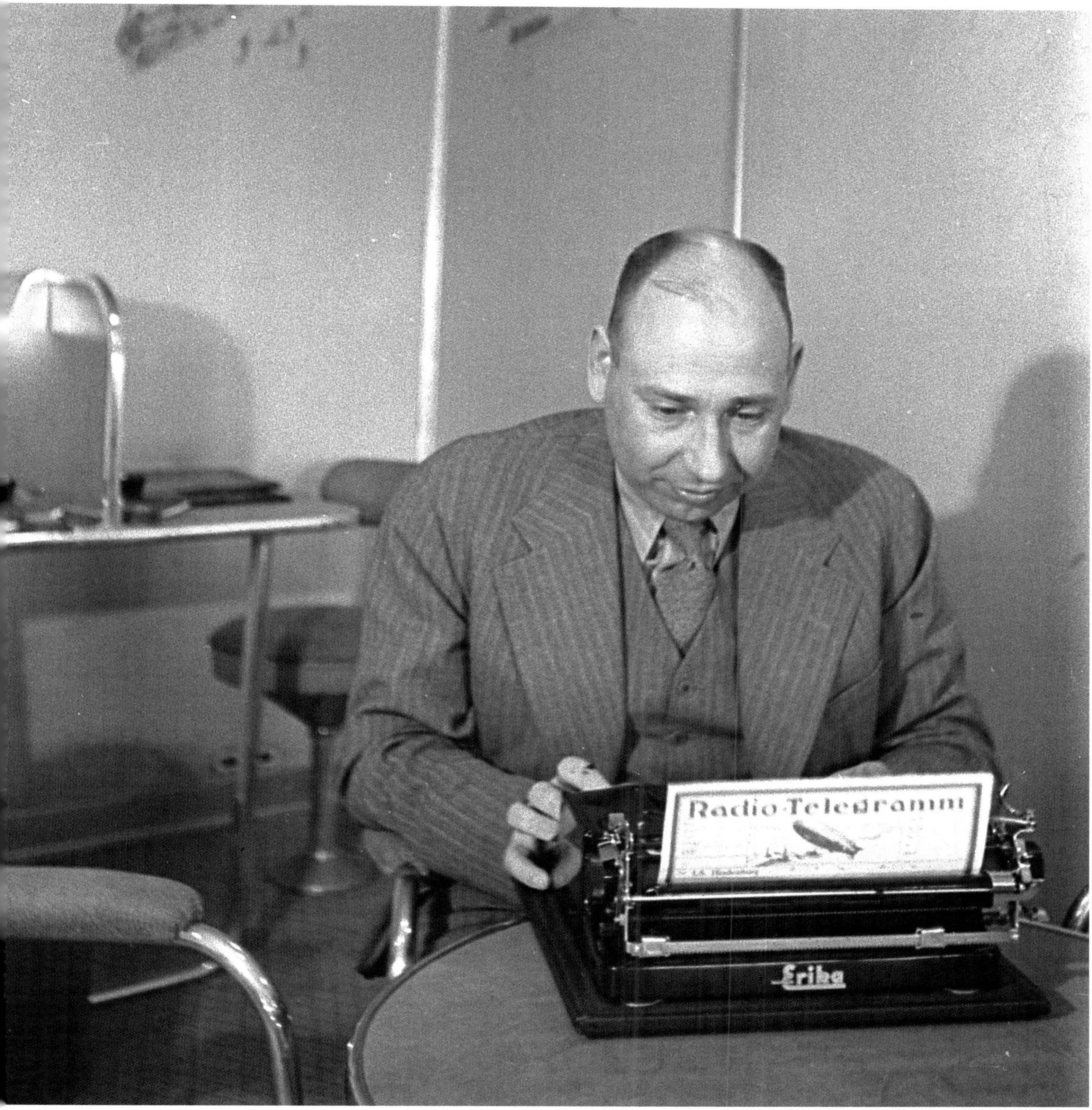
Radio-Telegramm
Erika

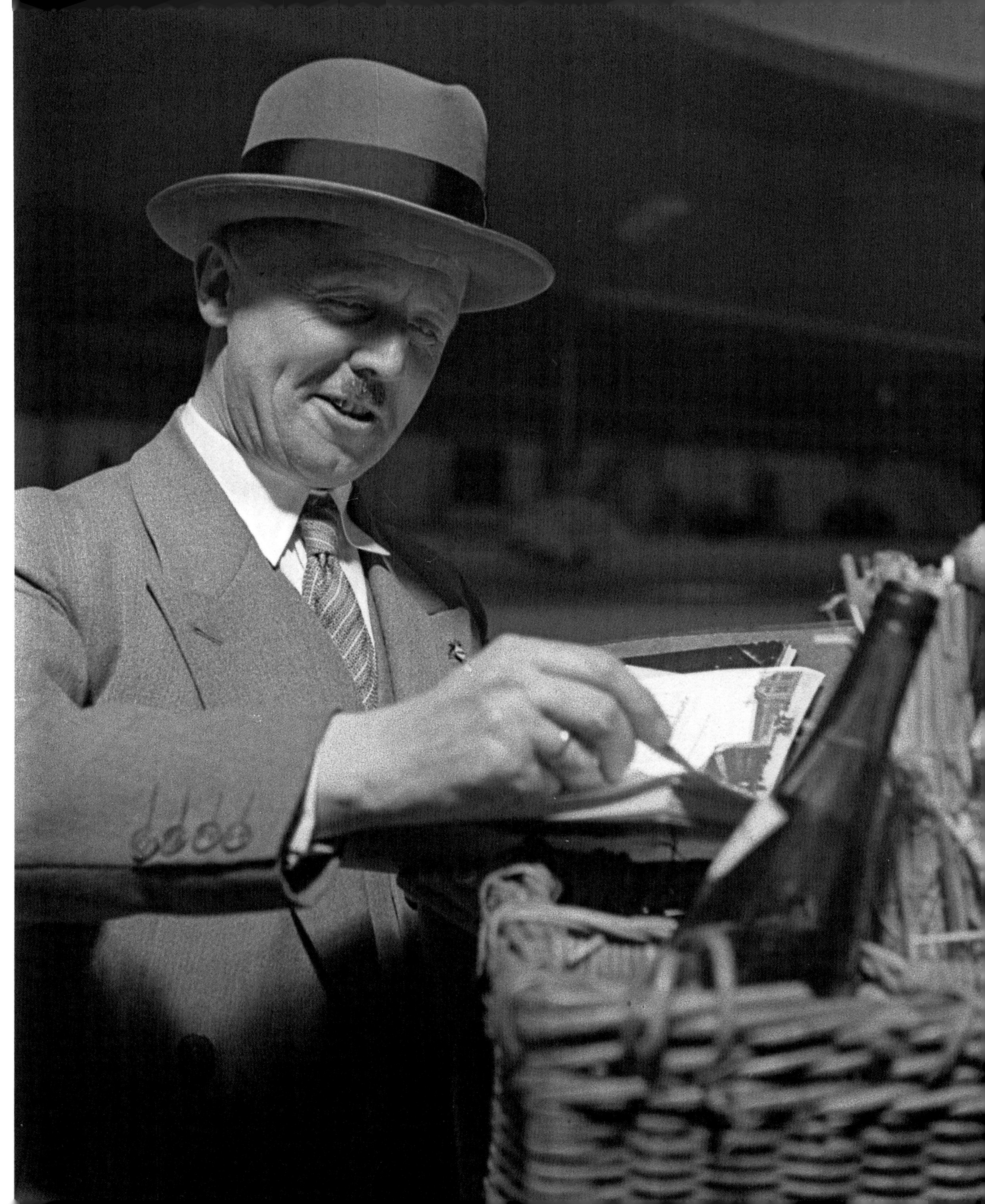

◄ Heinrich Kubis, Chefsteward der „Hindenburg", bei der Kontrolle der Lebensmittellieferungen für die Fahrt in die USA. Kubis war 1912 von der ersten Zeppelin-Luftfahrtgesellschaft DELAG als erster Flugbegleiter der Welt eingestellt worden und arbeitete anfangs auf der LZ 10 „Schwaben". Er überlebte die Katastrophe.

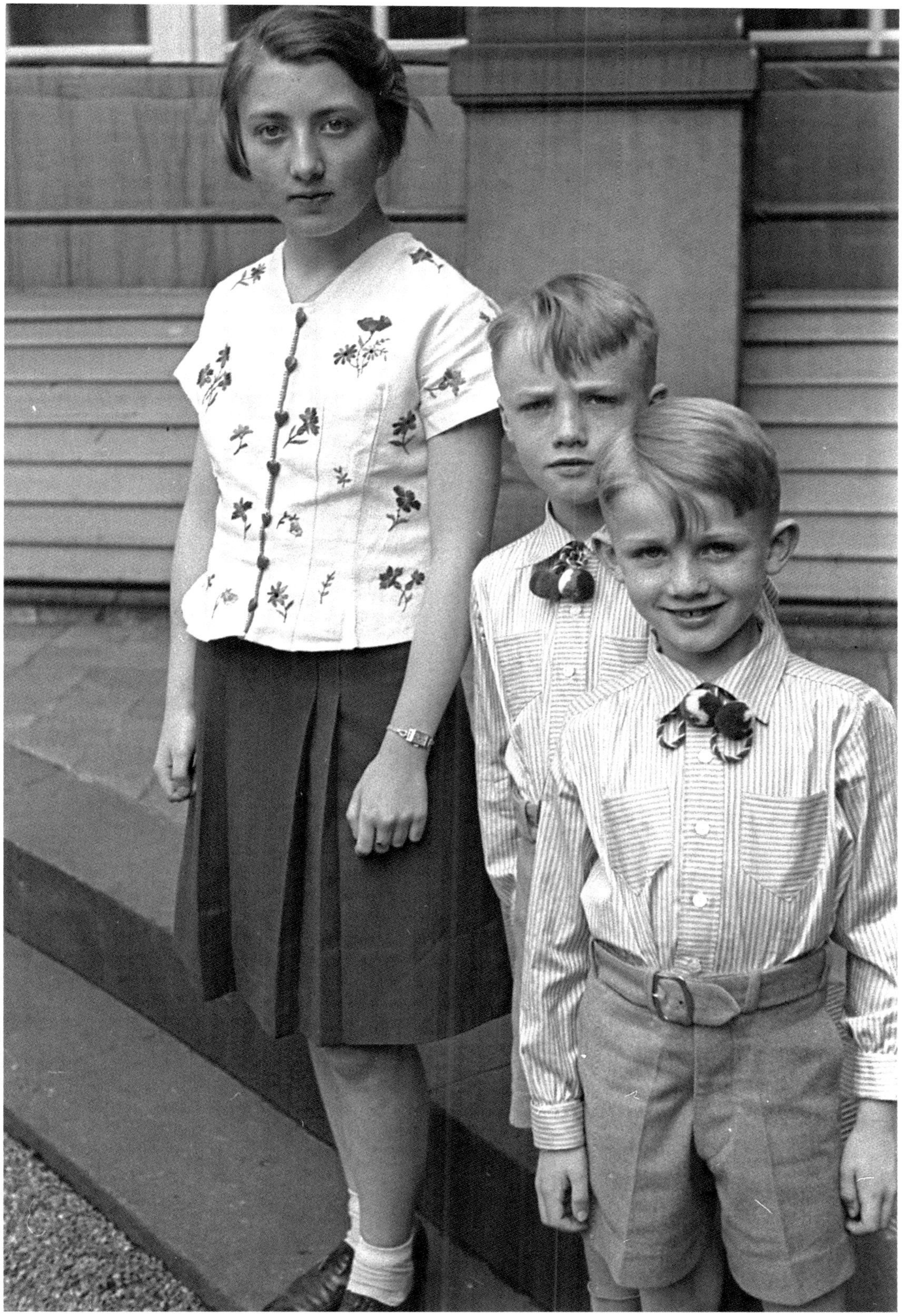

Die Geschwister Irene (14 Jahre), Walter (zehn Jahre) und Werner Doehner (acht Jahre) kurz bevor sie mit ihren Eltern am 3. Mai 1937 in Frankfurt a.M. die „Hindenburg" besteigen. Die wohlhabende Familie Doehner wollte über New York nach Mexiko-City fliegen, wo der Vater als Generaldirektor des Pharmazieunternehmens Beick, Felix & Comp. beschäftigt war. Walter und Werner sowie die Mutter überlebten die Katastrophe, während Irene und ihr Vater ihren schweren Verletzungen erlagen.

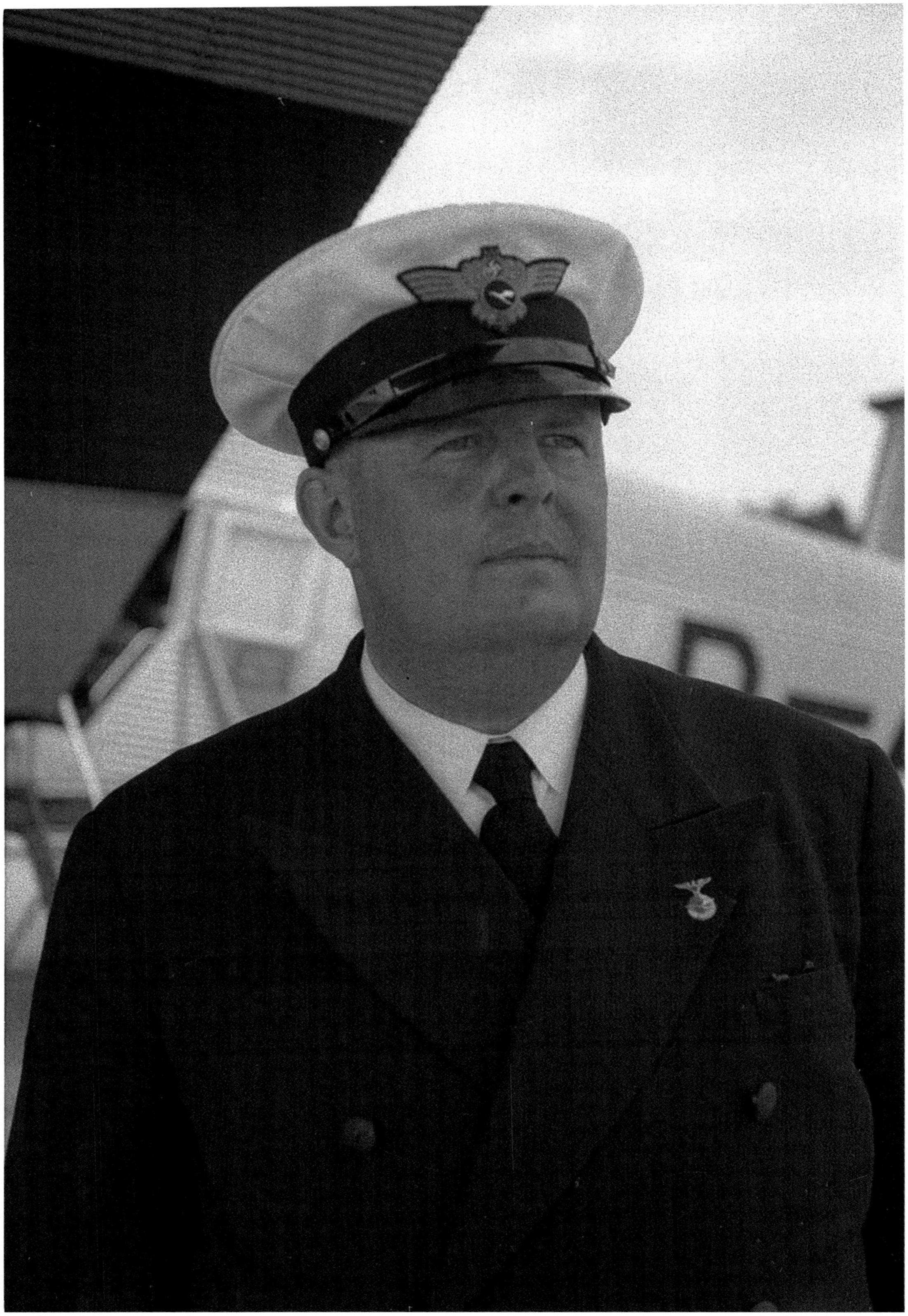

Ankunft des Sonderzugs aus Cuxhaven mit den Särgen der sieben aus Frankfurt a.M. und Umgebung stammenden Besatzungsmitglieder der LZ 129 „Hindenburg" am Morgen des 23. Mai 1937 im Frankfurter Hauptbahnhof. Zum Empfang spielte ein Musikkorps der SA.

Zu den Opfern zählte der Bordfunker der „Hindenburg", Willy Speck aus Oberursel, der am 8. Mai 1937 seinen schweren Verletzungen erlag.

Die Strecke vom Hauptbahnhof zum Hauptfriedhof, die die Fahrzeugkolonne mit den Särgen nahm, war vorher bekannt gegeben worden. Die Straßen waren deshalb von Zuschauern gesäumt.

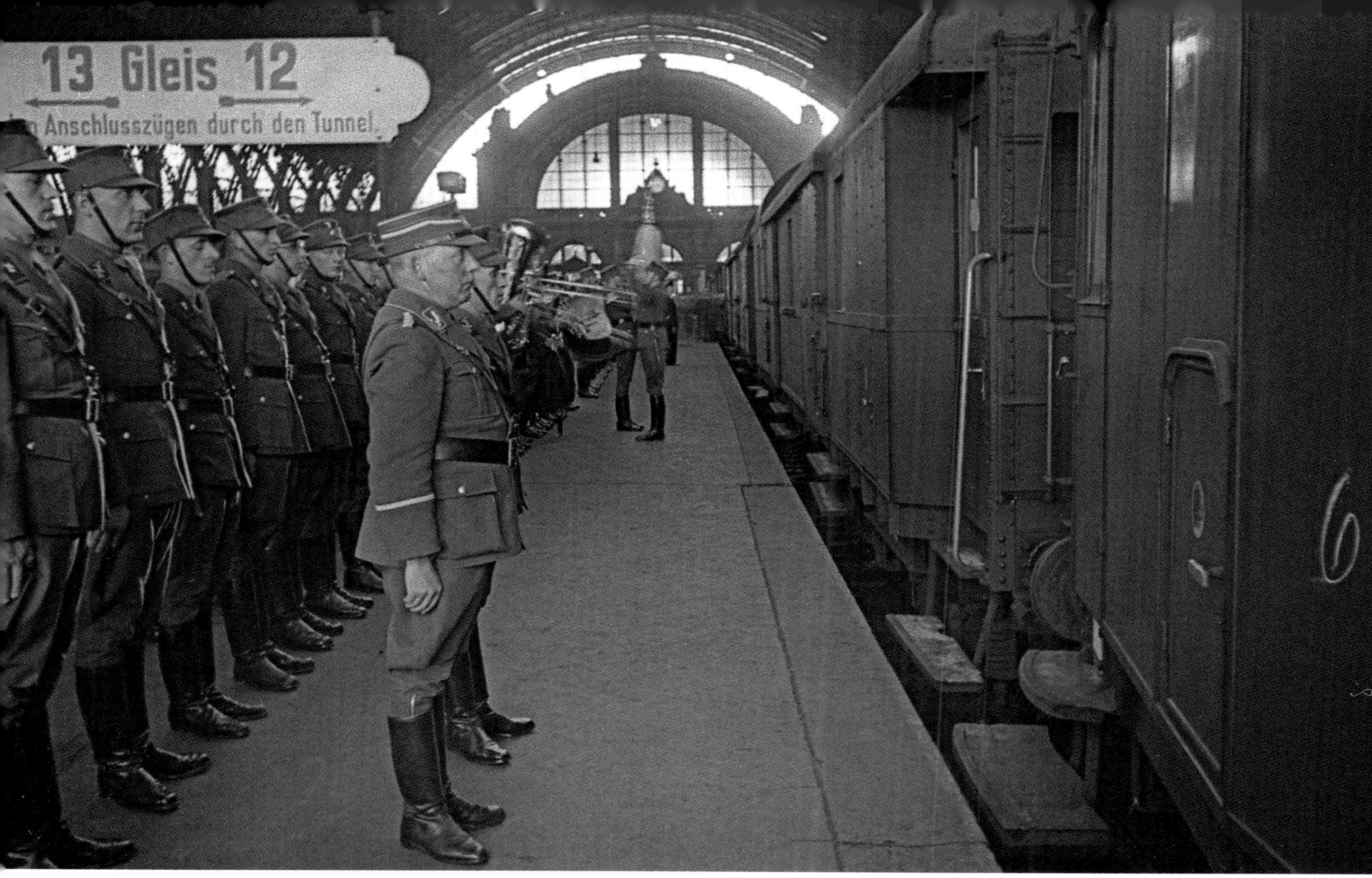
13 Gleis 12
Anschlusszügen durch den Tunnel

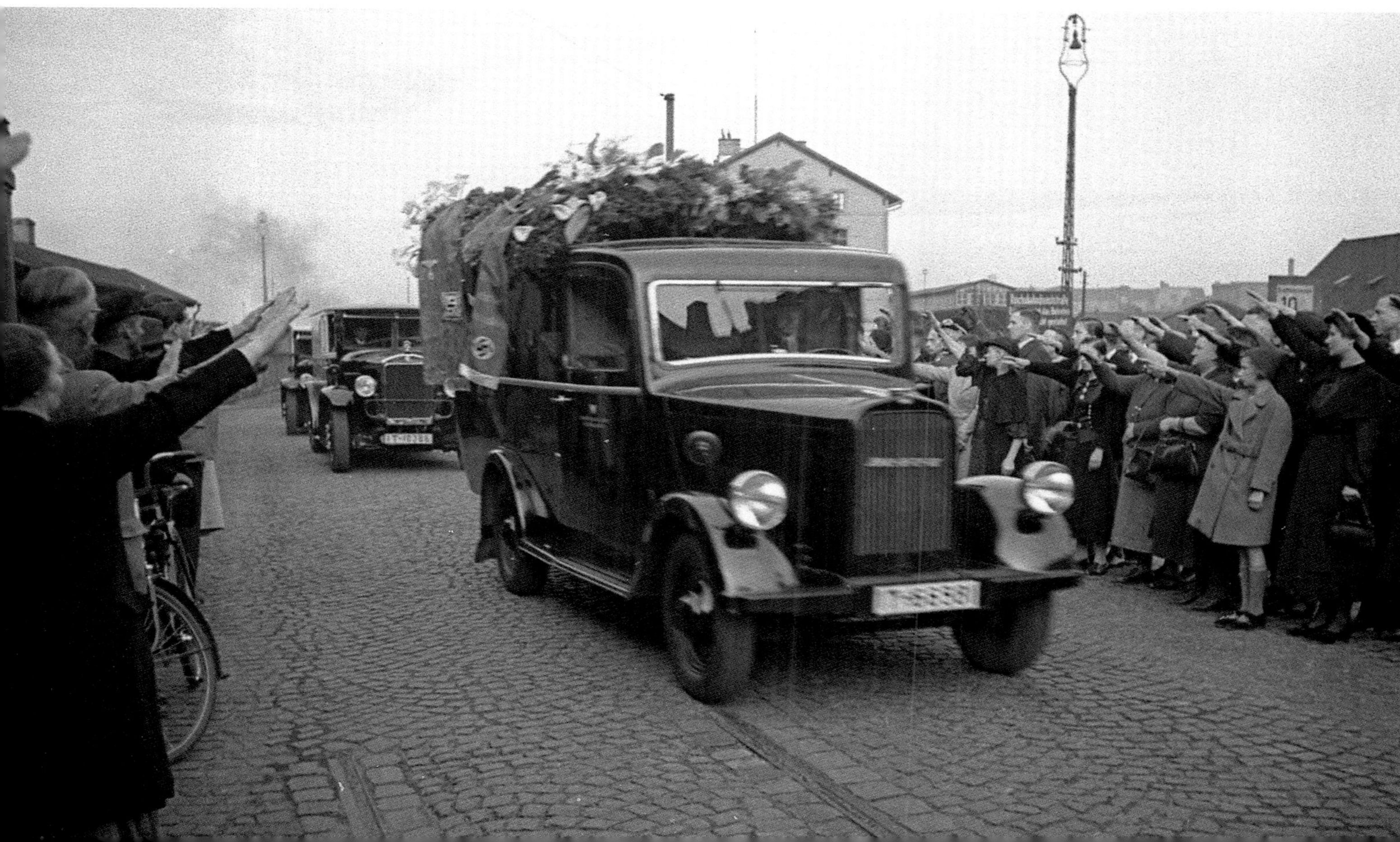

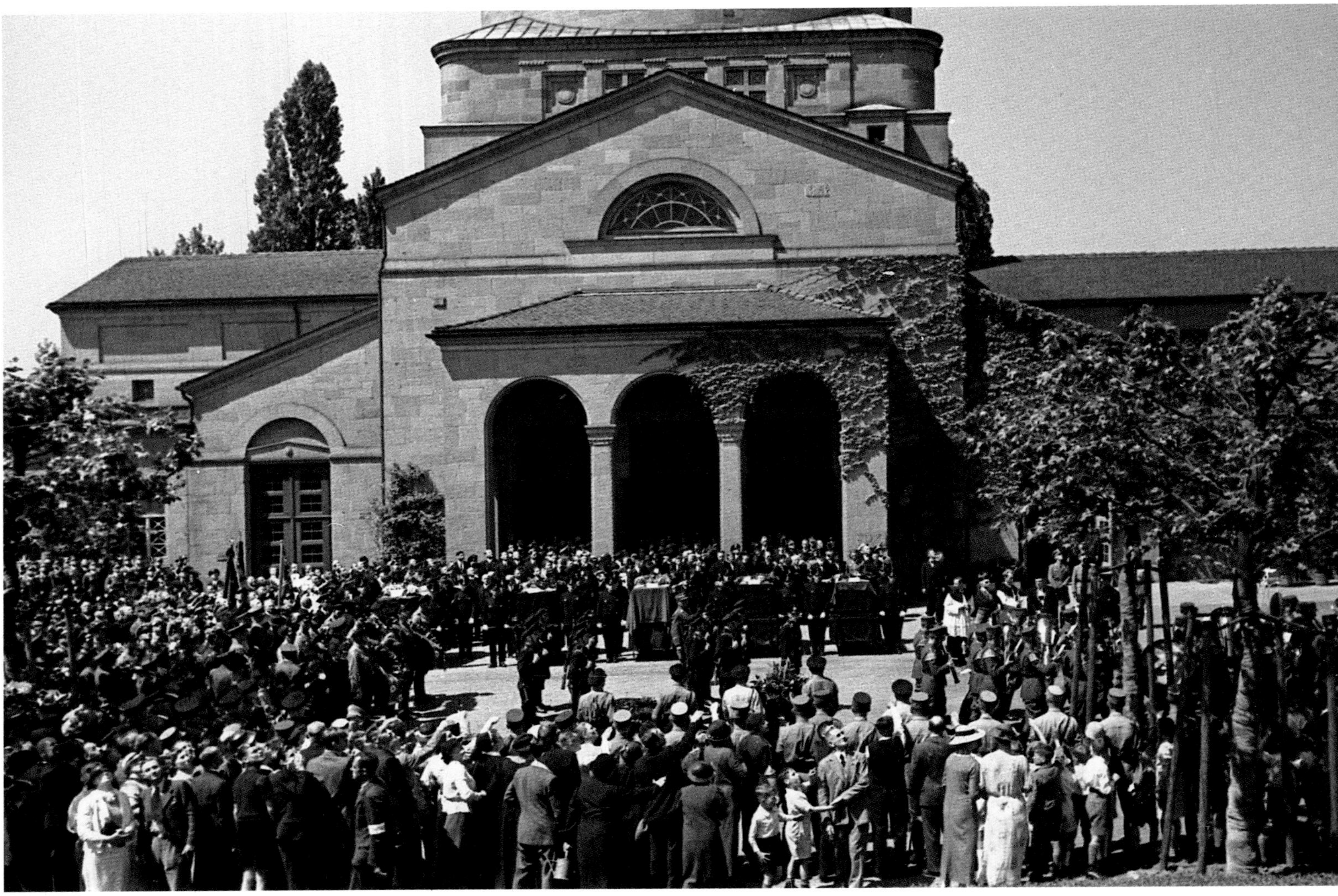

Aufbahrung der Särge vor der Trauerhalle des Frankfurter Hauptfriedhofs.

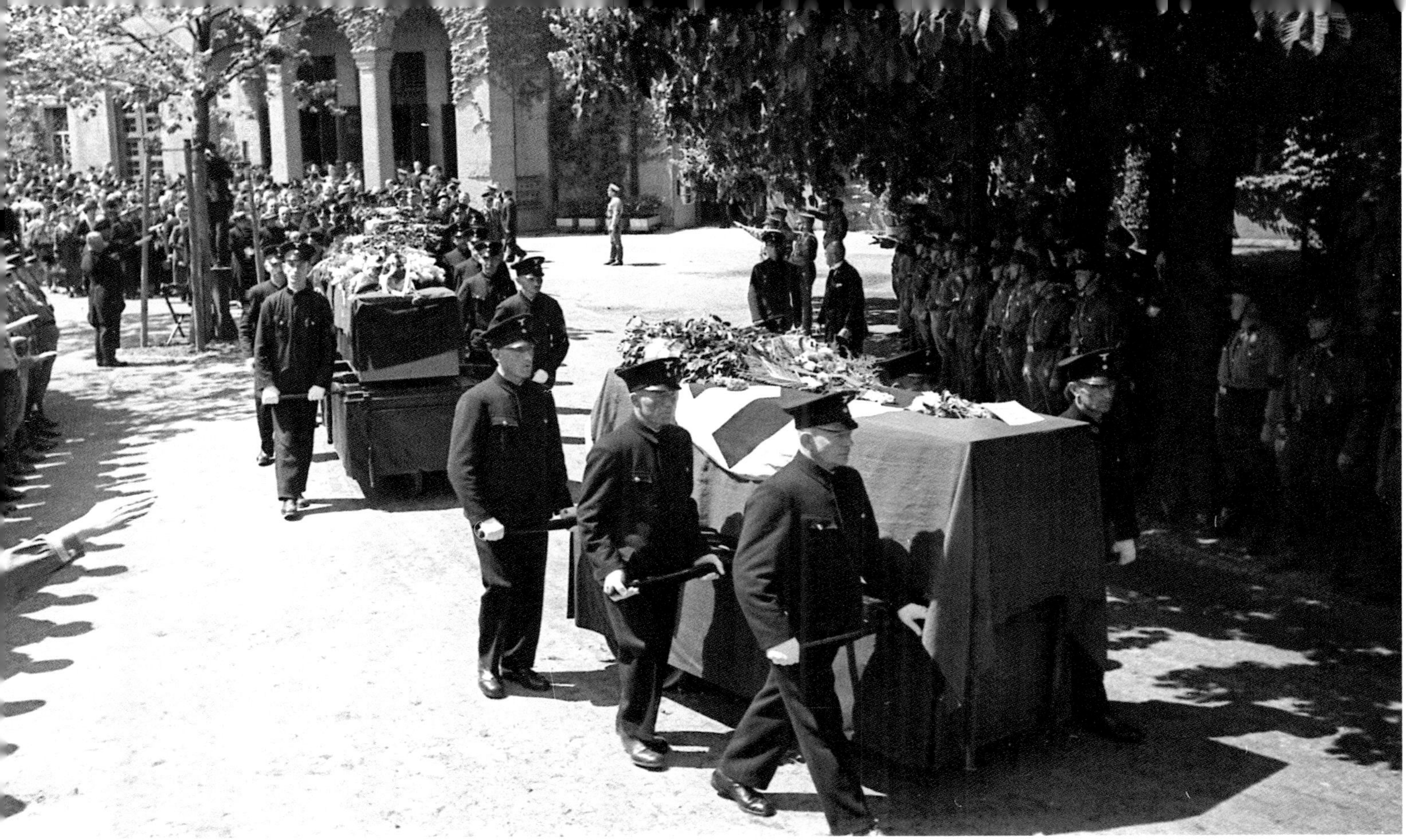

Die Särge auf dem Weg von der Trauerhalle zum Grab.

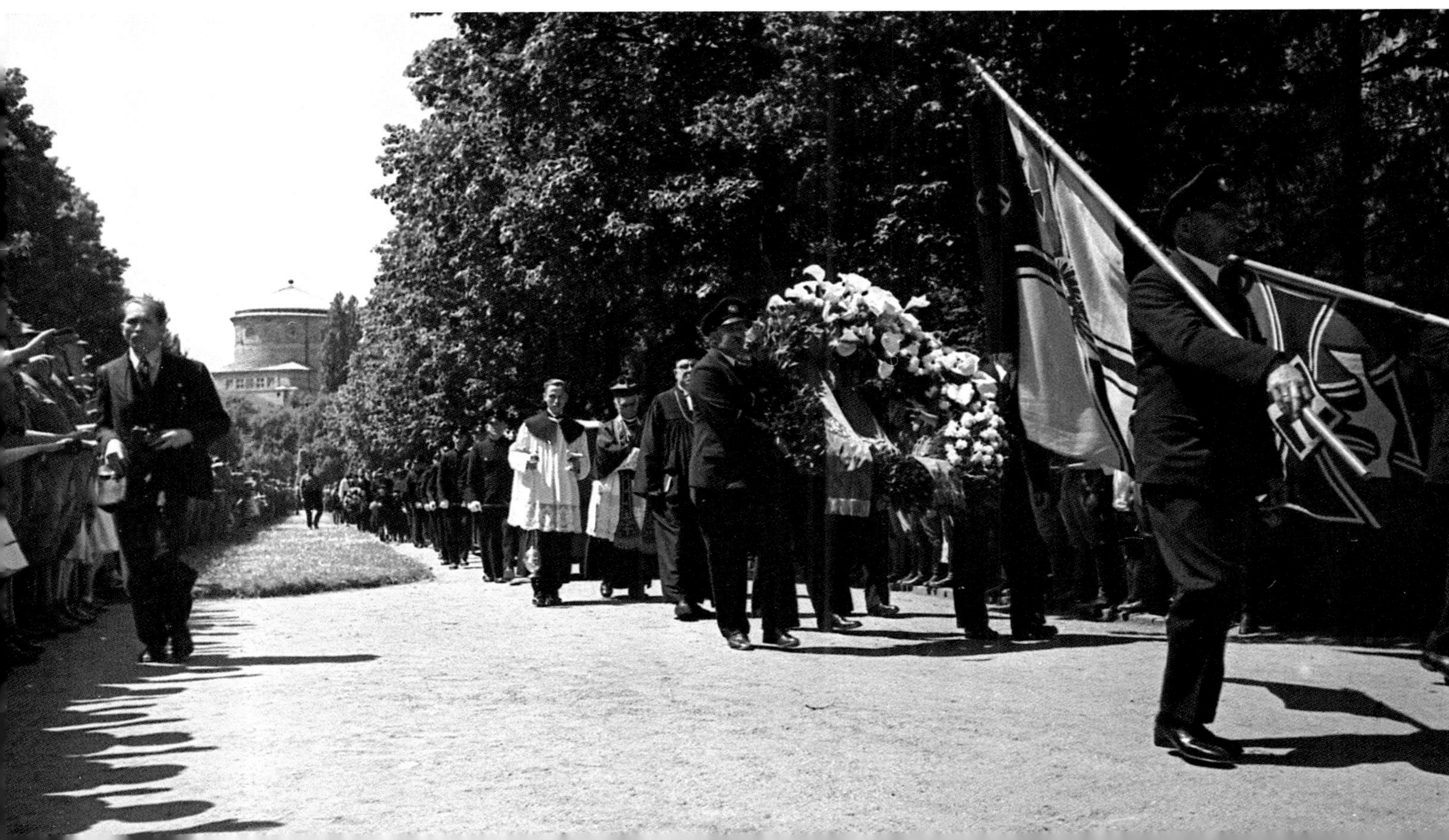

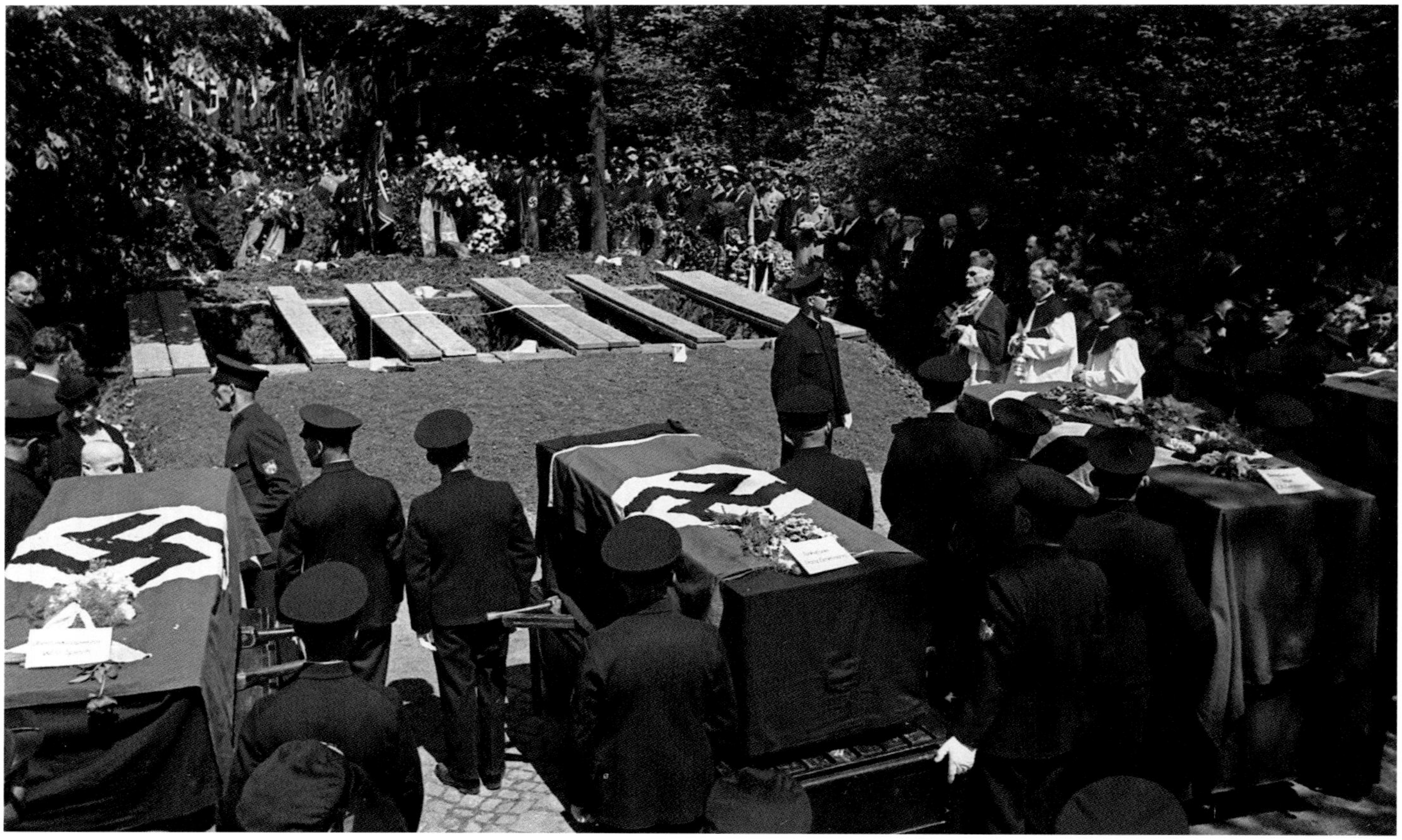

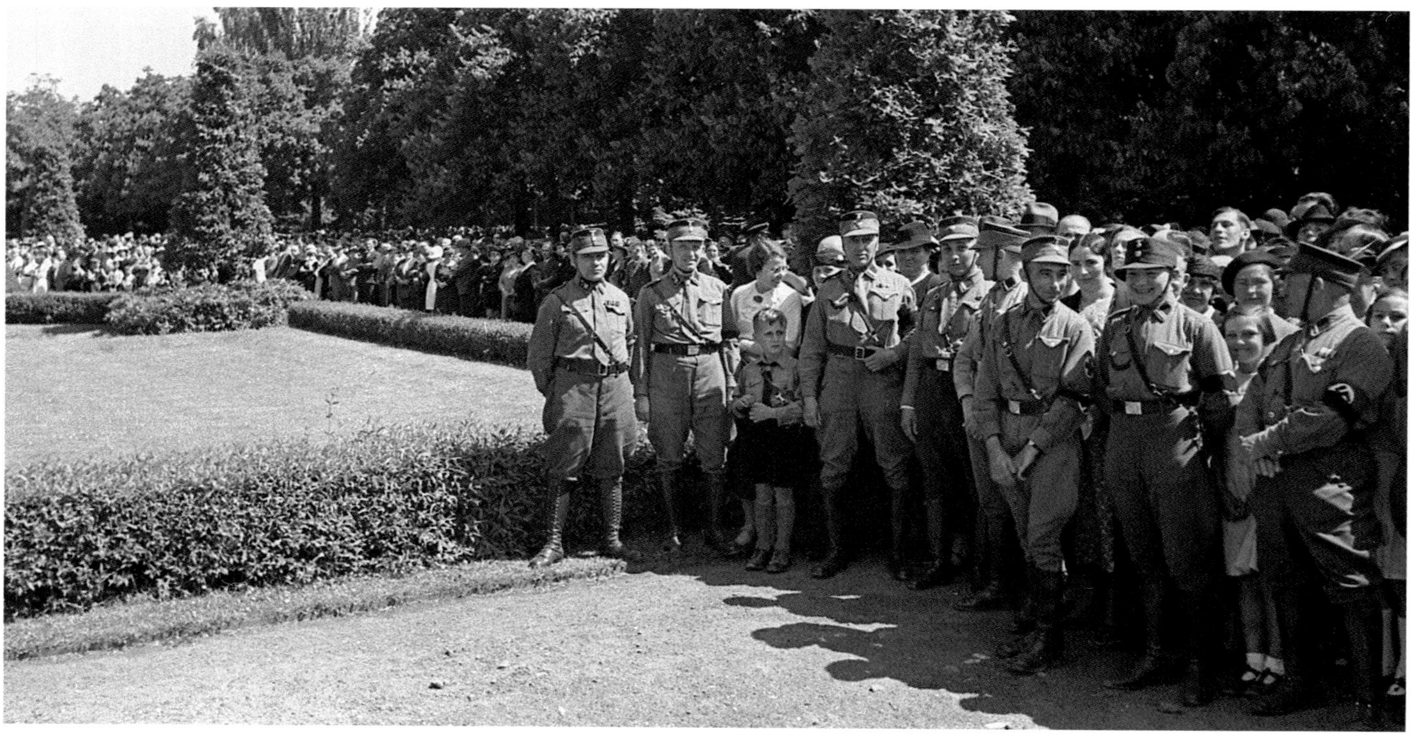

◄ Die sieben Todesopfer unter den Frankfurter Besatzungsmitgliedern der „Hindenburg" wurden in einem Gemeinschaftsgrab beigesetzt. Abordnungen der NSDAP und ihrer Gliederungen in den jeweiligen Uniformen säumten das Grab.

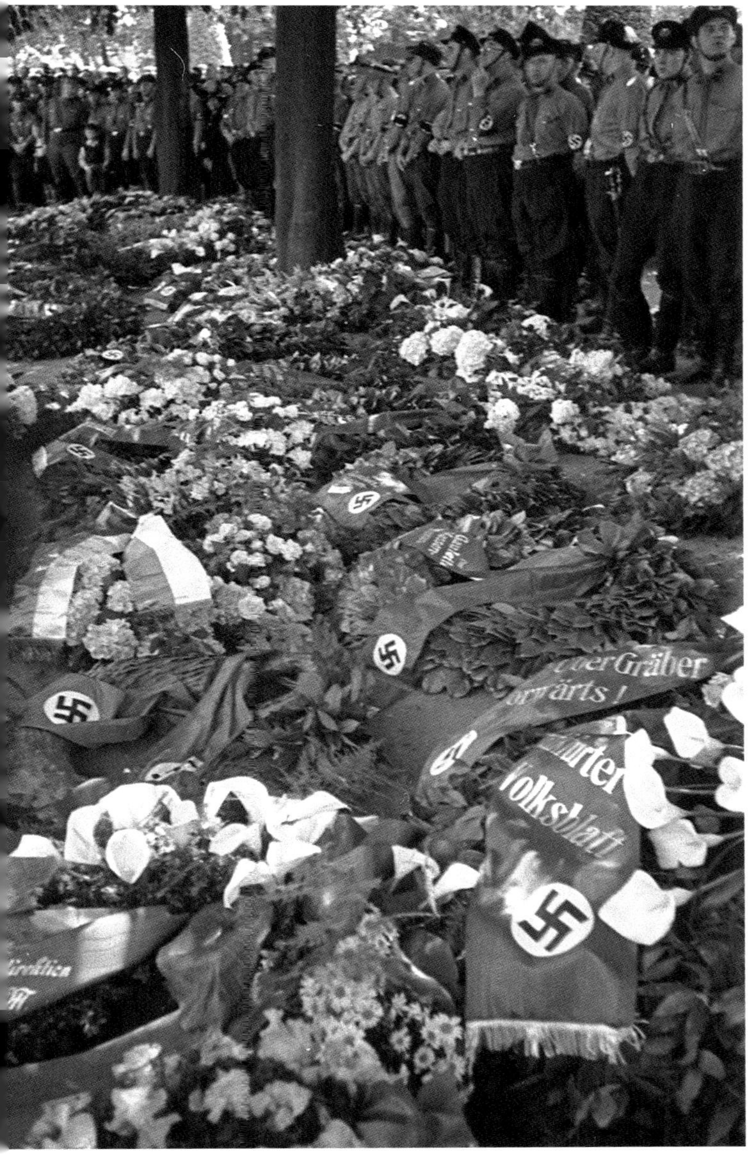

Hunderte von Kränzen umgaben das Grab.

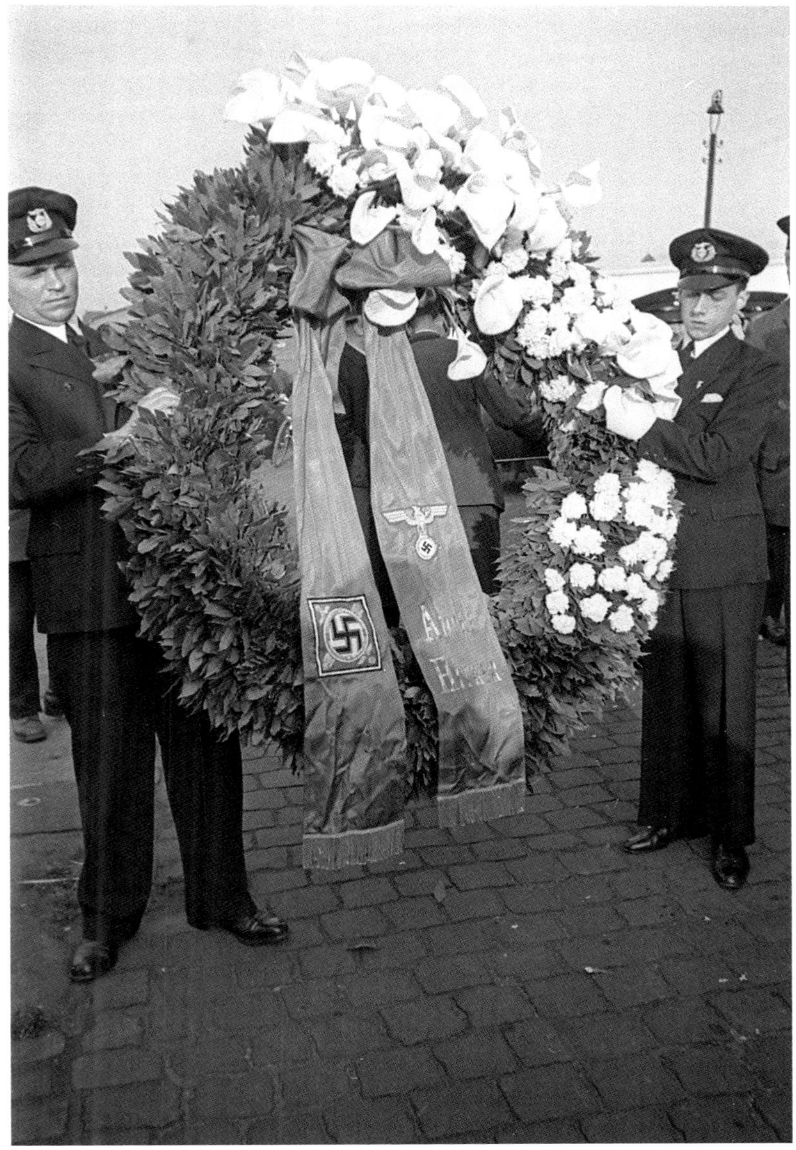

Auch Adolf Hitler hatte einen Kranz schicken lassen.

◄ Die Aufnahme lässt erahnen, welche Menschenmassen das Begräbnis anzog.

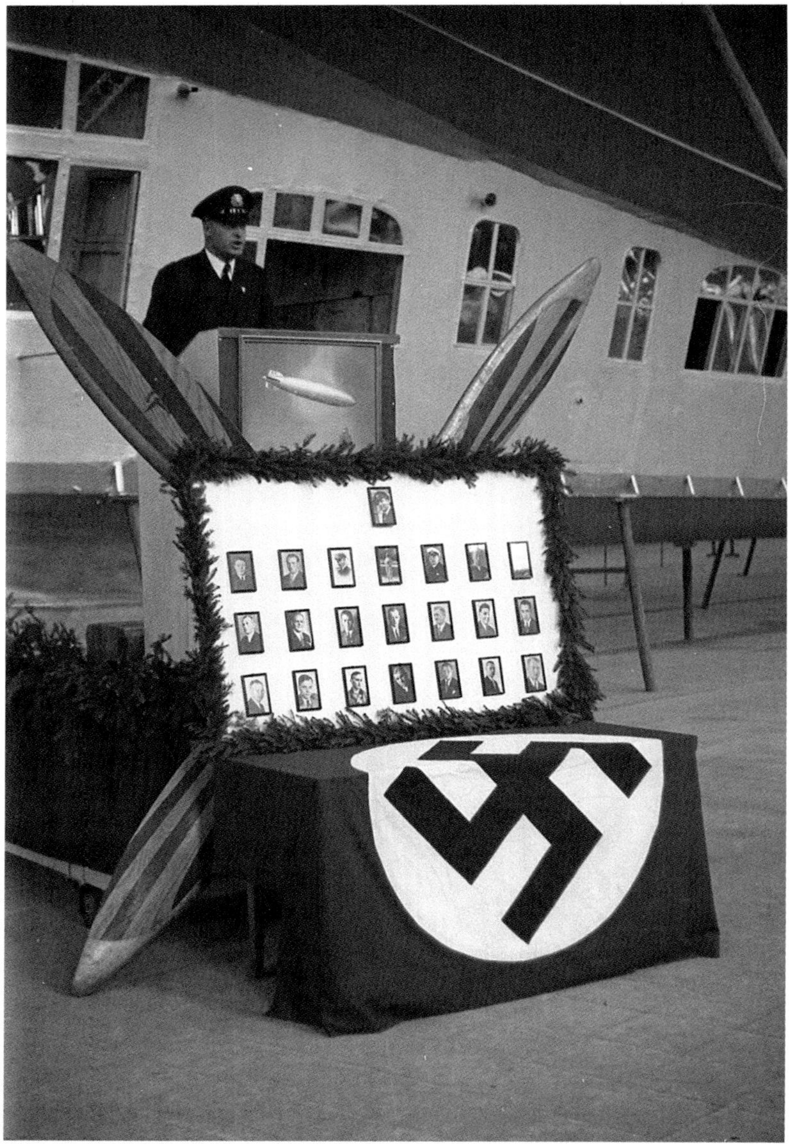

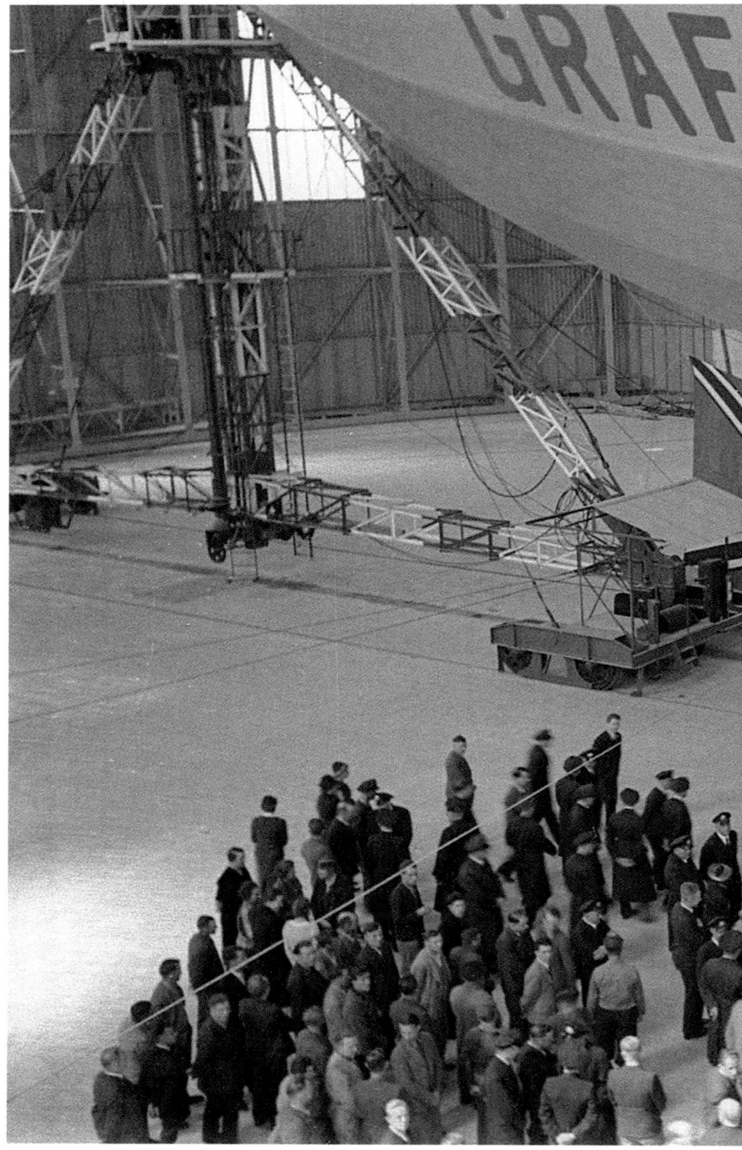

Wenige Tage nach dem Begräbnis auf dem Frankfurter Hauptfriedhof hielten die Deutsche Zeppelin-Reederei, die Deutsche Lufthansa und die Südwestdeutsche Flugbetriebs AG Rhein-Main in der Luftschiffhalle I eine gemeinsame Trauerfeier für die tödlich verunglückten Besatzungsmitglieder der „Hindenburg" ab.

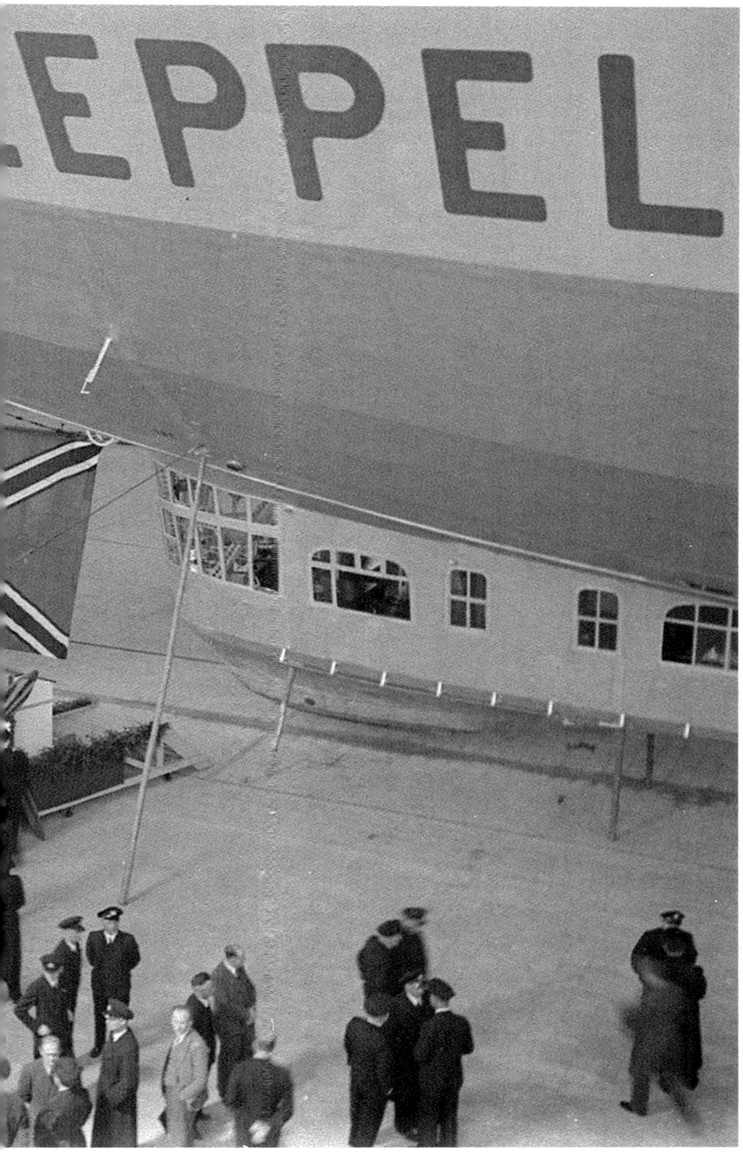

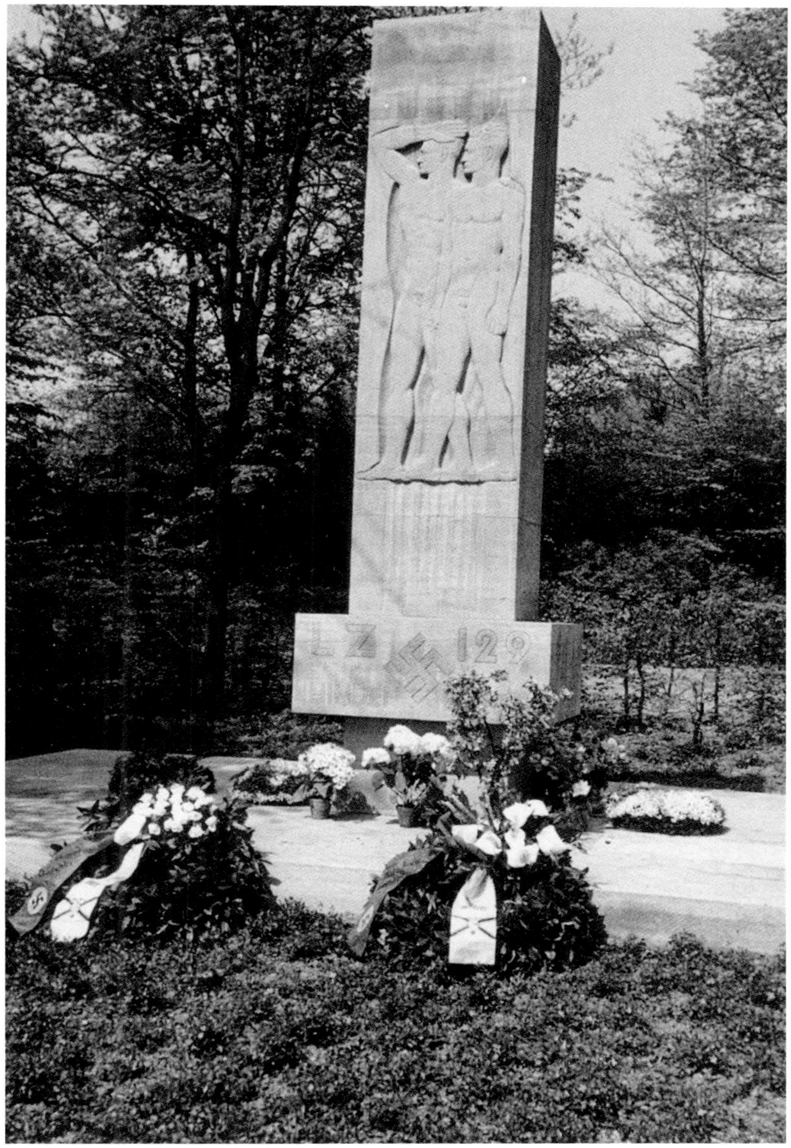

Das Grabmal des Gemeinschaftsgrabs in Form eines Gedenksteins wurde 1939 von dem Bildhauer Carl Stock geschaffen und steht heute (freilich ohne Hakenkreuz) unter Denkmalschutz. Nach der Inschrift waren in dem Grab folgende Besatzungsmitglieder beigesetzt: Fritz Flackus (Koch), Ernst Schlapp (Elektriker), Kapitän Ernst A. Lehmann (als Beobachter der Geschäftsführung der Deutschen Zeppelin-Reederei an Bord), Alfred Bernhardt (Steuermann), Franz Eichelmann (Funker), Willy Speck (Erster Funker) und Max Schulze (Steward). Die sterblichen Überreste von Lehmann wurden 1939 nach Grassau (Chiemgau) überführt, wohin seine Witwe verzogen war.

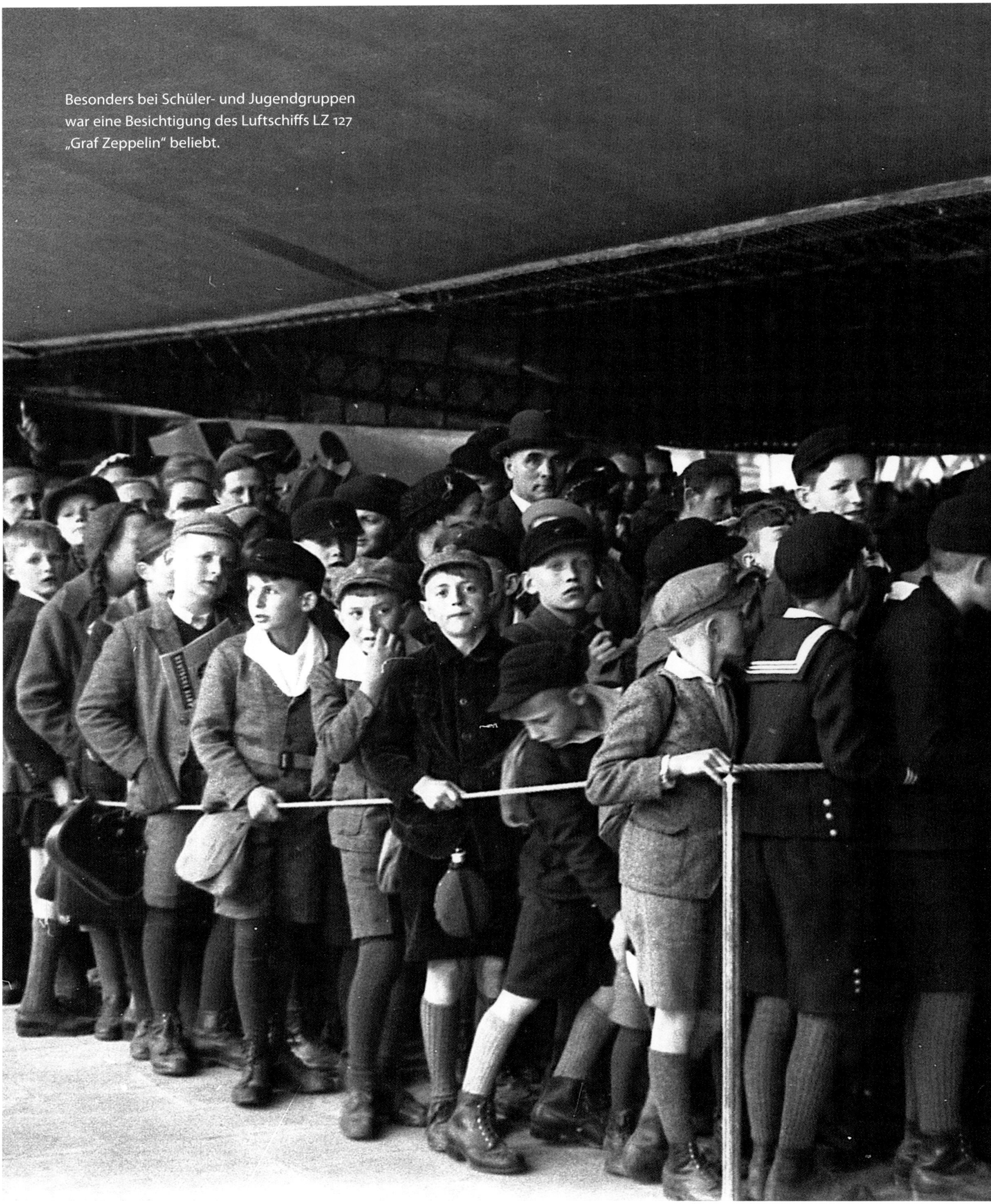

Besonders bei Schüler- und Jugendgruppen war eine Besichtigung des Luftschiffs LZ 127 „Graf Zeppelin" beliebt.

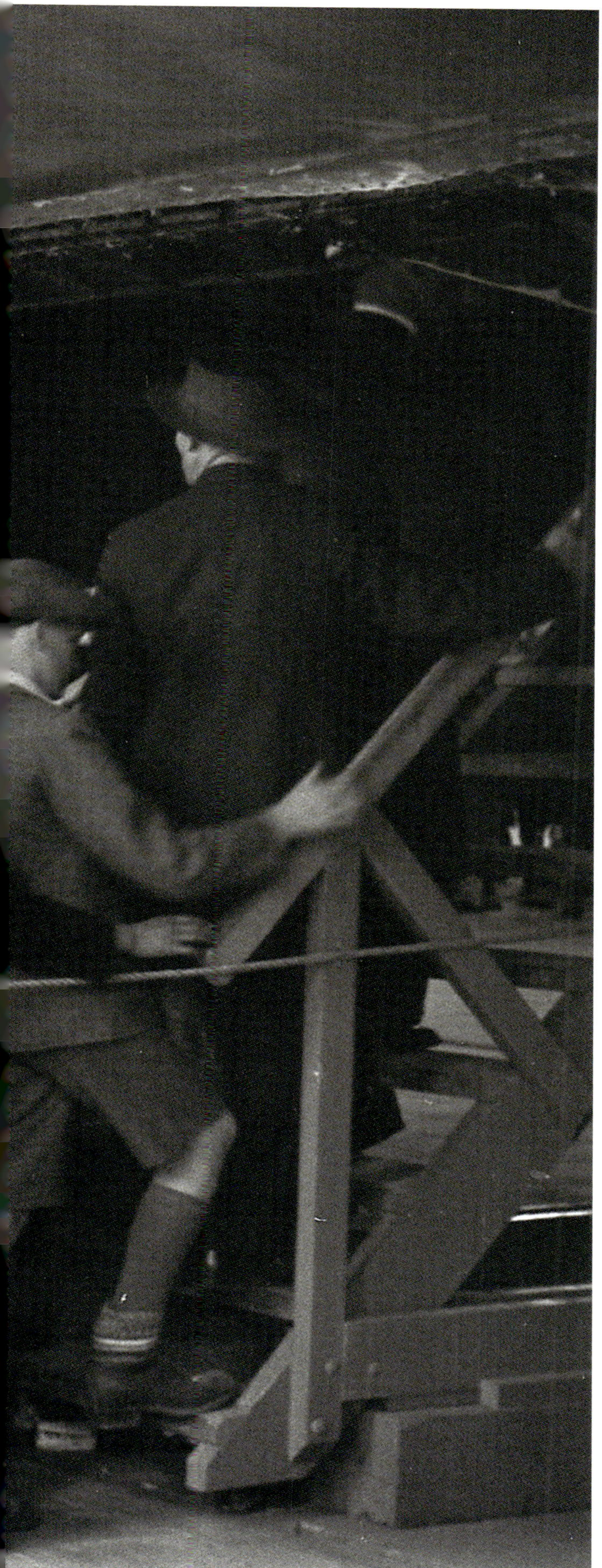

VI.

LZ 127 und LZ 130 als museale Attraktion und Propagandamittel

Das Luftschiff LZ 127 „Graf Zeppelin“ befand sich auf der Rückreise von Recife über dem Atlantik, als es über Funk vom Unglück der „Hindenburg“ erfuhr. Die Deutsche Zeppelin-Reederei beschloss, bis zur Klärung der Unfallursache keine Passagierfahrten mehr zu unternehmen. Die „Graf Zeppelin“ wurde am 18. Juni 1937 von Friedrichshafen nach Frankfurt a.M. überführt, außer Dienst gestellt und in der Luftschiffhalle I aufgehängt. Fortan diente sie als museales Objekt, das tagtäglich große Besuchermengen anlockte. Böse Zungen behaupteten, mit den Eintrittsgeldern habe die „Graf Zeppelin“ der Deutschen Zeppelin-Reederei mehr Geld eingebracht als mit ihren Fahrten.

Das Luftschiff LZ 130 „Graf Zeppelin“ war das Schwesterschiff der „Hindenburg“. Beide waren weitgehend identisch, jedoch kamen bei der Konstruktion und Entwicklung des LZ 130 neue Erkenntnisse zum Tragen. Das LZ 130 startete am 14. Oktober 1938 zu seiner Jungfernfahrt und wurde nach verschiedenen Testfahrten am 31. Oktober 1938 ebenfalls zum Luftschiffhafen Rhein-Main überführt. Es wurde zwar grundsätzlich für den Luftverkehr zugelassen, jedoch mit der Beschränkung, keine Passagiere mehr zu transportieren. Bis zum Kriegsbeginn 1939 unternahm man zahlreiche Test- und Propagandafahrten, vielleicht mit der Hoffnung, die Mannschaften bis zu einer Wiederaufnahme des Luftschiffverkehrs in Übung zu halten. Mit Ausbruch des Krieges war es damit vorbei. Die Luftschiffe LZ 127 und LZ 130 wurden im März und April 1940 abgewrackt, das Aluminium wurde für den Bau von Flugzeugen verwendet.

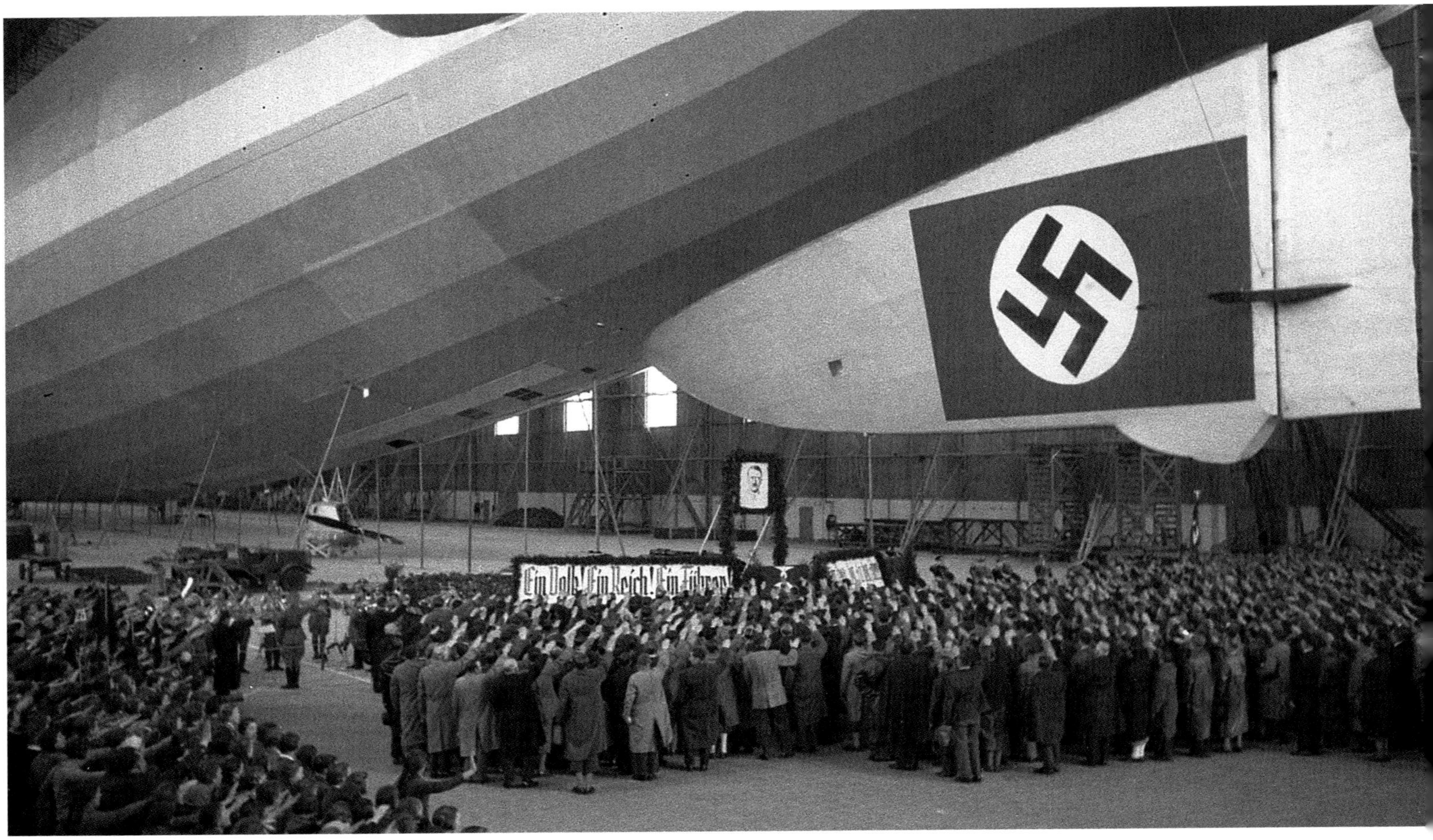
Ein Volk! Ein Reich! Ein Führer!

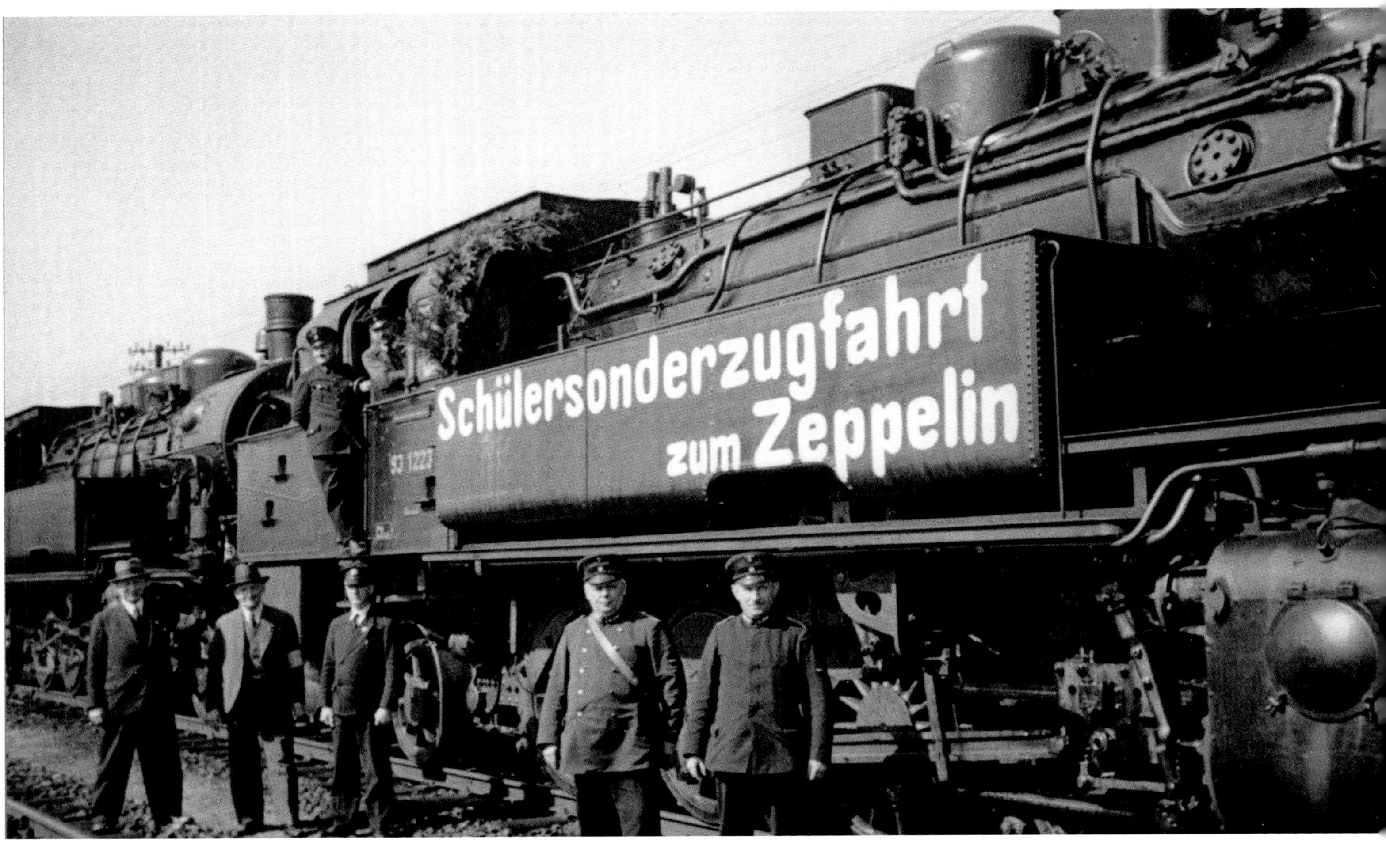
Schülersonderzugfahrt
zum Zeppelin
93 1223

◂ Nach der Überführung des Luftschiffes LZ 127 „Graf Zeppelin“ von Friedrichshafen nach Frankfurt a.M. und seiner Aufhängung in der Luftschiffhalle I hielten die Deutsche Zeppelin-Reederei und die Gauleitung der NSDAP in der Halle eine Feierstunde ab, um seine Pionierrolle im Überseeverkehr zu würdigen.

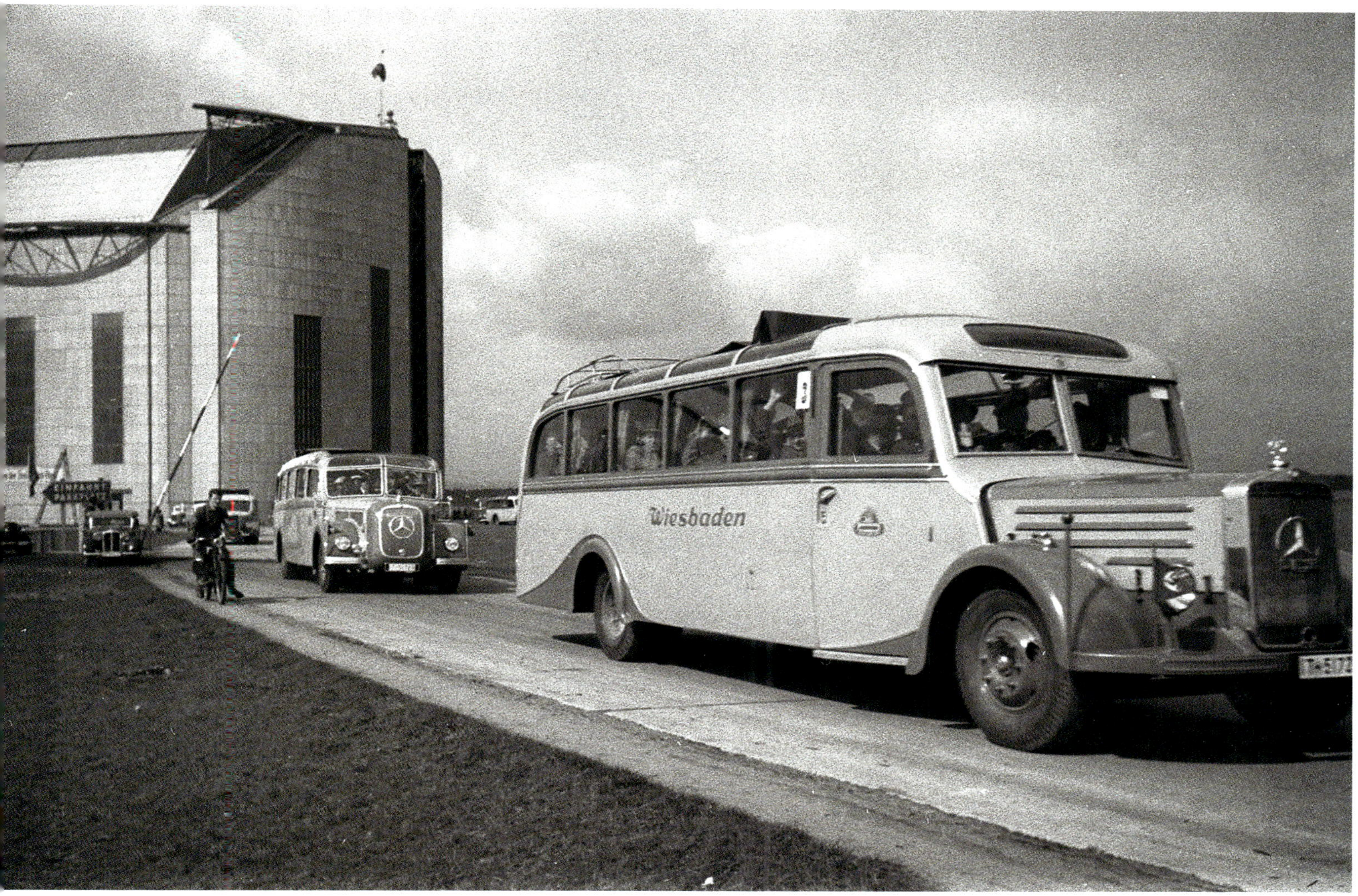

… oder mit Reisebussen, wie hier mit den „Blauen Kurautobussen“ der Wiesbadener Kurautobusse GmbH, zum Luftschiffhafen.

◂ Die Besucher kamen mit der Eisenbahn, wie hier mit einem Sonderzug für Schüler (an der Station Zeppelinheim), …

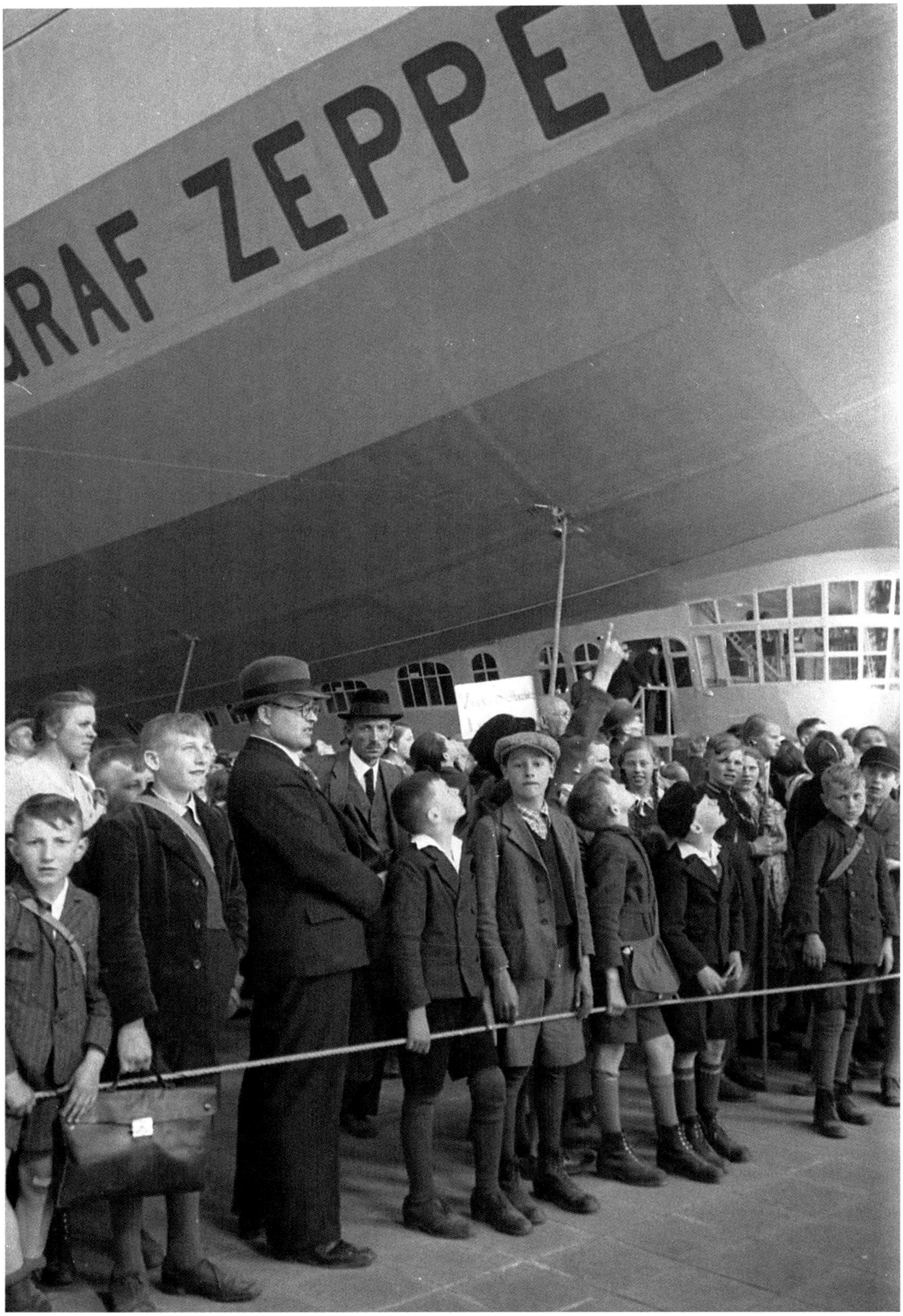

Zahlreiche Besucher warten auf Einlass.

Fast täglich kamen Gruppen der Hitlerjugend aus der näheren und weiteren Umgebung Frankfurts zur Luftschiffhalle I. Solche Ausflüge trugen nicht nur zur Attraktivität der HJ für Jugendliche bei, sondern sollten auch die angebliche technische Überlegenheit des nationalsozialistischen Deutschlands demonstrieren.

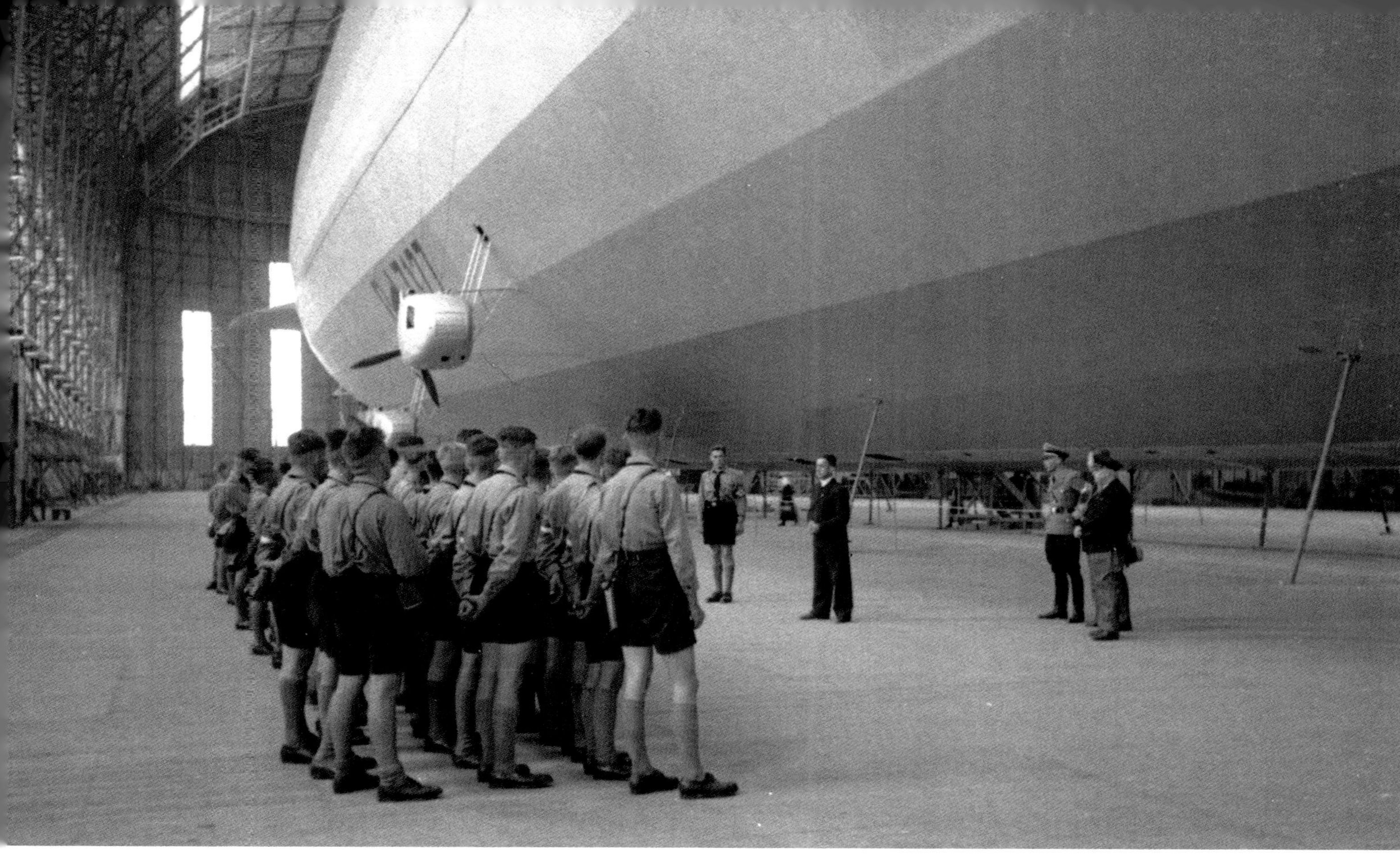

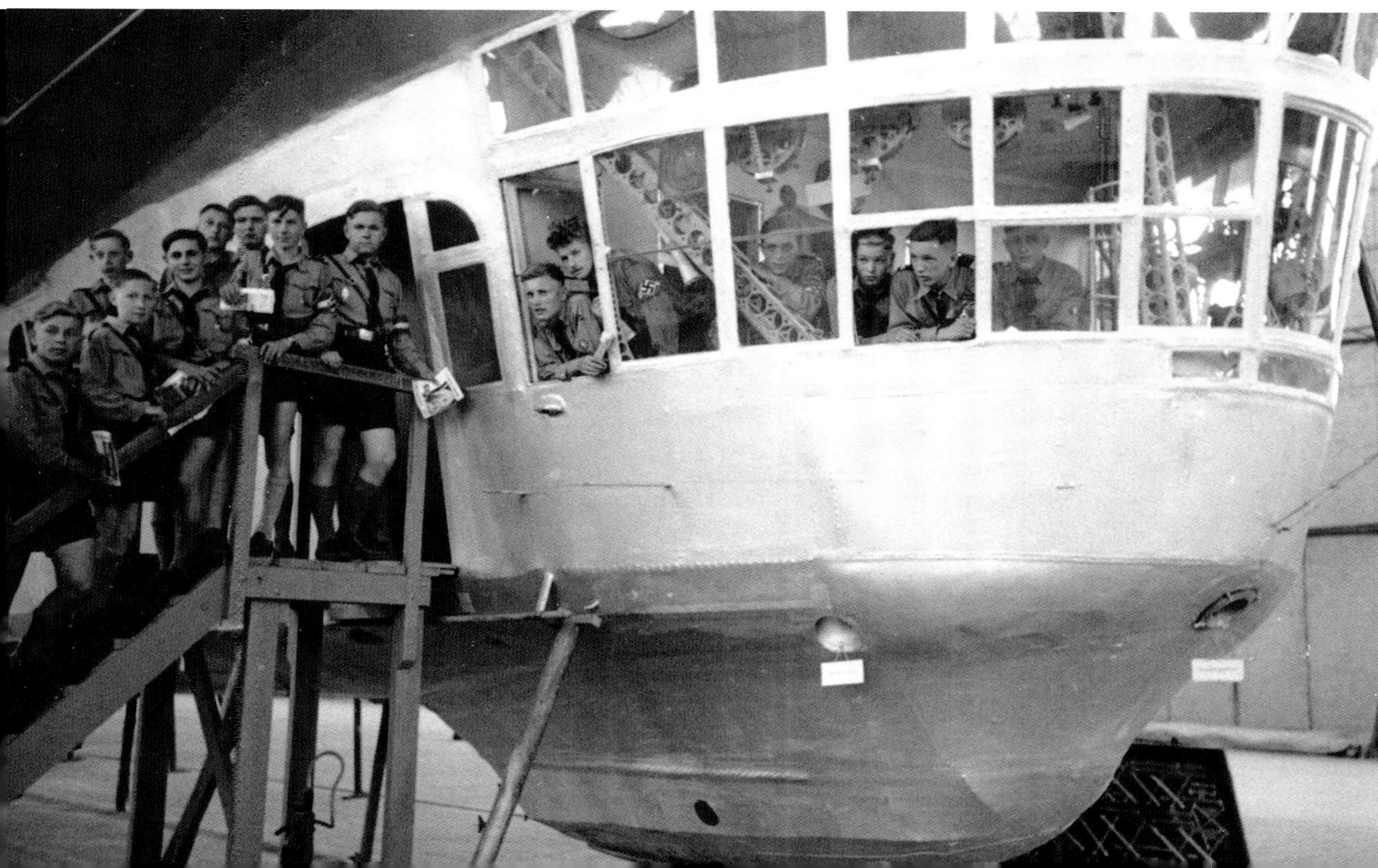

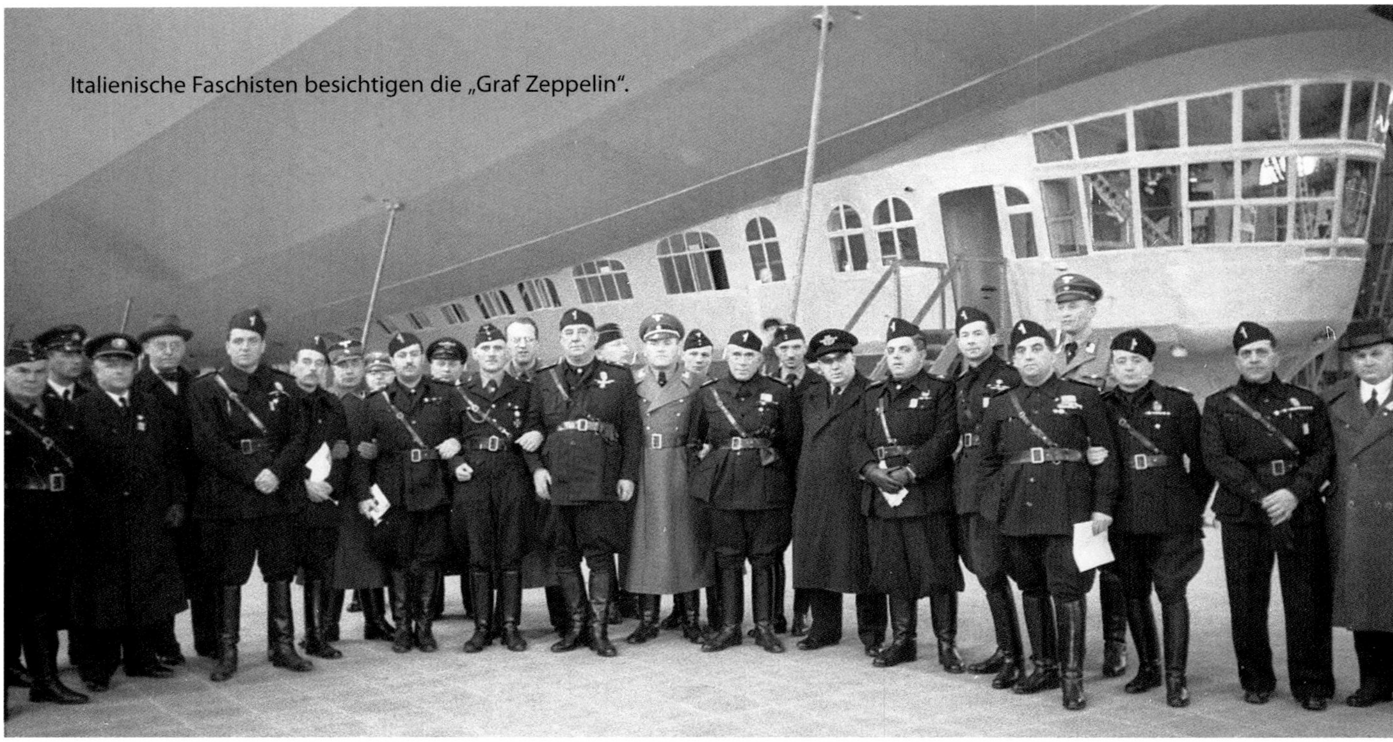

Italienische Faschisten besichtigen die „Graf Zeppelin".

Zu den Höhepunkten des Besichtigungsprogramms gehörte ein Rundgang durch die Gondel der „Graf Zeppelin". Vor allem an Sonntagen bildeten sich vor dem Aufgang lange Schlangen. ▼

Besucher unter einer Motorengondel des Luftschiffs LZ 127 „Graf Zeppelin". Die Luftschrauben hatten einen Durchmesser von 4,2 Metern. Die „Graf Zeppelin" war mit fünf 12-Zylinder-Motoren ausgestattet, die zusammen 2.000 kW leisteten. ►

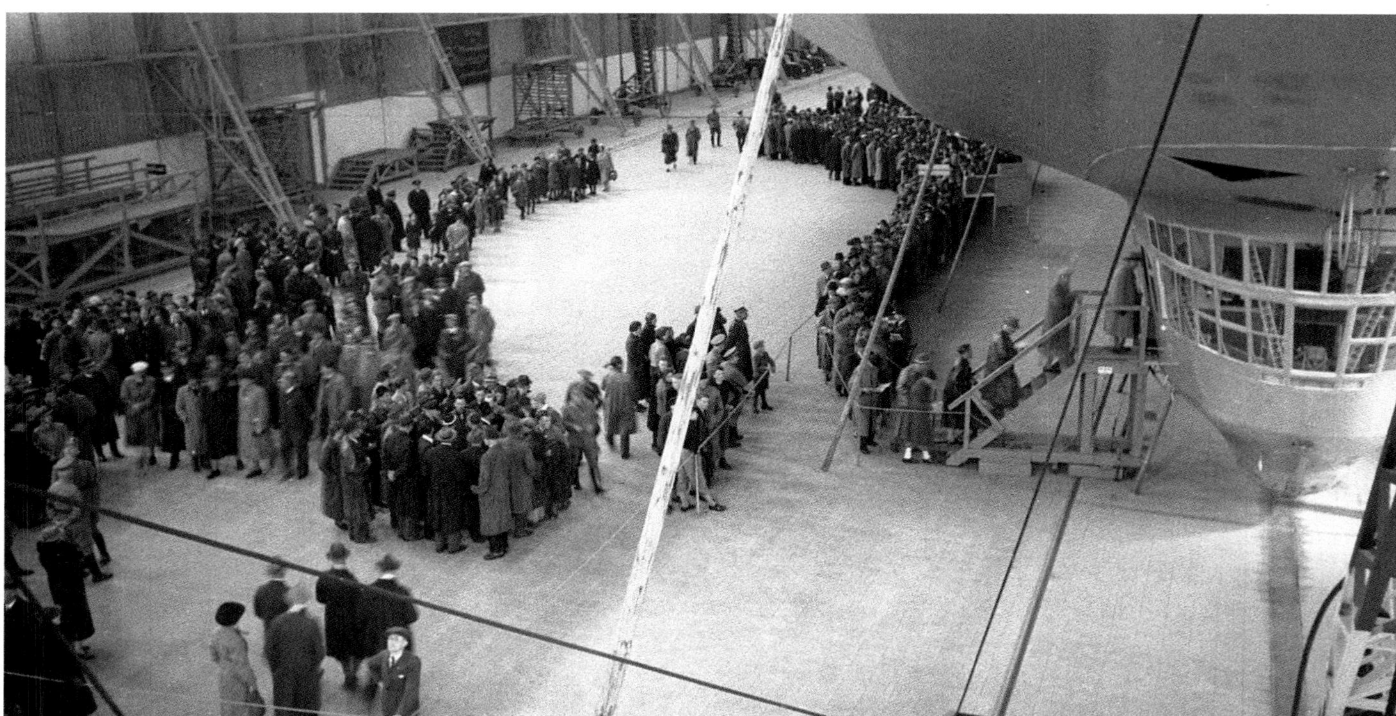

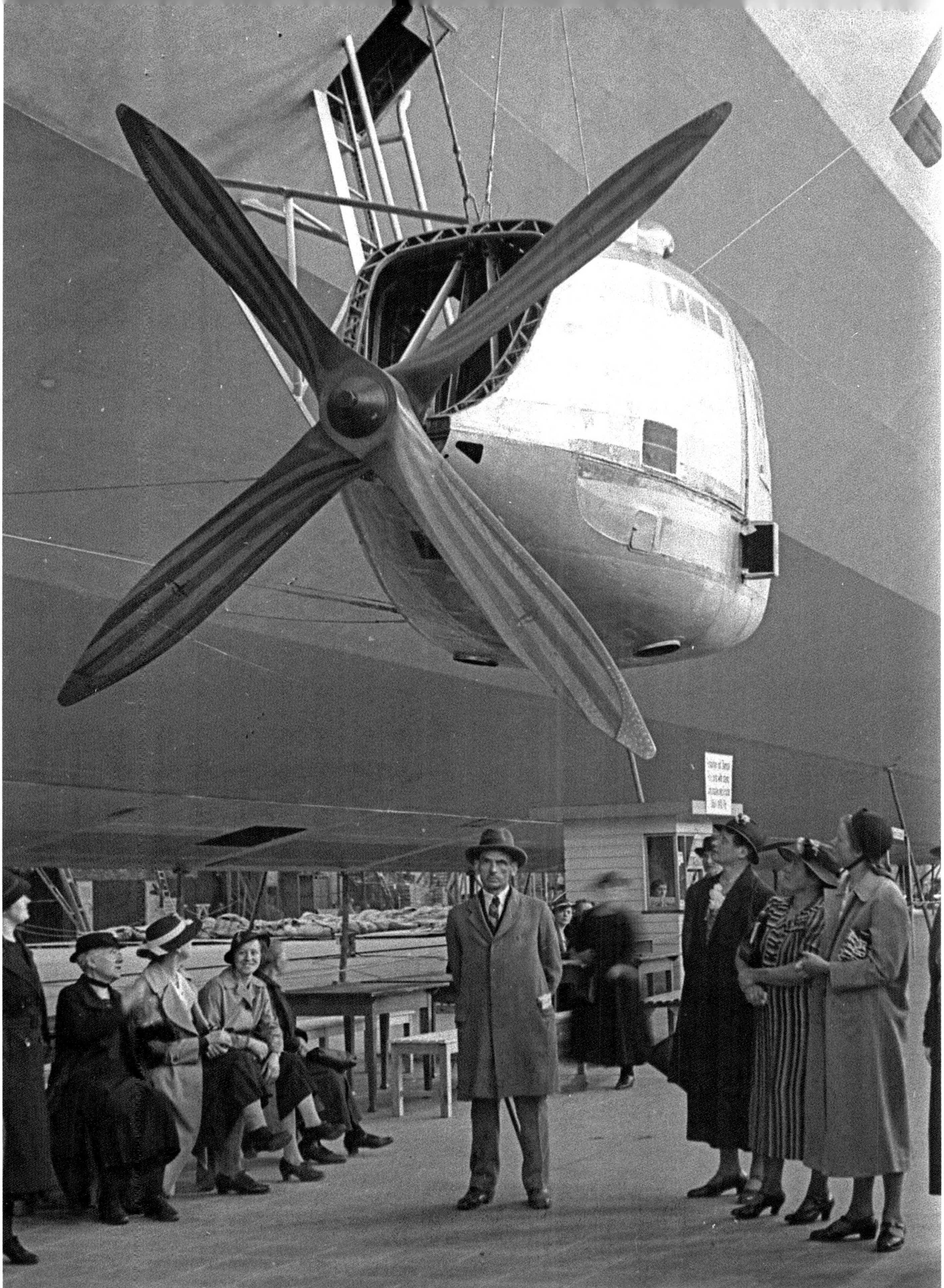

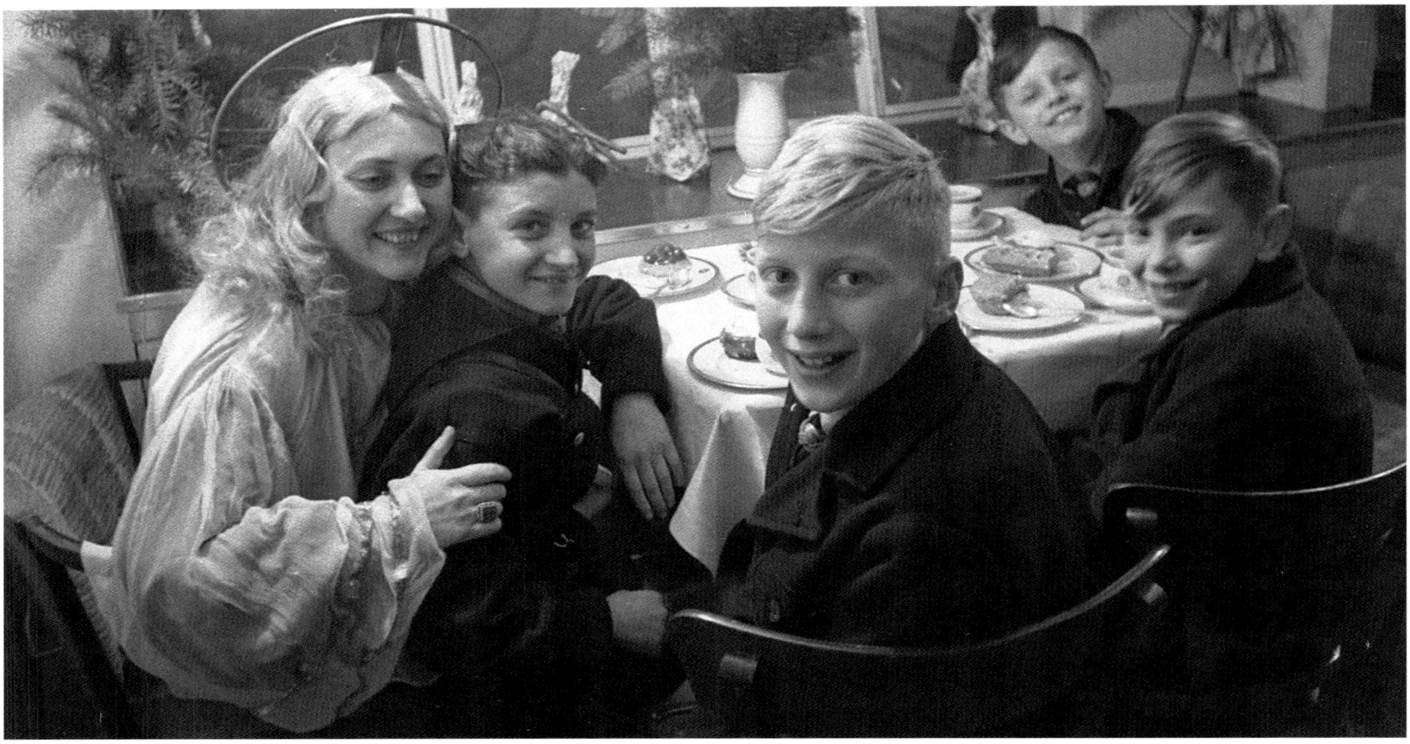

Eine besondere Weihnachtsfeier erlebten 1938 Kinder aus der Siedlung Zeppelinheim. Die Bescherung bei Kaffee und Kuchen fand in der Gondel der „Graf Zeppelin" statt. ▲ ▼

Ein beliebtes Fotomotiv: Der Kontrast zwischen Romantik und Fortschritt. Dabei erfüllten die Schafe auf dem Luftschiffhafen eine wichtige Funktion. Als lebendige „Rasenmäher" hielten sie das Gras kurz. ►

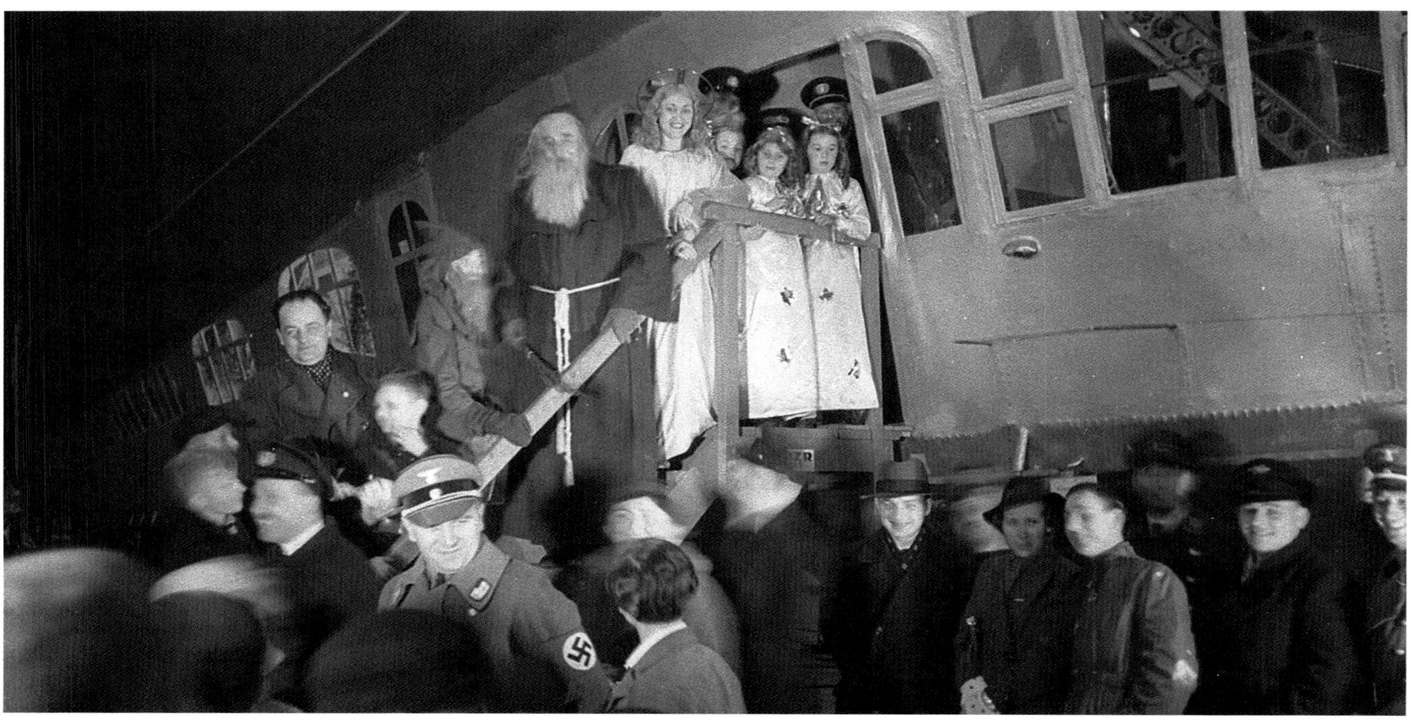

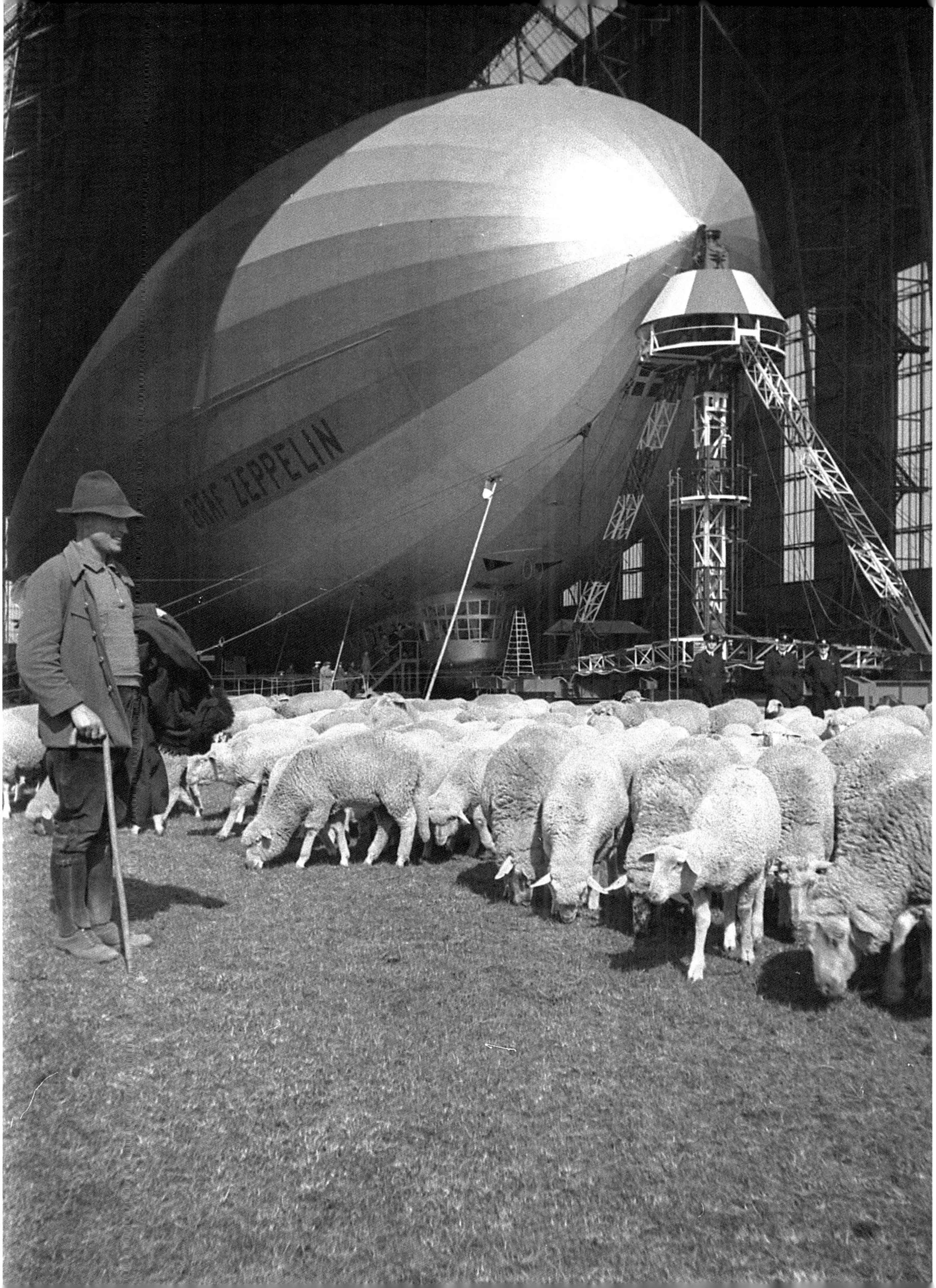
ZEPPELIN

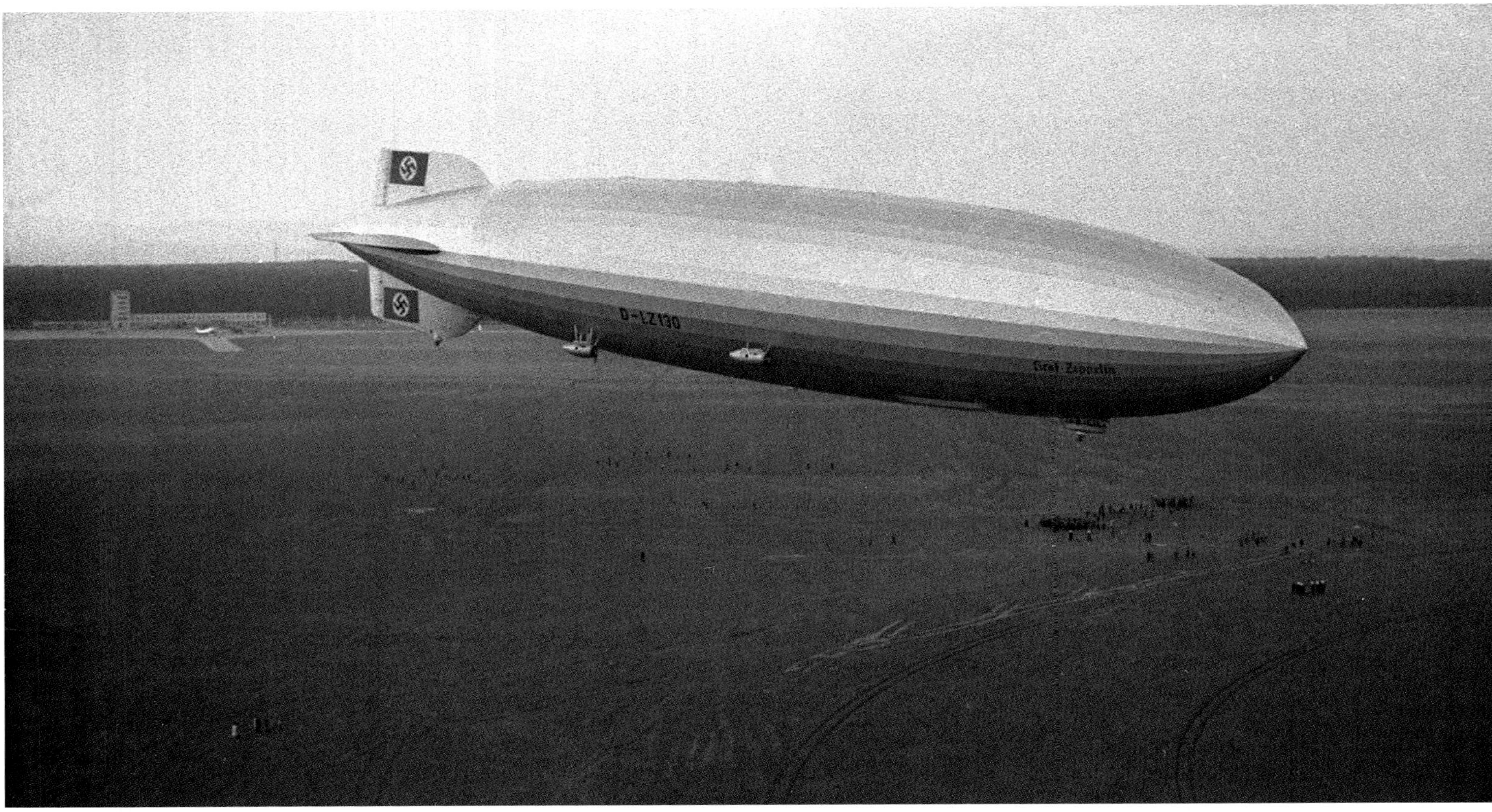
D-LZ130
Graf Zeppelin

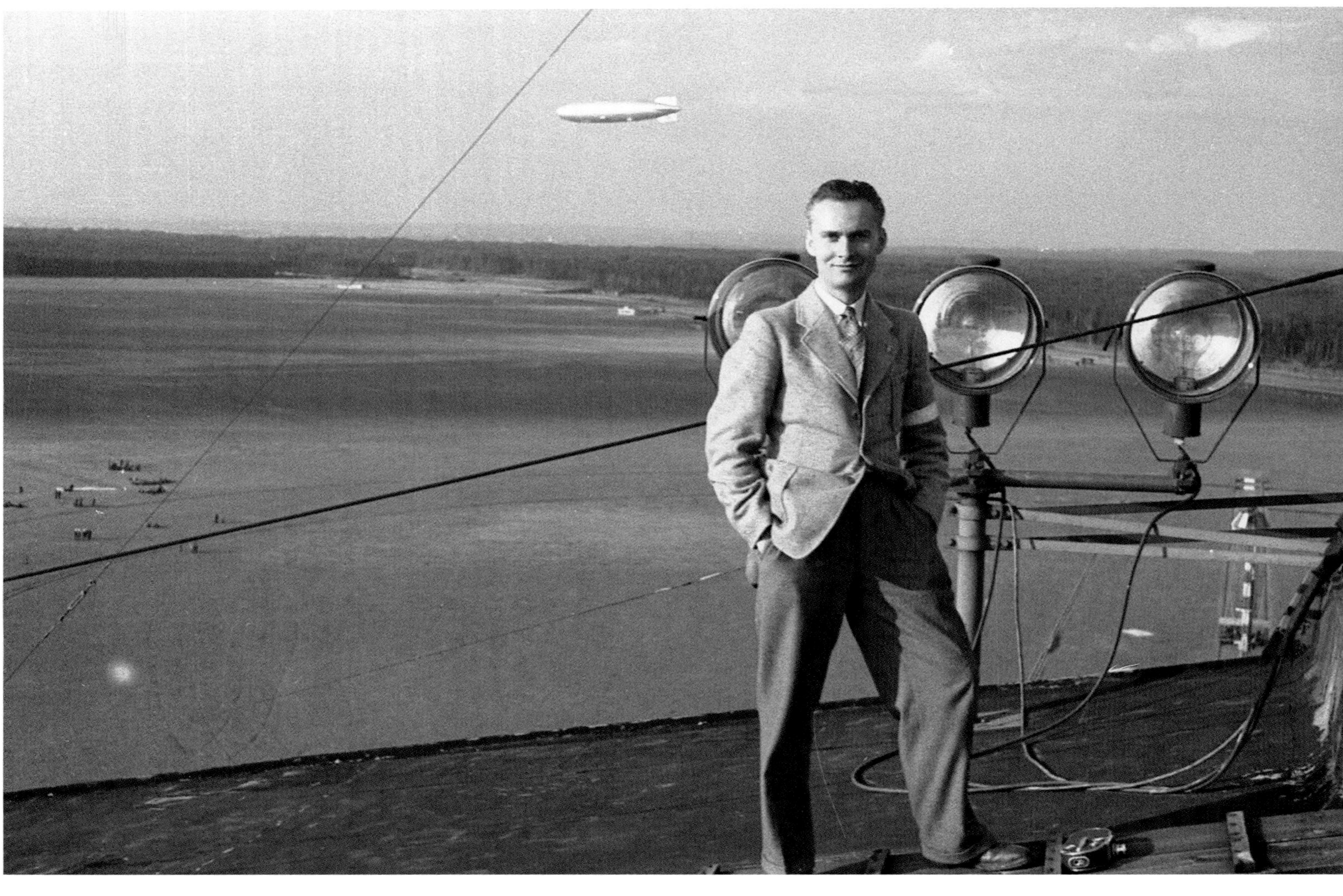

◄ Das Luftschiff LZ 130 „Graf Zeppelin" setzt am 31. Oktober 1938 zur Landung auf dem Luftschiffhafen Rhein-Main an

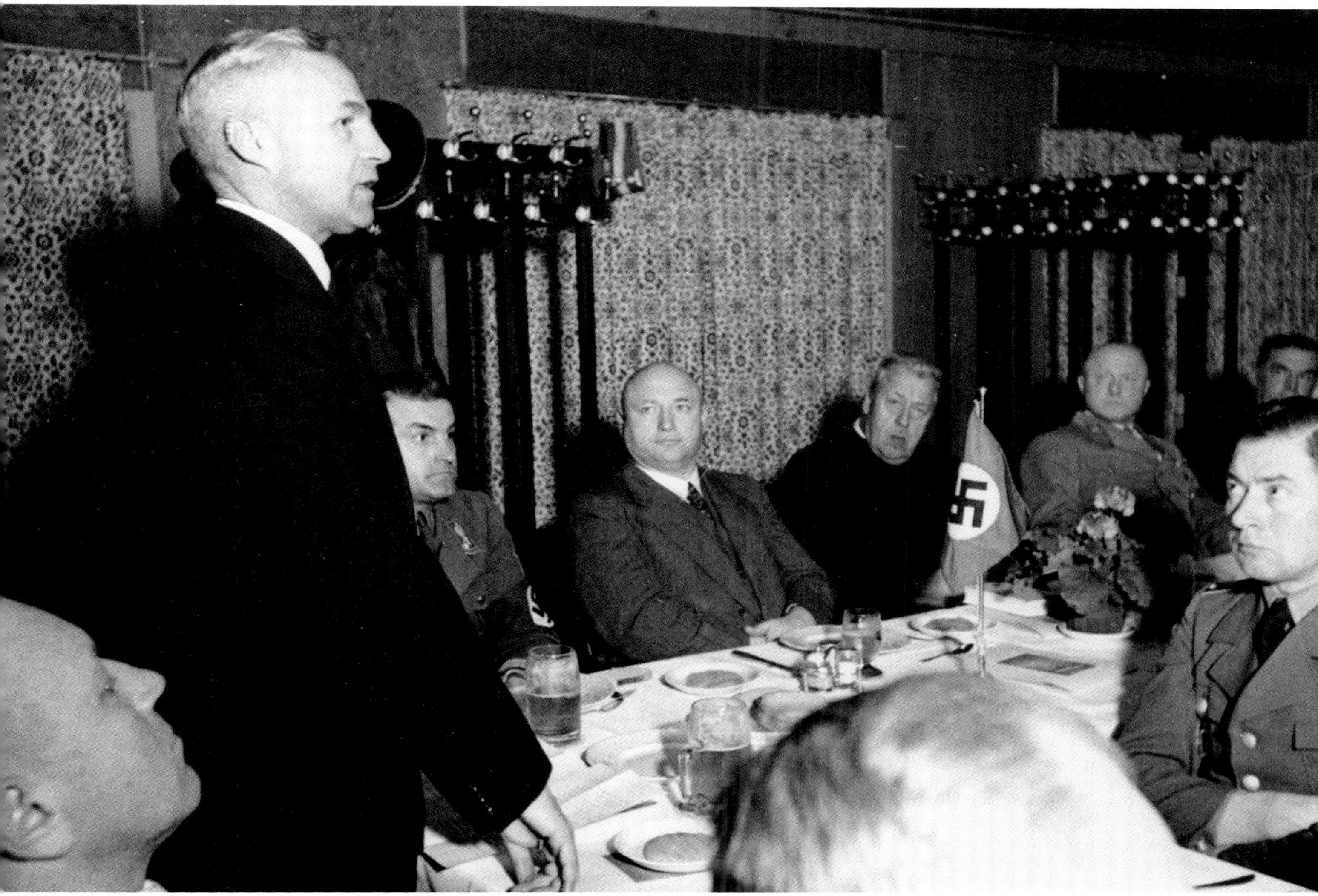

Anlässlich der Überführung des Luftschiffes LZ 130 „Graf Zeppelin" veranstaltete die Luftschiffbau Zeppelin GmbH am 31. Oktober 1938 eine kleine interne Feier. Eine große Propagandaveranstaltung verbot sich nach der Katastrophe von Lakehurst. In der Bildmitte im schwarzen Anzug (hinter dem Wimpel) Dr. Hugo Eckener, Chef des Zeppelin-Konzerns, rechts daneben Gauleiter Jakob Sprenger und Luftschiffkapitän Albert Sammt. Sammt, der als Erster Offizier die Katastrophe von Lakehurst mit schweren Verbrennungen überlebt hatte, war nun Kommandant des Luftschiffs LZ 130 „Graf Zeppelin".

◄ Der Rundfunk ist dabei, als das Luftschiff LZ 130 „Graf Zeppelin" am 31. Oktober 1938 über dem Luftschiffhafen Rhein-Main erscheint, der für knapp zwei Jahre sein Heimathafen sein wird.

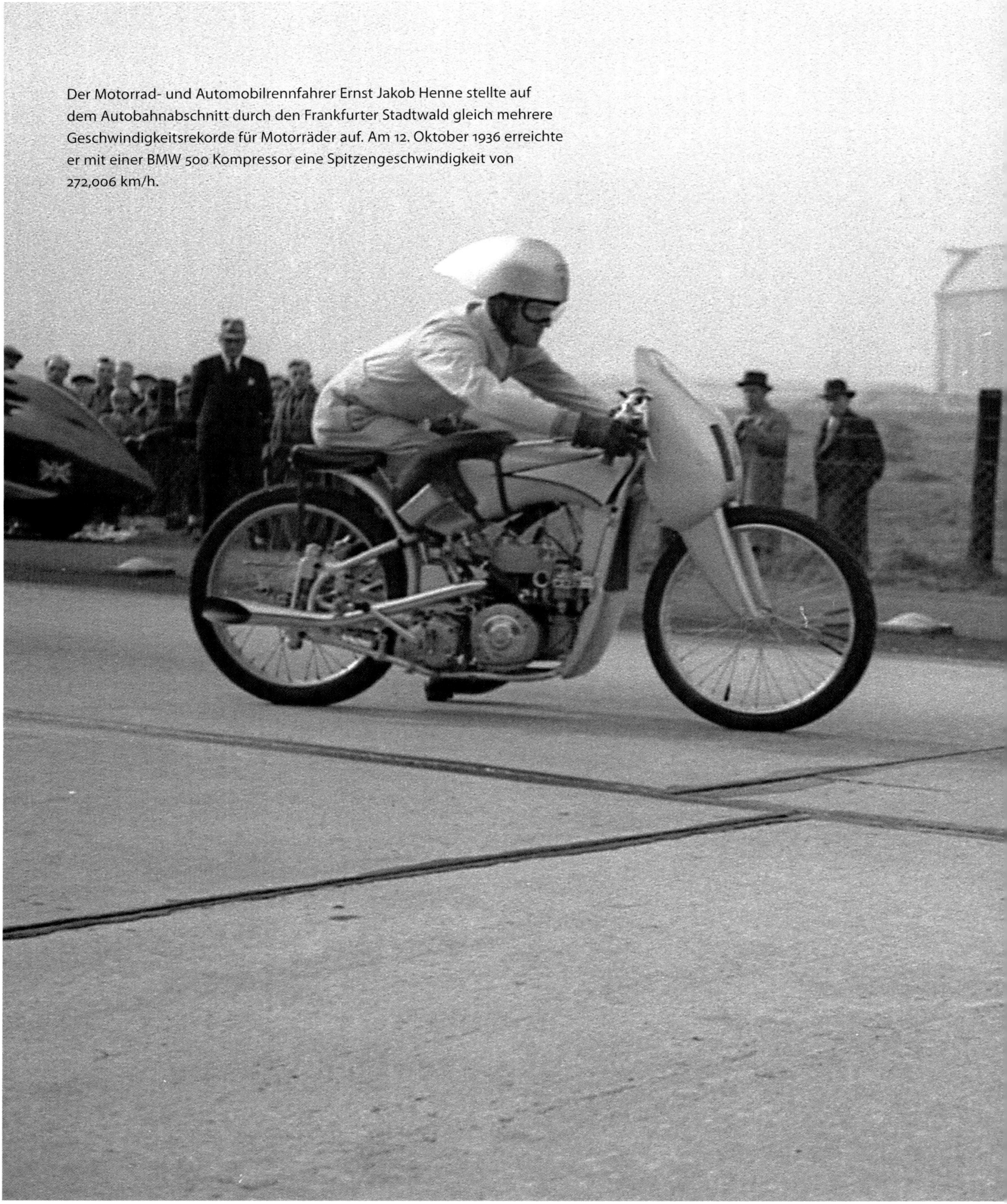

Der Motorrad- und Automobilrennfahrer Ernst Jakob Henne stellte auf dem Autobahnabschnitt durch den Frankfurter Stadtwald gleich mehrere Geschwindigkeitsrekorde für Motorräder auf. Am 12. Oktober 1936 erreichte er mit einer BMW 500 Kompressor eine Spitzengeschwindigkeit von 272,006 km/h.

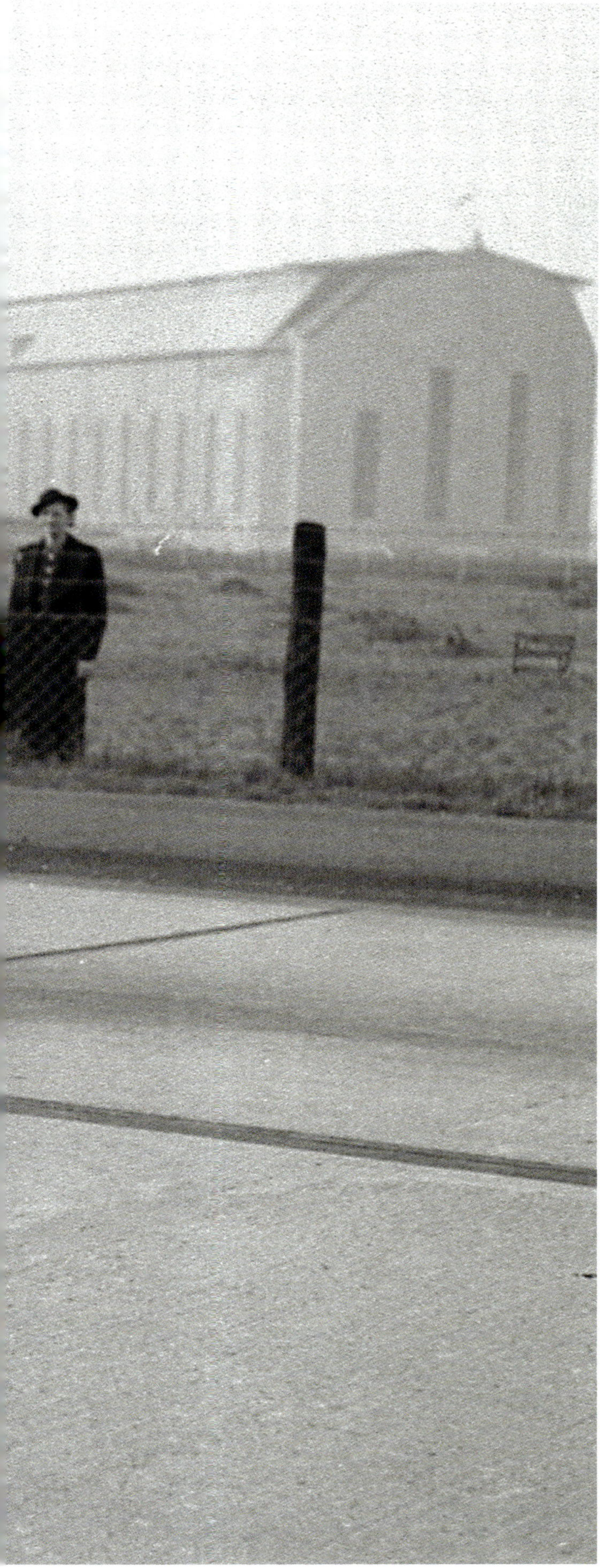

VII.

Der Luftschiffhafen als Kulisse

Am 15. Mai 1935 wurde der Streckenabschnitt Frankfurt a.M.–Darmstadt der Reichsautobahnstrecke 34 (heute A 5) eröffnet. Die breite, schnurgerade Strecke durch den Frankfurter Stadtwald eignete sich hervorragend für die Durchführung von Geschwindigkeitsrekordversuchen. Die Hallen des Frankfurter Luftschiffhafens bildeten den perfekten Hintergrund für diese Veranstaltungen. Die Oberste Nationale Sportbehörde erkannte den Prestigewert von Rekordfahrten für das nationalsozialistische Deutschland. Ab 1935 organisierte sie mehrere derartige Veranstaltungen, zum Teil mit internationaler Beteiligung. Vom 24. bis 29. Oktober 1937 beispielsweise fand auf dem besagten Autobahnabschnitt eine internationale Rekordwoche statt. Dabei erreichte Bernd Rosemeyer auf Auto-Union erstmals auf einer Verkehrsstraße eine Geschwindigkeit von mehr als 400 km/h. Auf Betreiben des Konkurrenten Daimler-Benz wurden am 28. Januar 1938 auf der gleichen Strecke erneut Rekordversuche durchgeführt. Rudolf Caracciola in einem Mercedes 12-Zylinder schraubte den Weltrekord auf 432,7 km/h. Bernd Rosemeyer, der kurz nach ihm startete, verunglückte tödlich, als sein Fahrzeug in voller Fahrt von einer Windböe erfasst wurde und sich mehrfach überschlug. Dort, wo Rosemeyer verunglückte, befindet sich heute ein Gedenkstein. Der nahe gelegene Rastplatz trug lange seinen Namen, bevor er 2018 in „Rastplatz Bornbruch West“ umbenannt wurde. Hessen Mobil verwies auf eine Richtlinie des Bundesverkehrsministeriums. Möglicherweise spielte auch eine Rolle, dass Rosemeyer als SS-Hauptsturmführer ein bekannter Repräsentant des NS-Regimes war.

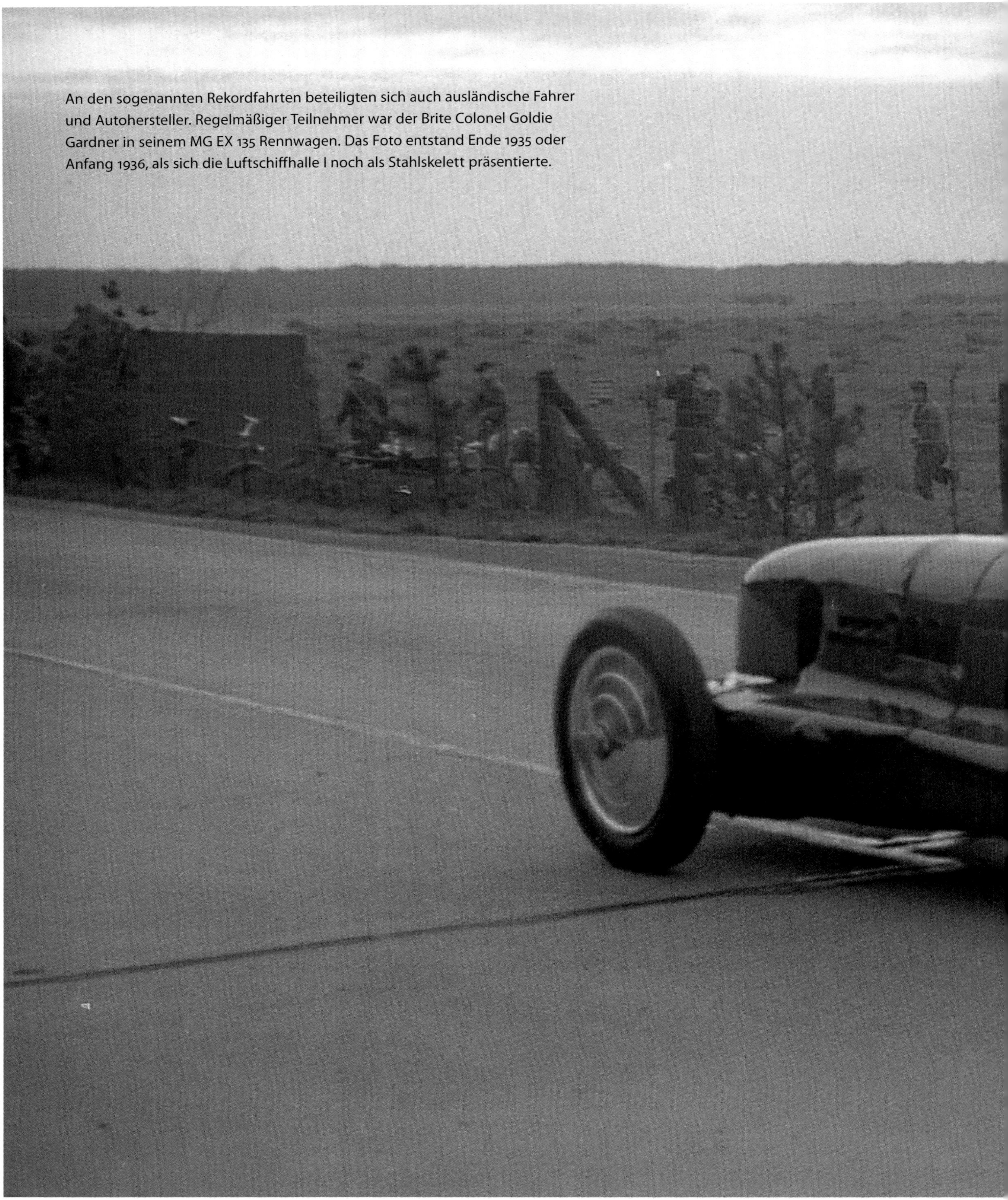

An den sogenannten Rekordfahrten beteiligten sich auch ausländische Fahrer und Autohersteller. Regelmäßiger Teilnehmer war der Brite Colonel Goldie Gardner in seinem MG EX 135 Rennwagen. Das Foto entstand Ende 1935 oder Anfang 1936, als sich die Luftschiffhalle I noch als Stahlskelett präsentierte.

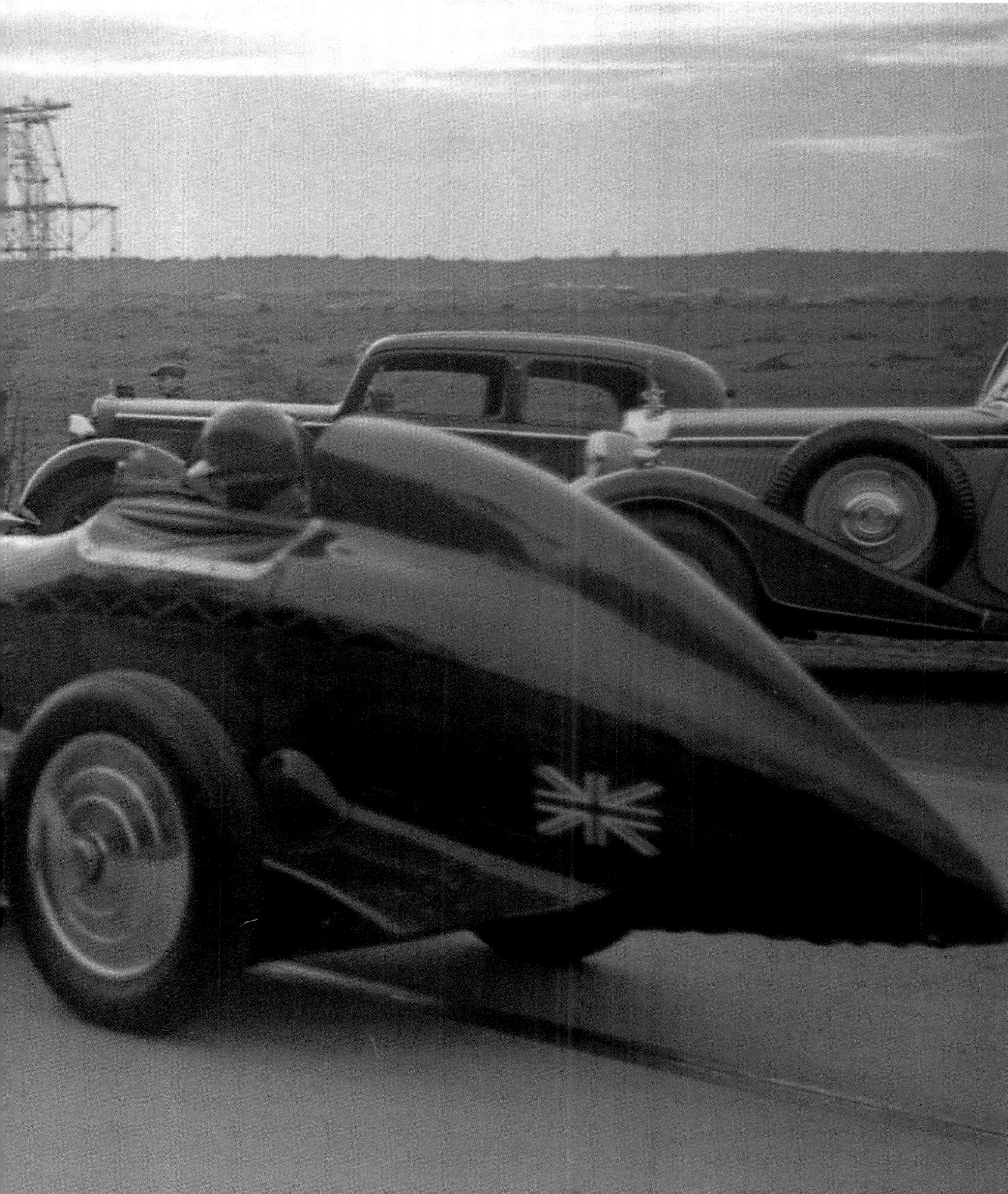

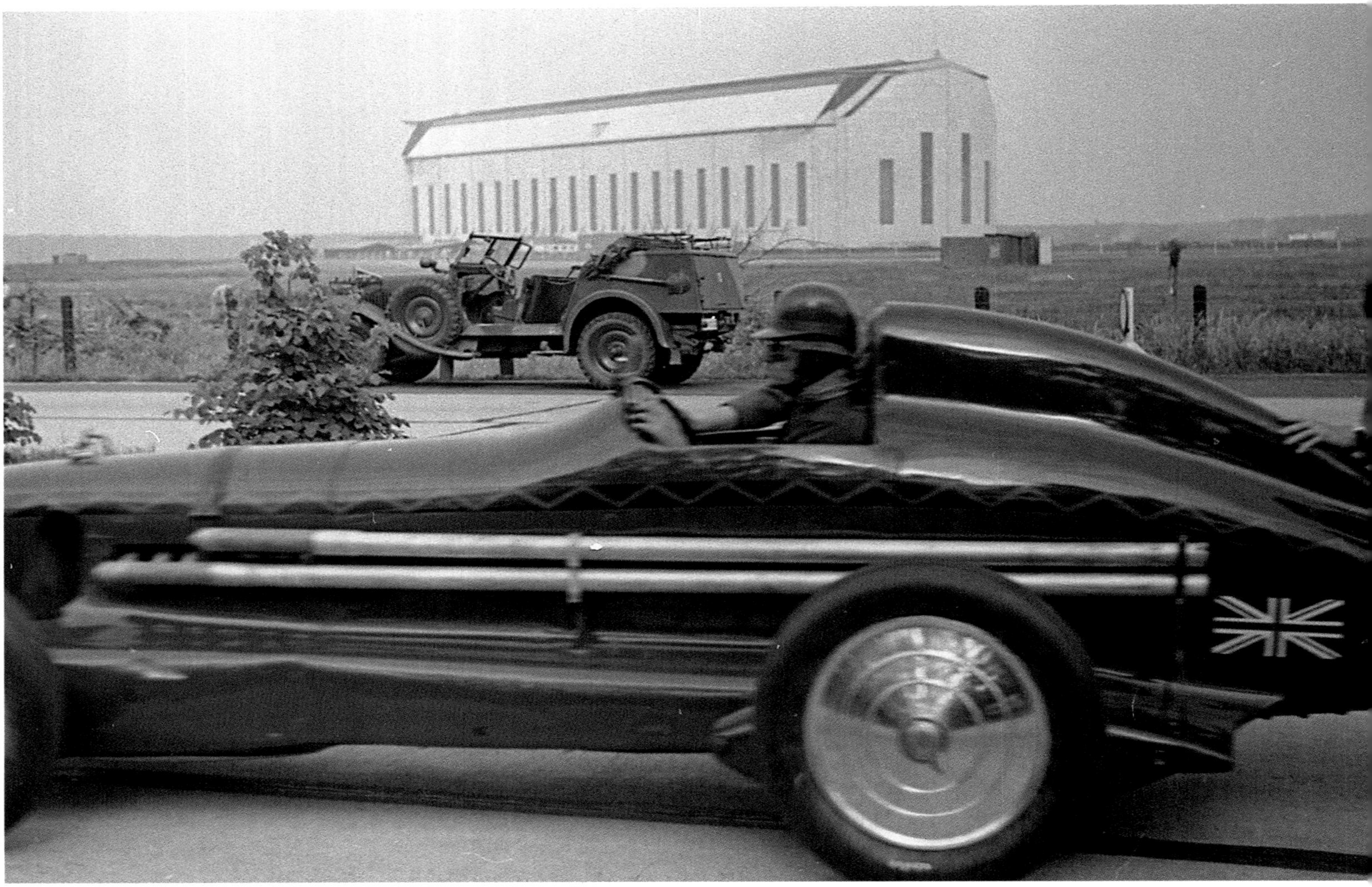

Etwa ein halbes Jahr später, Ende 1936, nahm Colonel Goldie Gardner erneut an einer Rekordfahrt teil. Zu diesem Zeitpunkt war die Luftschiffhalle I bereits in Betrieb, mit dem Bau der Luftschiffhalle II war noch nicht begonnen worden.

Colonel Goldie Gardner in seinem MG EX 135 vor einer Rekordfahrt Ende 1936. ►

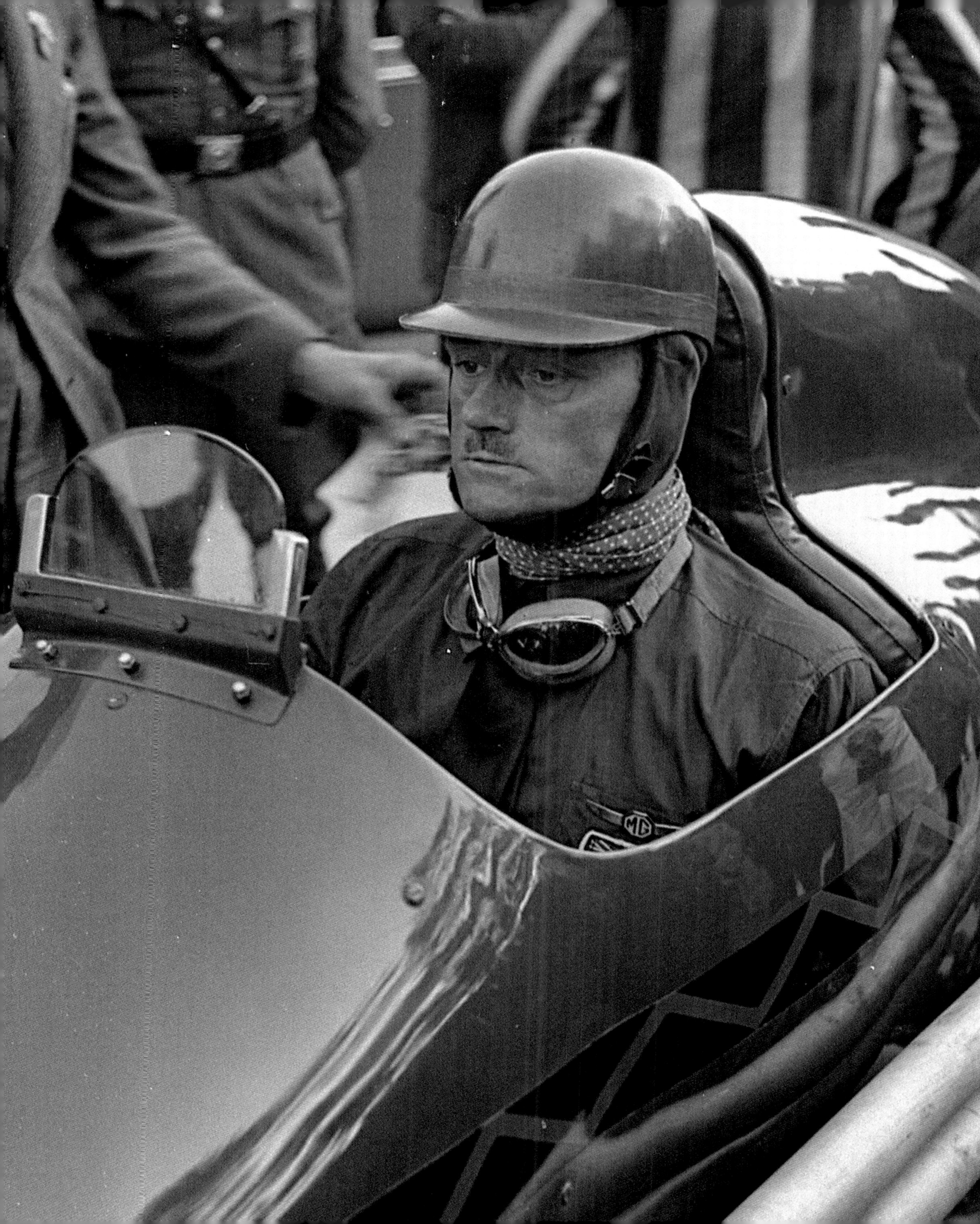

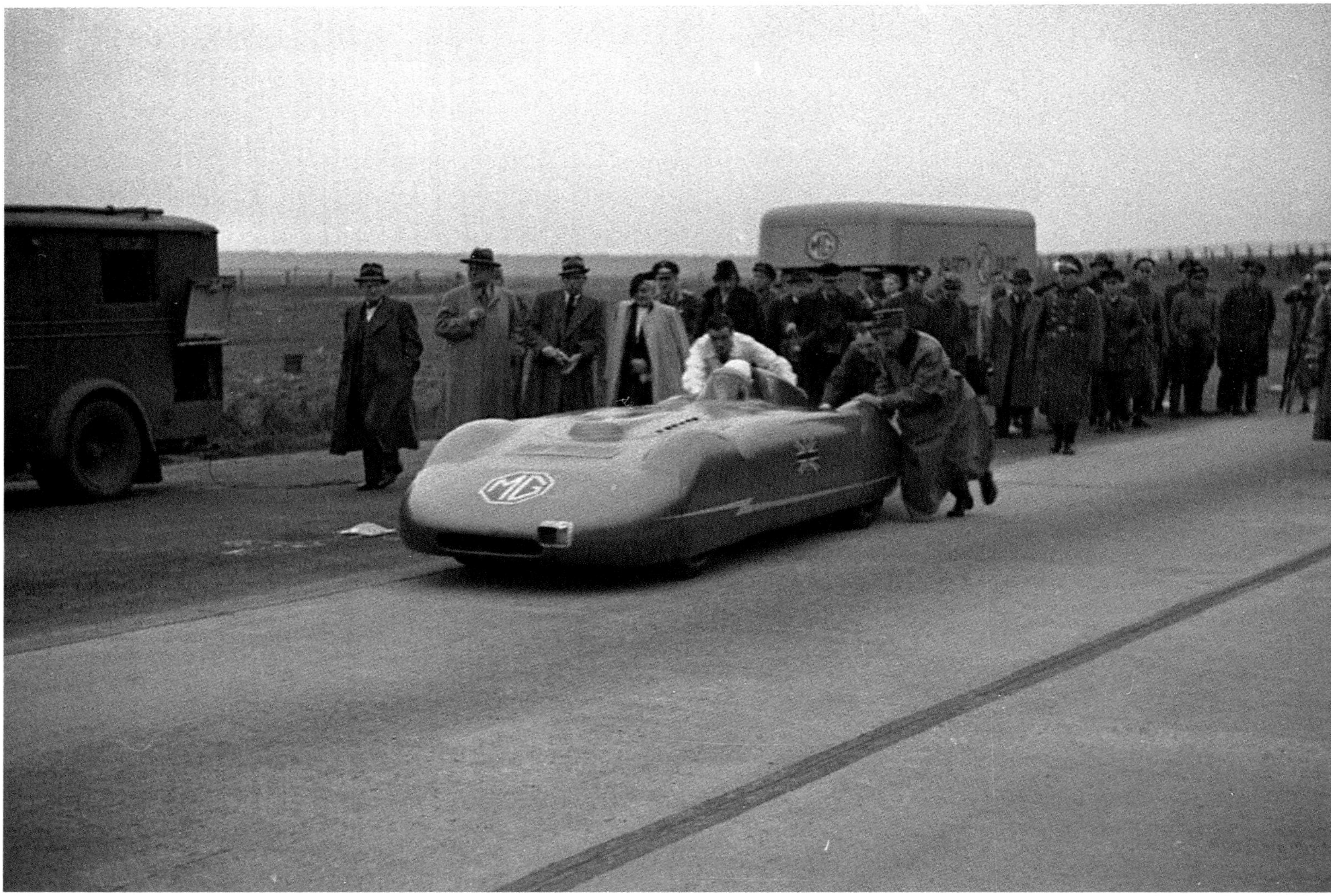

Während der Frankfurter Rekordwoche vom 24. bis 29. Oktober 1937 erreichte Colonel Goldie Gardner mit einem stromlinienförmig vollverkleideten MG EX 135 mehr als 300 km/h – und das mit einem 1,1-Liter-Motor.

Am 28. November 1937 holte sich Ernst Jakob Henne mit einer vollverkleideten BMW 500 Kompressor den zwischenzeitlich verlorenen Rekord wieder zurück. Sein Geschwindigkeitsrekord von 279,503 km/h hatte 14 Jahre Bestand. Warum Fahrer und Motorrad den Spitznamen „Henne und Ei" erhielten, bedarf keiner Erläuterung. ▸

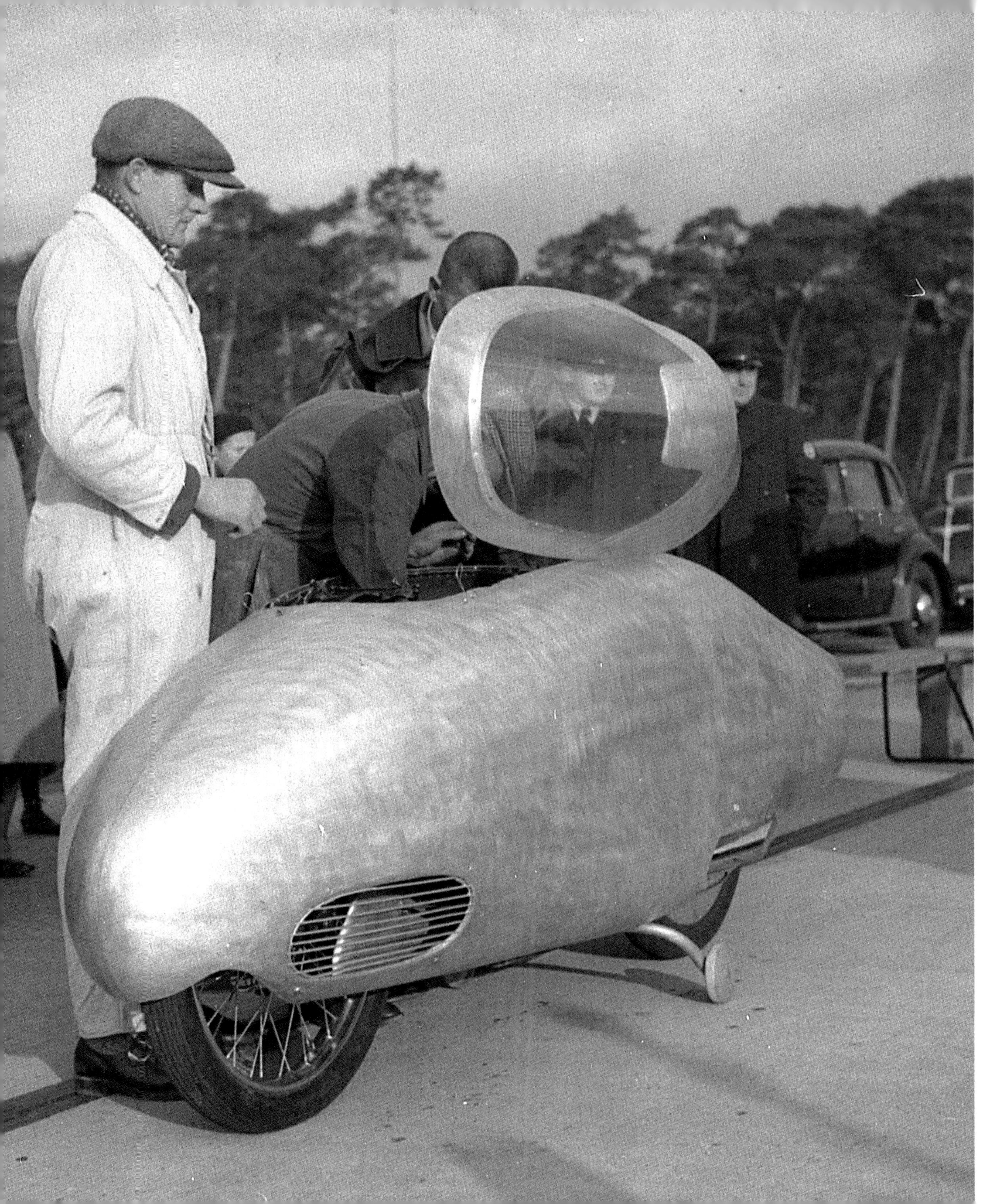

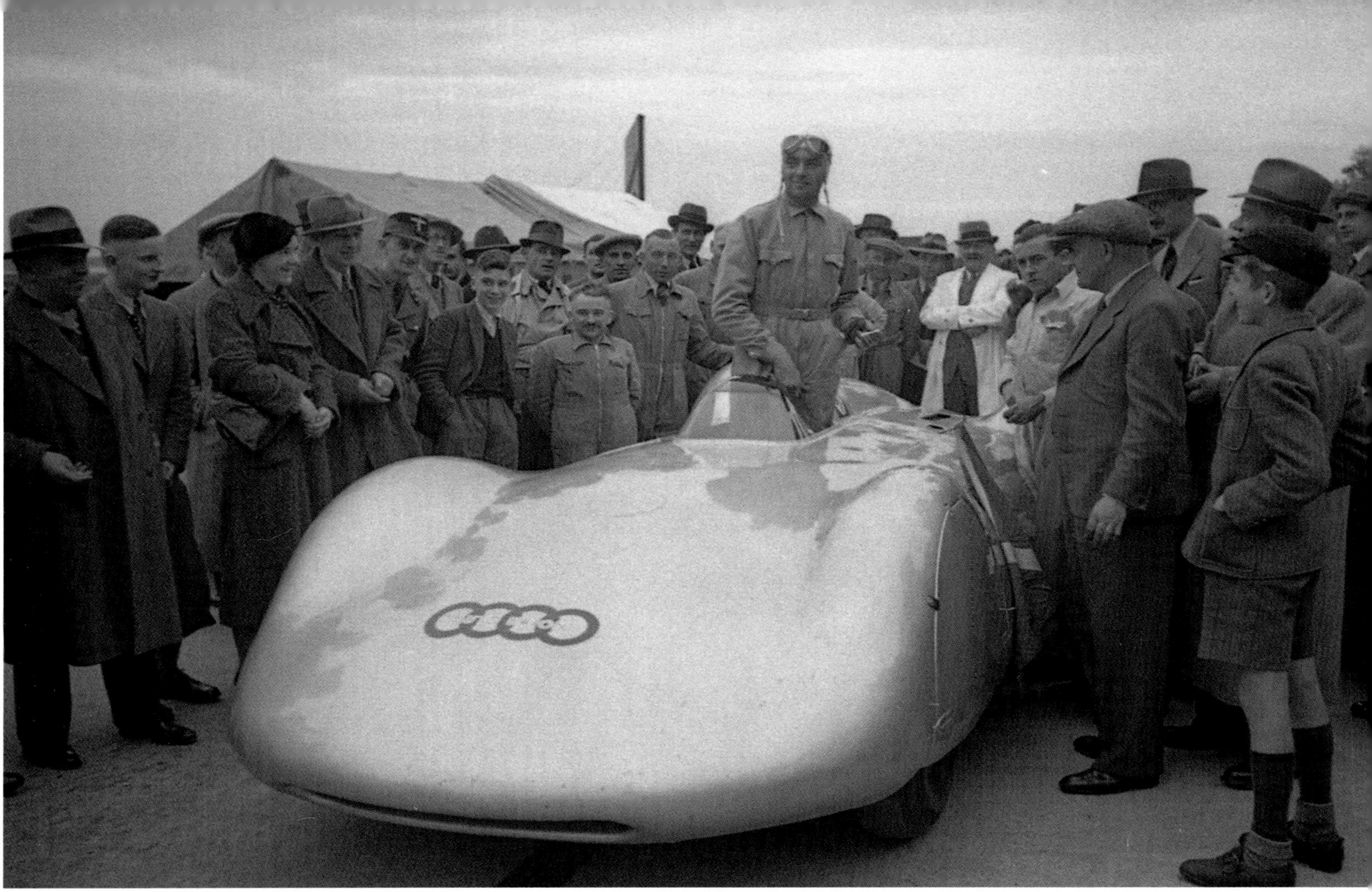

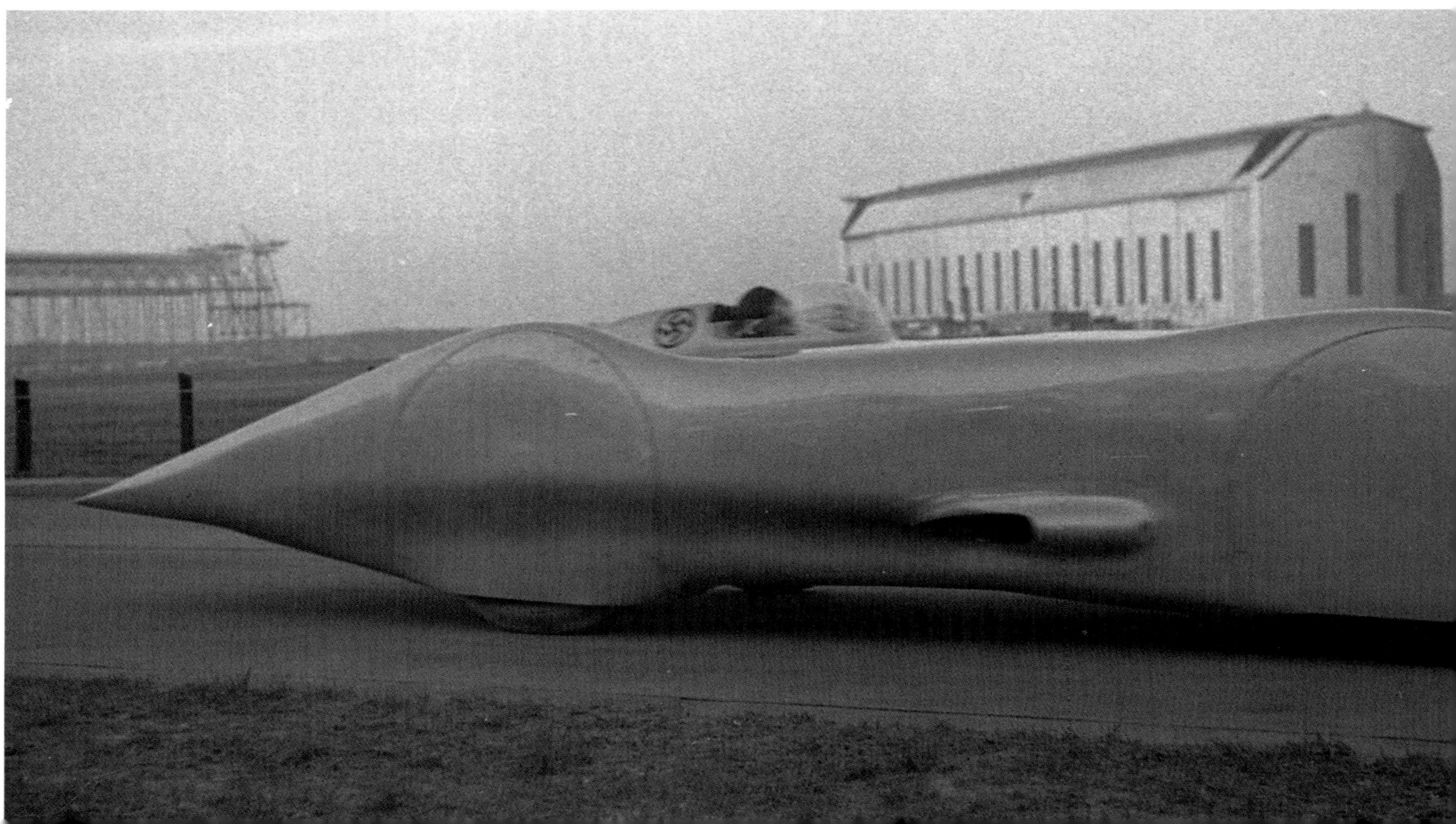

◂ Bernd Rosemeyer in einem stromlininenverkleideten Auto-Union-Rennwagen vor seiner Rekordfahrt am 16. Juni 1937. An diesem Tag erreichte er auf der Reichsautobahnstrecke bei Frankfurt a.M. über einen Kilometer eine Geschwindigkeit von 389,88km/h. und stellte damit einen neuen Weltrekord auf.

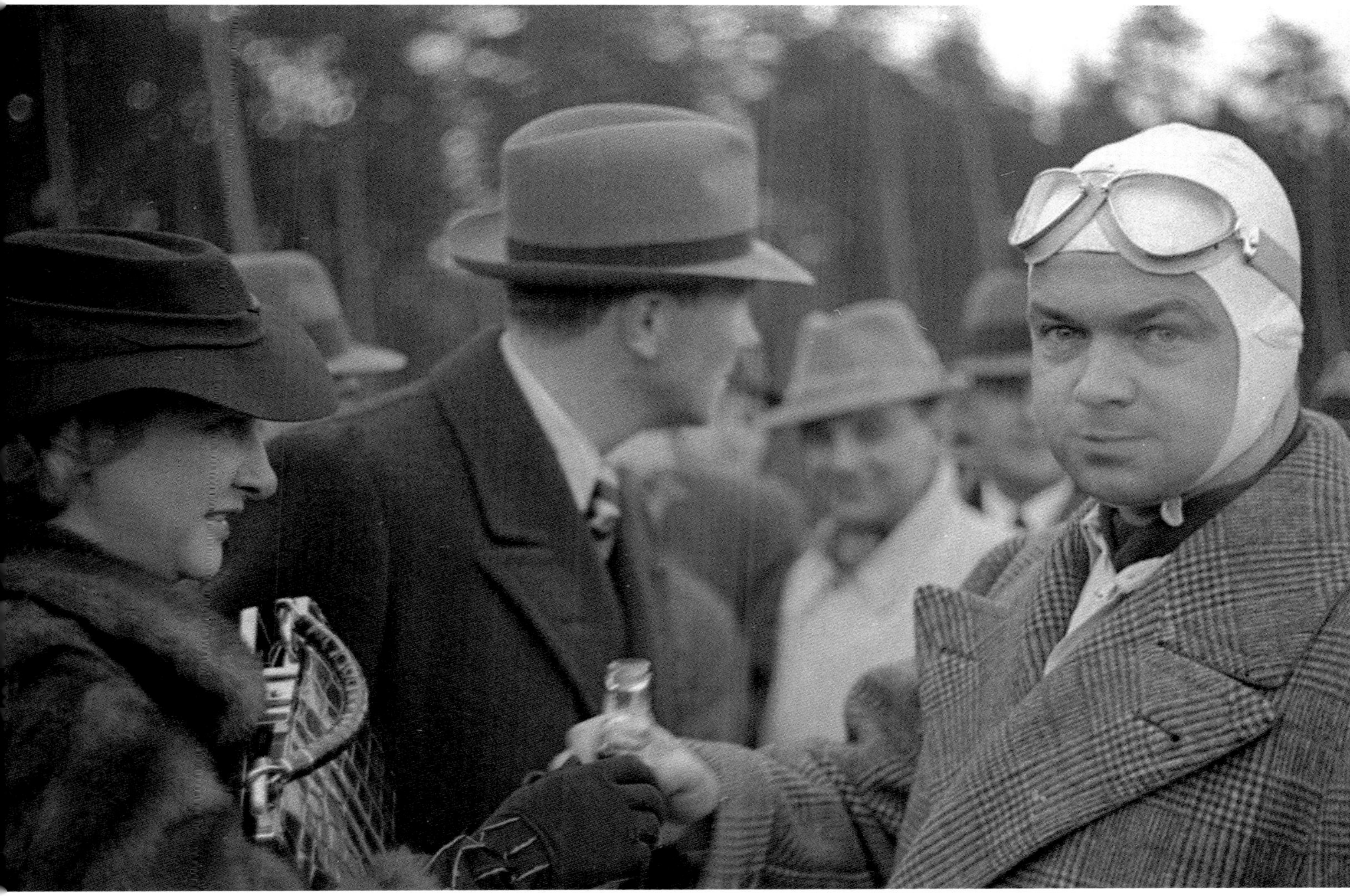

Rudolf Caracciola mit seinem Mercedes-Benz W 125 kurz vor seiner Rekordfahrt am 28. Januar 1938.

◂ Am 28. Januar 1938 stellte Rudolf Caracciola mit 432,7 km/h einen neuen Weltrekord auf. Die Stromlinienverkleidung seines Mercedes-Benz W 125 war im Strömungskanal der Deutschen Zeppelin-Reederei in Friedrichshafen entwickelt worden. Im Hintergrund links erkennt man das weitgehend fertiggestellte Stahlgerippe der Halle II des Luftschiffhafens.

Einband vorn: Impression vom Internationalen Großflugtag am 18. Oktober 1936 (siehe Seite 28).
Vorsatz: Luftschiff LZ 130 „Graf Zeppelin" über Frankfurt a.M., 1938.
Seite IV/1: Luftschiffhalle I des Luftschiffhafens Rhein-Main kurz vor ihrer Fertigstellung, Frühjahr 1936.
Seite 2: Bau der Luftschiffhalle II des Luftschiffhafens Rhein-Main, Herbst 1937.
Seite 4/5: Betanken der Junkers Ju 52 „Karl Wessel" der Deutschen Lufthansa auf dem Flughafen Rhein-Main.
Nachsatz: Luftschiff LZ 129 „Hindenburg" in der Luftschiffhalle I des Luftschiffhafens Rhein-Main, Sommer 1936.

Einband hinten: links oben: Die Heinkel He 70 „Drossel" der Deutschen Lufthansa wird betankt (siehe Seite 42/43); rechts oben: Start des Luftschiffs LZ 129 „Hindenburg" auf dem Luftschiffhafen Rhein-Main, 1936. (siehe Seite 124/125); links unten: Das Luftschiff LZ 129 „Hindenburg" war für die Olympischen Spiele 1936 in Berlin mit den olympischen Ringen verziert (siehe Seite 103); rechts unten: Vorne eine dreimotorige Junkers Ju 52/3m der Deutschen Lufthansa, dahinter eine Douglas DC-2-115E der KLM (siehe Seite 38/39).

Bildnachweis
Alle Bilder stammen aus dem Hessischen Wirtschaftsarchiv Darmstadt und wurden von Sepp Jäger aufgenommen.

Impressum

Sutton Verlag GmbH
Arnstädter Straße 8
99096 Erfurt
www.suttonverlag.de

Gestaltung und Herstellung: Sutton Verlag
Druck: Florjančič Tisk d.o.o. / Slowenien
ISBN: 978-3-96303-337-7

In diesem Buch wird aus Gründen der besseren Lesbarkeit das generische Maskulinum verwendet. Weibliche und anderweitige Geschlechteridentitäten werden dabei ausdrücklich mitgemeint, soweit es für die Aussage erforderlich ist.

Michael Wustrack
Der Frankfurter Flughafen
Eine Geschichte in Bildern

978-3-89702-548-6 | 19,99 €

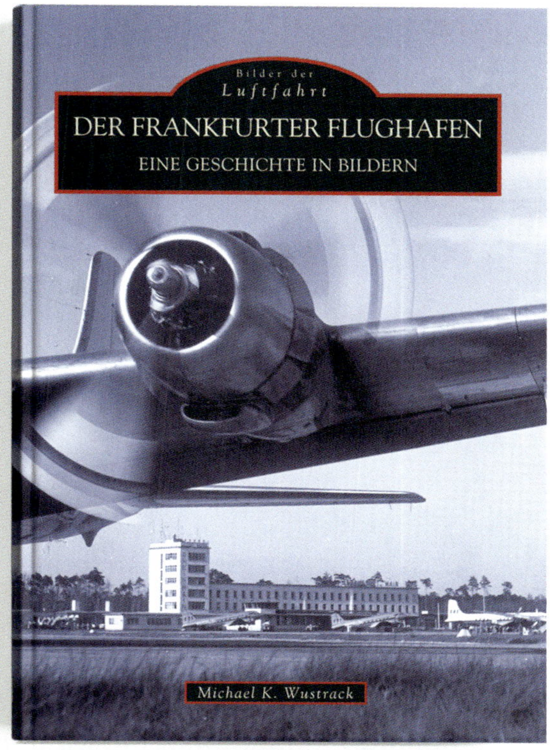

Ulrich Eisenbach
Frankfurt am Main
1930 bis 1970

978-3-96303-176-2 | 29,99 €

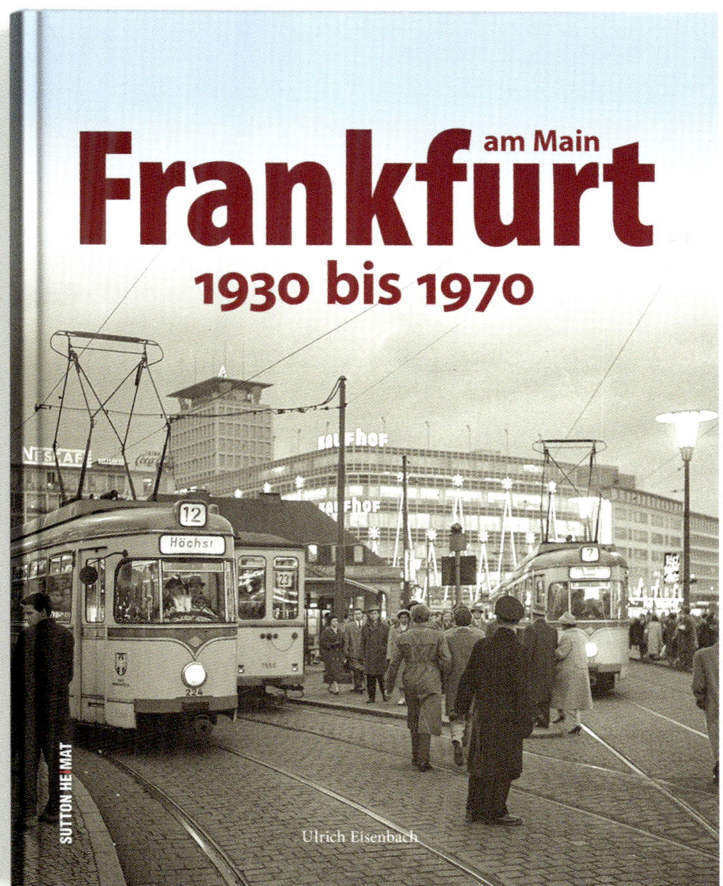

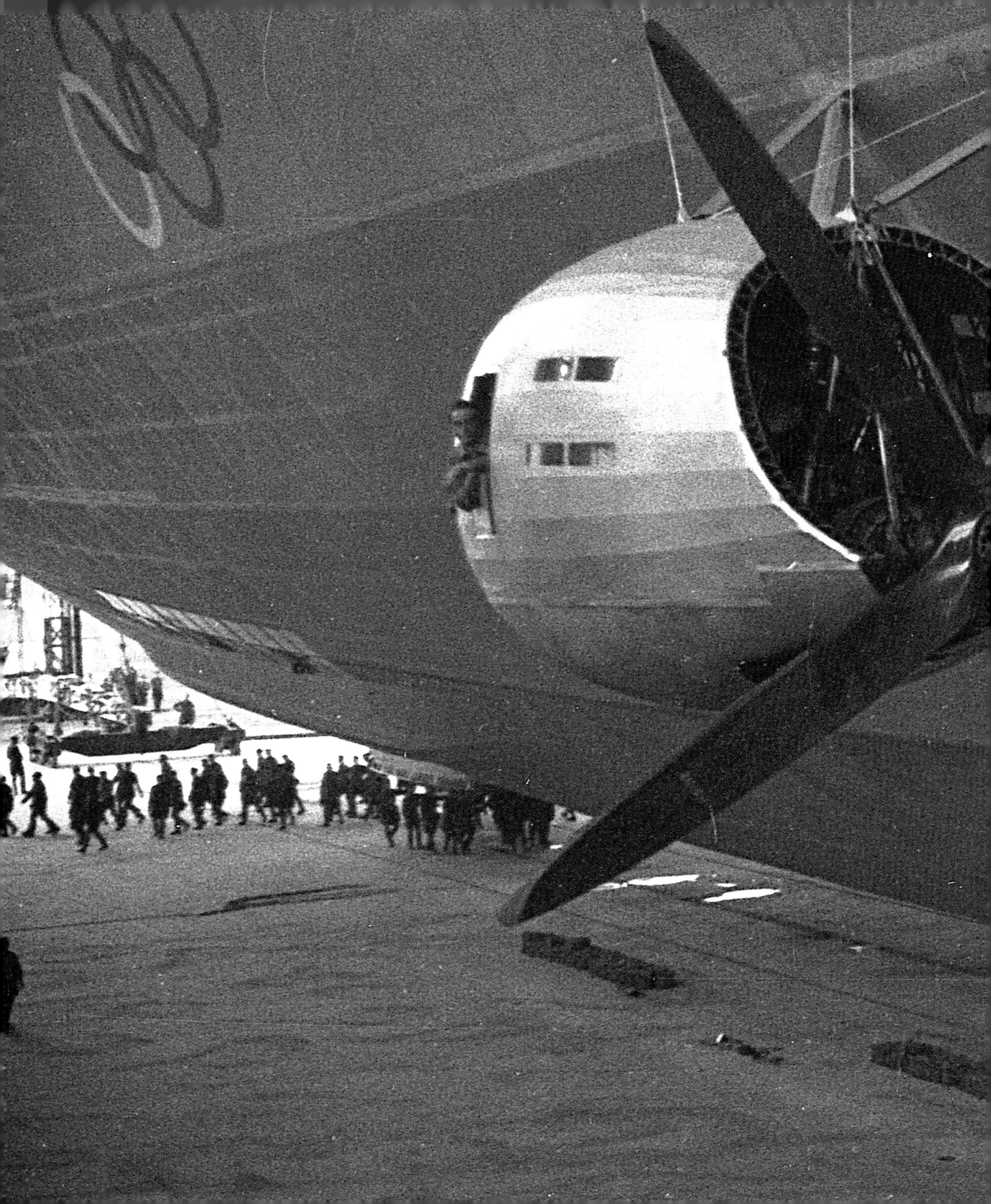